JOSH DOUGLAS

Planejamento de Carreira para Adolescentes

dicas práticas para aplicações,
trabalho e carreira
de um consultor de pessoal experiente

Planejamento de Carreira: Thatconcept

Do que estamos falando aqui?
definição de termos"Carreira"; esquisitices do sistema;
Planejamento como base obrigatória para o sucesso

"Carreira" tem um toque elitista

Não pode causar nenhum dano explicar inicialmente
o que realmente é uma "profissão". A palavra referência
é definitivamente menos clara em suas definições do
que se poderia confiar: o passeio mais rápido do pônei,
a vocação rápida do especialista, a profissão relacionada
ao progresso e a profissão especialmente eficaz.

Os esclarecimentos do passeio de pônei Além disso,
todos eles compartilham um centro para todos os
efeitos que separa as vocações do normal: trata-se de
um progresso profissional incrivelmente rápido ou
potencialmente especialmente eficaz. Esta é a
afirmação: As pessoas que fazem uma profissão realizar
mais do que muitas outras. Esta definição geral a partir
de agora tende um pouco para o elitismo. Eu uso esta
palavra emotiva deliberadamente para sinalizar o
tempo todo: qualquer pessoa que precisa de uma
vocação não deve temer o contato quando os termos se
tornam um fator integral que tem significados
essencialmente pessimistas para pessoas específicas:
artistas de primeira, especialmente frutíferos, mais do
que outros, mais rápidos, melhores.

Independentemente disso, uma profissão é algo além
de caminhar por um caminho vocacional preordenado.
Que tal decidirmos sobre isso para este livro:
Uma profissão é uma vocação especialmente eficaz

que está relacionada com a presunção de material em constante expansão e, em geral, também responsabilidades de pessoal. O signo exterior é a ascensão constante no quadro da ordem.

Para dizer de imediato: realizar algo assim, apesar da constante competição dos outros, é difícil - no entanto, certamente concebível. As situações referidas estão lá, devem ser preenchidas independentemente, e tornam-se vazias repetidamente em vários momentos. Você simplesmente deve estar entre as pessoas que decidiram ser reatribuídas.

Isso não é tão problemático quanto parece inicialmente. Além do mais, sempre que você conhecer alguns chefes na prática, sempre pensará: eu também posso fazer isso. Isso seria um bom começo.

O "sistema" é cheio de surpresas

O sistema profissional discutido aqui faz parte do nosso sistema econômico. Os problemas começam com os objetivos completamente diferentes nas duas áreas. Tomemos como exemplo a empresa e seus funcionários:

A empresa, orientada comercialmente em sua forma clássica, tem como objetivo central a maximização do lucro, que pode ser complementado por outros objetivos dependendo das especificações do proprietário.

O objetivo da empresa não é empregar o maior número possível de pessoas e fazê-las felizes ao mesmo tempo. Por outro lado, são imprescindíveis, mas também um fator central de custo, às vezes até irritantes com suas demandas e, uma vez que você os tem, muitas vezes atrapalham o que você gostaria de fazer a curto prazo: por exemplo, B. no caso de uma queda repentina nas vendas, os custos de pessoal também podem ser reduzidos repentinamente.

As empresas movem-se nos mercados. Por definição, estes são pouco previsíveis, muitas vezes mal-humorados, não conhecem o conceito de justiça (não são injustos, apenas não sabem o que fazer com a palavra) e estão em constante mudança. O que foi um sucesso de mercado ontem não é mais comprado por ninguém hoje - e quem quiser se aventurar em um campo minado muito complicado deve lidar com a bolsa de valores, que é tão importante para a economia.

Nosso sistema profissional está agora estabelecido

como parte dessas estruturas muito especiais e, de alguma forma, sempre dependente delas. Ele pode atender aos mais altos padrões de lógica, clareza absoluta, justiça convincente ou apenas compreensibilidade? Se isso for adicionado - conforme fornecido aqui

– que pessoas com diferentes qualificações estão por toda parte, tomando decisões, moldando as regras e determinando destinos, então você tem a resposta: não pode.

Se alguém tem a informação necessária, conhece as respetivas constelações de poder, bem como as forças, fraquezas e ambições dos gestores envolvidos, então vê que as coisas seguem a sua própria lógica. Lá mas se você costuma tatear no escuro quando se trata dos detalhes mencionados, a vida profissional é sempre cheia de surpresas.

Apenas aparentemente desorganizado, estou listando aqui alguns "insights", falas e experiências de funcionários, que devem pelo menos dar a você uma visão do mundo do sistema profissional, que a princípio parecia um pouco "frágil":

- Se você tiver que analisar uma constelação difícil, pense também(e acima de tudo) além de argumentos e soluções convencionais. As coisas às vezes são mais fáceis e mais difíceis ao mesmo tempo. Exemplo: Qual sistema segue esta série de números e qual seria o próximo número depois disso?

8º 3 1 5 9 6 7

Se você tentou os métodos matemáticos usuais e não teve sucesso, a solução irá surpreendê-lo: os números são organizados de forma bastante simples no alfabeto de sua ortografia, "quatro" viria a seguir (li esse problema em algum lugar décadas atrás e infelizmente não pode mais nomear o criador; mas o exemplo mostra como é fácil escorregar para padrões de pensamento familiares e depois ficar preso; no ambiente profissionalmente relevante, essa é uma ameaça constante).

- Nem todo mundo que se qualifica chega ao topo; nem todo mundo que sobe
vem é qualificado – que traça as oportunidades e mostra os limites.

- O - imperfeito - sistema é das pessoas existentes parahumanos existentes e se adapta muito bem a eles. Acima de tudo, um sistema melhor exigiria pessoas melhores.

- Não perca seu tempo procurando arranjos internos
Altera as vantagens reconhecíveis - geralmente pequenas - contra as - geralmente grandes
– Desvantagens espontaneamente visíveispesar. Era principalmente importante que algo fosse mudado. O que é isso é considerado menos importante. Quando há problemas, o lema é: "Algo tem que ser feito". Muitos meses se passaram antes que você perceba o que aconteceu e é hora de uma nova mudança.

- Todas as decisões de gestão seguem um certogik, que geralmente só é revelado para quem já esteve lá. Os outros ficam com comentários como: "Uma casa grande pode oferecer grandes coisas."
Nada influencia os processos internos tão importantes para os funcionárioscircunstâncias de todos os tipos, tanto quanto os pensamentos e ações da administração

da empresa. Mas "apenas" pessoas sentam-se lá, em última análise, de alguma forma "como você e eu". Apesar de todo o seu profissionalismo, eles permaneceram o que eram antes da promoção. As reuniões do conselho às vezes funcionam como reuniões infantis na caixa de areia: "Se você cortar meu molde, eu cortarei o seu molde"; também os diretores administrativos estão de mau humor, ofendidos, têm dor de dente ou enxaqueca, estão em guerra com colegas ou com o conselho consultivo, temem que seu contrato de trabalho seja prorrogado, os funcionários simplesmente não os suportam - e levaram empresas inteiras ao parede porque colocam o interesse próprio acima do bem-estar da empresa.

- Nosso bastante unilateralcapital voltado para a maximização das vendas/receitasO sistema de economia de mercado listish funciona, alimenta a todos nós e atualmente não é ameaçado por nada remotamente melhor. Mas sua estrutura básica é bastante simples e atende apenas parcialmente às demandas mais altas de pessoas que buscam ética e moralidade, justiça, abordagens teóricas inspiradoras, processos matematicamente e logicamente bem fundamentados e medidas individuais obrigatórias, sistemáticas e convincentemente apresentáveis derivadas de eles. O sistema profissional embutido nele inevitavelmente segue esse padrão e, em muitas áreas, também é estruturado de forma simples, em vez de extremamente exigente intelectualmente. Um elevado nível de inteligência, mas não necessariamente ao mais alto nível, aliado a um certo pragmatismo, com assertividade, até com saudável egoísmo, são condições quase ideais para quem se interessa por uma carreira. Os gerentes têm que decidir. Decisões do tipo aqui mencionado são responsabilidades de uma das poucas estratégias eletivas no caso de nenhuma delas ter as principais contenções para si. De acordo com minha definição, a capacidade de buscar escolhas também requer "um resto de idiotice", uma vez que as conclusões esperadas consistentemente são frequentemente "na verdade" não confiáveis, dadas as circunstâncias dos dados.

• •

• • Críticos particularmente inflexíveis que viram uma tonelada - e que geralmente sobreviveram - comentam sobre as escolhas feitas pelo mais alto nível que permanecem totalmente ilimitadas para eles de uma maneira especialmente "proposital". Com o objetivo de falar desse tipo, então, nesse ponto, crie entre amigos: "Você leu o que eles pediram novamente? Isso joga o ciclo de volta para nós por aspectos!" Então o outro indivíduo diz baixinho: "E daí?"

• • Depois de ler esta seção especificamente, você não deve, de forma alguma, ser interrompido,

• no entanto, diga: "Considerando tudo, se for essa a situação, eu também posso fazer isso."

1.1.1   planejamento deve ser

O período disponível para uma carreira entre o ingresso no mercado de trabalho e a aposentadoria é de cerca de quarenta anos. No começo trata-se de se tornar algo, no final trata-se de garantir ou defender o que foi conquistado contra a perda.

Durante essas décadas, sua personalidade mudará, incluindo seus desejos e ideias. B. Sujeito a influências de – talvez diferentes – parceiros. Ao mesmo tempo, seu ambiente profissionalmente relevante está mudando rápida e permanentemente. Empresas que pareciam sólidas quando você começou estão morrendo, novas tecnologias trazem novos empregos e carreiras e outras desaparecem. As condições políticas e sociais estão mudando e têm efeitos diferentes. Simplificando: no dia em que você se aposentar, quase nada será igual ao que era quando você fez os exames finais.

A coisa toda é um processo contínuo com um número quase infinito de fatores influentes. É impossível fazer jus a isso sem um planejamento cuidadoso e em constante atualização. Claro, você também pode simplesmente entrar no ambiente profissional, permanecer passivo e esperar para ver o que acontece. É até possível que ocasionalmente haja um sucesso apresentável, embora acidentalmente. Mas quem quer desperdiçar a única chance que tem na vida e arriscar tudo nesta carta incerta?

As oportunidades na vida profissional são como uma amplamente ramificadaestuário. Se você flutuar, acabará rapidamente em um braço morto ou em uma cachoeira esmagadora. Só um planejamento cuidadoso, observando as regras ancoradas no sistema e levando em consideração os próprios recursos, torna o sucesso pelo menos provável. Não se esqueça: Seus recursos não são ilimitados (o sistema tem muita maldade como essa reservada para você, vou apenas acostumá-lo).

1.2 Os pré-requisitos indispensáveis para umaplanejamento bem sucedido
1.2.1 O "princípio da massa de bolo": trêsOs componentes determinam o resultado

Vamos supor que a massa de um bolo consiste principalmente de farinha, ovos e manteiga. A proporção de mistura permite uma largura de banda maior, mas cada componente deve estar envolvido com uma proporção mínima. Se o resultado final for 1kg de massa, você pode atingir o objetivo com pesos de componentes de tamanhos diferentes, mas substituir um "tijolo" por um ou dois outros acaba tendo limitações; A farinha, por exemplo, é absolutamente essencial, nem substitui o excesso de ovos.

É assim comos três pré-requisitos essenciais para uma carreira:

- o querer
- a capacidade
- conhecimento das regras deprocesso.

Todos os três componentes são necessários, a substituição parcial de um pelo outro é possível até certo ponto, mas também aqui nenhum deve voltar a zero. Em termos concretos: Vontade extremamente forte pode definitivamente encobrir fraquezas na habilidade, vontade intensa e habilidade juntas podem preencher algumas lacunas em
compensar a aplicação da regra, mas todos são necessários.

Não é possível dizer onde está a constelação ideal,

pois os requisitos na prática variam dependendo da empresa, setor e situação econômica. E são sempre as pessoas com seus padrões altamente individuais que decidem o que é necessário e o que leva ao sucesso. Não existe uma escala absoluta para isso que se aplique sempre e em todos os lugares

1.2.2   No iniciofica a vontade

apresento este aspectoconscientemente todo o caminho à frente, mesmo antes de um requisito óbvio, como habilidade: quase nada funciona sem a sua determinação, pelo menos nada que deva ser bem-sucedido por meio de um planejamento sistemático.

Antes de tudo, esse conhecimento seguro é útil: é incrível o que uma pessoa pode alcançar se abordar e perseguir um projeto como sua carreira "com cada fibra de seu coração" e com determinação consistente, sem se desanimar com os – inevitáveis – contratempos e está sempre disposto a pagar o preço exigido.

Uma contribuição como esta talvez possa encorajá-lo a ser um pouco mais resoluto na busca de seus objetivos profissionais, mas não posso iniciar esse desejo em você. Ou você tem ou não, ninguém pode se forçar a fazê-lo a longo prazo, nem seminários nem livros podem ajudar.

Vamos supor que, sem uma orientação profissional, as pessoas não leriam um livro como este. Como leitor, você basicamente cumpriu este primeiro requisito.

A vontade de que falamos aqui é fundamentalmente indispensável, mas não deve chegar ao fanatismo no sentido do nosso projeto e ofusca ou encobre todas as outras características, habilidades e impulsos humanos. Uma mediocridade saudável basta para uma "carreira mediana", o que deve ir bem além disso precisa de um plus igualmente claro em querer.

Para citar um exemplo limítrofe: um CEO certamente precisa de um desejo muito pronunciado de uma carreira, pode-se também escrever vontade de poder. Se ele não for o governante mais sofisticado, tudo bem, ele não vive de acordo com as regras no ápice, ele as faz. Seja como for, ele não pode passar sem isso: vimos algumas vocações desse tipo chegarem a uma conclusão revoltante recentemente. Freqüentemente, o motivo é a "negligência soberana" de alguns padrões essenciais que geralmente existem, mesmo no topo.

A diretriz geral é: essa ânsia, que se manifesta na busca dinâmica de uma vocação, não deve levar uma luz diante de você, mas não deve escondê-la tensamente com o mesmo sinal. Mais importante ainda, o clima que é importante para o reconhecimento de tal empreendimento (gerentes) deve definitivamente perceber que você tem desejo e está interessado em mais desenvolvimento. Por mais "respeitável" que pareça manter-se humilde nos bastidores e se conter para ser questionado: em uma sociedade aberta, as pessoas que não lidam efetivamente com o cumprimento de seus objetivos não são totalmente óbvias.

E mais: supondo que você carregue o testamento com você, termos como
- desempenho,
- Aspiração,
- Vitória,

• Classe mundial,

demora incessante de preocupações privadasprofissional

1.2.3 Não é possível sem habilidade

Eu deliberadamente redigi esta manchete de uma forma um tanto provocativa. O observador imparcial, em particular, pode ver esse pré-requisito para uma carreira como o aspecto central de todos. Mas não é tão fácil.

Duas questões precisam ser esclarecidas:

- O que você tem que ser capaz de fazer e
- que papel desempenham a formação, os processos de aprendizagem, a experiência acumulada?

-

- E há que ter em conta que quase todo o trabalhador gosta e costuma dizer que teve (teve) chefes completamente desprovidos de qualquer capacidade para preencher de forma convincente o(s) cargo(s) ocupado(s) no âmbito da respetiva carreira. existe Infelizmente, em princípio sim - mas você não deve confiar no fato de que terá sucesso. Em vez disso, vamos analisar os requisitos:
- Como definimos acima, uma carreira é, em última análise, a ascensão contínua na hierarquia associada à assunção de crescente responsabilidade material e pessoal. Se você quer fazer isso, você tem que estar disposto a assumir responsabilidades, você tem que motivar, dirigir, controlar outras pessoas e levá-las ao alto desempenho, você tem que se afirmar diante delas. Ele deve ter senso de poder, querer fazer a diferença, ser capaz de tomar decisões muitas vezes rápidas e nem

sempre seguras.

- Isso soa muito desafiadorEm princípio, afinal – como evidenciado por sua remuneração – os executivos são uma espécie de elite na empresa.
- Mas não se preocupe, porque:

- Os cargos nas carreiras de gestão serão preenchidos em qualquer caso, em todosvintage novamente. Não se trata de haver candidatos suficientes entre cada 100 funcionários ou entre os alunos: eles serão encontrados. É tudo sobre se você finalmente pertence ou não. O questionamento autocrítico das próprias habilidades, pontos fortes e fracos é permitido e até aconselhável. No entanto, este não é um playground ideal para pessoas com dúvidas pronunciadas ou complexos de inferioridade. Mas isso é o mesmo para atletas que competem apenas no campeonato de clubes.
- Antes de poder "construir uma carreira", você deve estar em funções padrão por anosRelang antes de tudo "simplesmente trabalhe em execução". Você faz isso – um requisito básico – de forma excelente. Ao fazer isso, você adquirirá segurança em seu campo profissional, sua personalidade amadurecerá – e você ganhará uma ampla gama de experiências relacionadas à carreira. Em que é menos sobre você do que sobre os outros: os colegas querem ser promovidos, mas não conseguem; Você vê recém-chegados em posições de avanço, experimenta suas vitórias e derrotas; Você observa seus chefes liderarem e – acima de tudo – você é liderado. Depois de cinco anos você sabe quase tudo sobre o assunto. Pelo menos é o que você pensa - e isso é o que mais importa.

  Caso isso ainda não seja suficiente para você: você também descobrirá issoSeus chefes, em última análise, equipados apenas com essa ferramenta imperfeita, um dia foram jogados no fundo do poço - e são a prova de que carreiras de muito sucesso podem ser projetadas com base nisso. Minha recomendação urgente: aproveite esta fase pré-carreira ainda bastante "despreocupada" para observar e planejar desde já o que você quer fazer diferente ou o que quer fazer diferente. quer fazer melhor.

- "A quem Deus dá cargo, também dá entendimento" - como muitos dos nossos antigosProvérbios também tem uma taxa de acerto muito alta. Diz-se que quem faz alguma coisa muitas vezes também adquire um grau respeitável de habilidade. Isso por si só não faz de você um especialista, mas muitas pessoas que foram consideradas completamente sem talento fazem pelo menos um trabalho tolerável "no escritório".
- Moldar uma carreira de sucesso – esse é, em última análise, umcombinação de talento como
  Base e experiência através da prática, muitos anos fazendo.
- E como último consolo desta série: os requisitos padrão para carreiraos interessados estão alinhados com as habilidades médias dos jovens bem-educados. Se você deixasse apenas "especialistas" estabelecidos em uma carreira, 80% dos cargos correspondentes permaneceriam vagos.
- E a pergunta acima sobre os processos de formação e aprendizagem?
- A resposta cautelosa: essa ajuda só pode causar danos se você se sentir competente depois, o que não é a princípio. Mas para o novato inexperiente, eles dão orientações, especialmente para lances de bola parada.
- A minha experiência mostra que o talento pronunciado – que é, no entanto, bastante raro – é uma base quase imbatível para uma carreira; Talento reconhecível mais treinamento resulta em um desenvolvimento ideal. Falta de talento, muito treinamento e muita experiência

permitem que o candidato se dê bem no dia a dia. Pessoas sem talento não podem ser ajudadas de forma alguma: nem por meio de livros, nem por meio de treinamento, e a experiência não as ajuda mais. Mas tanta falta de talento também é rara.

- Há outro ponto de referência muito útil quando se trata de "capacidade": continuo enfatizando que uma carreira vai um pouco a consideravelmente além do que pode ser considerado uma "média inferior". "Mais do que muitos outros" é o lema (pelo qual todo atleta facilmente se esforça sem desculpas). Quem, sem dúvida, possuir as competências necessárias, irá aperceber-se disso a tempo ou receberá pistas antes de entrar no mundo profissional. A escola e a universidade o aproximam repetidamente em diferentes situações com pessoas da mesma idade e com a mesma educação e, além disso, o desafiam no contato diário com professores "superiores", professores e afins.

Quem sempre foi apenas um "rato cinza" por tantos anos, nunca colocou a cabeça "fora da multidão" de forma alguma, apenas sempre acompanhou sem nunca chamar a atenção, não gerenciou um projeto, não organizou comemorações, não foi membro de nenhum trabalho, nunca assumiu responsabilidade, nunca foi representante informal em nenhuma conversa, em geral terá uma mão mais terrível.

Em outras palavras: se você ainda é suficientemente jovem, assuma o risco e alcance, por exemplo, B. em associações juvenis, divisões universitárias ou socialmente. Nessa idade, as atividades relacionadas realmente têm um impacto educacional e educacional, não exatamente fazendo habilidades, mas tranqüilizando o que foi aprendido.

Ou mais, tudo o que há é o reconhecimento de que qualquer indivíduo que tenta uma profissão deve mostrar tentativa e que não deve esperar até que sua capacidade seja afirmada com certeza. Assemelha-se ao seguinte: "Não fique apreensivo", disse a galinha ao verme - e comeu-o.

Da mesma forma, o "teste de potencial vocacional" que temos apresentado efetivamente por muito tempo (mais simplificado neste livro do que na Seção 3) pode fornecer dados significativos.

No caso de você agora do comprimento do texto desta seção, foi uma declaração do significado emocional desta perspectiva, então isso soa errado. Eu simplesmente precisava abordar qualquer preocupação que você pudesse ter de que sua própria capacidade provavelmente não seria suficiente. Basicamente: com as pessoas que finalmente conseguiram, muitas vezes não era substancialmente mais inconfundível no início, às vezes até "o inverso" se aplica. Além disso, como você provavelmente sabe: as pessoas crescem com suas tarefas.

●

1.2.4   O golfe segue regras. carreira também

Tomemos o tráfego rodoviário como um exemplo adicional: tudo o que você pode fazer eainda mais do que você não tem permissão para fazer é regulamentado. As infrações são punidas, desde uma pequena quantia em euros até à proibição de conduzir. É semelhante nos esportes, no futebol, por exemplo, B. Metade da nação é especialista em regras.

A existência material depende da vida profissional, e grande parte da satisfação individual depende da realização de sonhos essenciais à carreira. Trabalho e carreira agora também seguem regras. O que na verdade deveria ser óbvio surpreende muitas pessoas com essa simples afirmação. Se você agora perguntar: "Quais são essas regras? Você conhece os detalhes? Você está interessado nisso?", muitas vezes não se consegue nada além de um encolher de ombros. Não sei por que isso acontece, mas decidi fazer algo a respeito.

Primeiro, um exemplo: vamos supor que um dia você gostaria de ser o gerente máximo de uma empresa automobilística. Por alguma razão, você começa sua carreira em um pequeno escritório de engenharia especializado em construção de fábricas. Lá você resolverá tarefas altamente complexas e "emocionantes". Mas dificilmente você conseguirá atingir o objetivo dos seus sonhos - as regras não permitem.

Ou você perde o "fio vermelho" de sua carreira, busca uma promoção muito cedo ou muito tarde, persegue uma meta que não se adequa ao seu caminho, muda de empregador com muita ou pouca frequência, tem referências ruins ou nenhuma, mostra em a entrevista de emprego uma "atitude errada" em relação a questões de carreira, constantemente procurando empregos que não se encaixam em seu caráter. Ou, por outro lado, você precisa ser um chefe supervisor, mas está preso em uma vocação que termina como um "impasse" alguns níveis abaixo. Tudo isso seria violação dos princípios, aos quais a estrutura especializada responde com níveis variáveis de seriedade.

As organizações aplicam princípios individuais, dependentes da economia, por exemplo: no caso de haver uma deficiência de trabalhadores, e os candidatos serem assim incomuns, os candidatos deixam passar a infração da regra, que eles de alguma forma rejeitariam com desdém (um demissão imediata).

Acontece que não é sem razão que discuto as "regras do jogo" nesta situação específica. Porque eu realmente recomendo tratar a vida profissional excepcionalmente de maneira séria, mas também vê-la como um jogo importante (por exemplo, modelo de negócios imponente) e manter o jogador o mais distante possível dos processos intermináveis.

Fim: Independentemente disso, você deve conhecer os princípios básicos. Como sugestão: JOSH DOUGLAS, regras do jogo para trabalho e profissão, quarto lançamento, Springer-Verlag. Tudo gira em torno desse assunto aí. Obviamente, também considerarei os princípios básicos deste livro.

1.2.5 Em casos individuais de considerável influência: Sorte, coincidência & companhia.

Mesmo os vencedores admitem isso, os perdedores com planos fracassados até mesmo veem a principal razão para os fracos resultados de seus esforços de carreira em incalculáveis fatores adicionais de influência. Isso não está totalmente errado, mas fica aquém quando você examina esses aspectos.

As pessoas que tiveram carreiras de sucesso quase sempre admitem que tiveram sorte em situações-chave. Se alguém deseja ser promovido internamente, precisa de uma vaga aberta "aqui e agora" na categoria certa, entre outros fatores positivos. E se você se candidatar externamente, terá que conhecer a empresa "certa" de uma perspectiva de longo prazo e encontrar o chefe direto "certo" lá. Felicidade? Coincidência? Ninguém será capaz de esclarecer isso definitivamente.

Devo a minha primeira grande promoção em grupo ao facto de, numa situação de departamento que se caracterizava por sinais gerais de dissolução, o meu superior assumir agora também a casa que sobrava. Ele deixou uma lacuna, eu estava lá, internamente não havia alternativas – eu era muito jovem, mas fui aceito. Saí atempadamente e voluntariamente de duas empresas, que cedo se desfizeram e que há muito deixaram de existir. Felicidade? sorte do apto? "Poderia ter dado errado em cada caso", os que duvidam ainda hoje me dizem. Não uma promoção ostensivamente precoce, abalada por duas falências de empresas – isso poderia ter acontecido comigo também. Se eu estivesse sentado aqui hoje, estaria escrevendo este livro? Quem quer responder isso...

Estou inclinado à seguinte teoria neste difícil campo: o caso único não prova nada, mas uma série de incidentes compõem um quadro - e você pode e deve tirar conclusões disso. Se, como freelancer em um país livre, você decidir três vezes seguidas ingressar em uma empresa que posteriormente faliu, deixando-o desempregado, então você deve perceber que não tem capacidade de encontrar os empregadores certos. procurar. Você deve procurar aconselhamento especializado pela quarta vez se tiver que tomar uma decisão novamente.

E se você falhar várias vezes na empresa privada gerida pelo proprietário alemão, deverá alterar o tipo de empresa (por exemplo, escolher a subsidiária americana) e vice-versa.

Erros são permitidos, mas você deve reconhecê-los pelos padrões de resultado - e tirar conclusões deles. Muitos de nós têm sucesso em alguns projetos difíceis com frequência acima da média, enquanto outros tendem a não fazê-lo repetidamente.

Outro aspecto: Somos uma empresa de sucesso. O que é necessário é o sucesso, não uma boa desculpa para o fracasso. Assim como não se deve menosprezar os próprios sucessos indevidamente referindo-se a "sorte" ou "coincidência", também deve-se ter cuidado para não usar "má sorte" como razão para fracassos: se você teve má sorte várias vezes seguidas e os correspondentes tiveram que aceitar derrotas – quem então ainda confia a você a responsabilidade por projetos ou valores que você precisou de uma mão de sorte para liderar?

A língua inglesa conhece o "loser" como uma designação para um "loser as a guy". Seja o que for que ele tenha feito, estava errado, o resultado o confirma.

A vida profissional dura cerca de 40 anos. Durante esse período, inúmeras situações de todos os tipos concebíveis surgirão em seu caminho. Na avaliação dos resultados de suas ações, você reconhecerá um padrão no máximo no final. E então, o mais tardar, a base estatística é grande o suficiente para tirar conclusões sobre características e habilidades, e as justificativas "sorte", "coincidência" e "azar" perdem seu poder de persuasão.

E quando nem tudo é convincente, Shakespeare permanece: "Há mais coisas entre o céu e a terra do que suas filosofias sonham, Horácio" (Hamlet para seu amigo).

O que deve ser dito neste capítulo: Uma carreira não se faz apenas com desempenho – e nem sempre as derrotas individuais são devidas a erros de sua parte. Este aspecto é "sistêmico".

1.3   O planejamento começa
1.3.1   O objetivo é a base central

Planejar a carreira entre o final dos estudos (recomenda-se a inclusão adicional do foco dos estudos principais) e a aposentadoria inclui traçar um caminho, um percurso entre o início e o fim. Tudo acontece neste caminho, todas as estações intermediárias estão nele, é o foco de seus pensamentos e ações diárias.

Mas o caminho é apenas o caminho, é um meio para um fim, não um fim em si mesmo. O lema "O caminho é a meta" que vem de outra cultura não cabe no nosso tema e não cabe aqui.

O planejamento de carreira é como planejar uma montanha. É sobre finalmente chegar a um certo ponto. O caminho percorrido para esse fim também é interessante, mas, em última instância, secundário. Nas montanhas, alinhando-se principalmente com caminhos bonitos ou interessantes e encolhendo os ombros
"Para ver onde isso nos leva" também é possível, mas é mais uma caminhada na montanha do que uma subida.

Os caminhos, seja nas montanhas ou no campo da carreira, podem ser certos ou errados, benéficos ou enganosos. Imagine um local nas montanhas encontrando um alpinista exausto que pergunta em voz moribunda: "Estou no caminho certo?" O outro inevitavelmente terá que perguntar: "Sim, para onde você vai? "

Essa é a questão central por excelência, principalmente na área de carreira. Somente com a resposta para isso os caminhos adequados começam a surgir.

É por isso que você precisa de um objetivo de carreira desde o início, no qual possa concentrar seus esforços. Basicamente, quanto mais precisamente o objetivo for formulado, melhor e mais fácil será planejar o caminho até lá.

Idealmente, o alvo é fixado após:

- Campo de atividade (exemplo: desenvolvimento/construção),
- Nível hierárquico (exemplo: gerente de departamento),
- Indústria (exemplo:Engenharia Mecânica),
- Tipo de empresa (exemplo: grupo internacional).

Não se preocupe, estou falando do caso ideal aqui e é claro que sei que esses ideais são alcançados apenas relativamente raramente. Mas é preciso conhecer o ideal para poder enxergar seus próprios déficits e, se necessário, desenvolver estratégias para eliminá-los. Mas o que você também tem que lembrar é que neste exemplo ideal, que é tão claro, pelo menos a forma orientada para chegar lá é quase "automática".

Discutiremos mais exemplos, primeiro queria esclarecer o princípio.

Agora surge a pergunta: como você chega perto de definir um objetivo tão preciso? Você precisa de informações:

a. sobre si mesmo

O que na verdade deveria ser muito fácil, porque vocês devem estar muito próximos e se conhecerem muito bem, muitas vezes é bastante difícil na prática. Porque você precisa

- uma apresentação bastante aberta de seus pontos fortes e fracos (o parâmetro são os muitos outros em seu respectivo ambiente que têm a mesma idade e são desafiados de maneira semelhante);
- uma análise realista do que você deseja na vida em geral e na sua vida profissional em particular (você realmente quer estar à frente de um grupo ou o chefe do departamento de contabilidade não atende muito melhor às suas necessidades?);
- pelo menos uma certeza preliminar de que você está disposto a pagar o preço que o cumprimento de metas exigentes inevitavelmente exige (possivelmente priorizando o profissional em detrimento de

preocupações privadas/familiares; disposição para realocação); provisoriamente porque este aspecto está particularmente sujeito a desenvolvimento no decurso do seu desenvolvimento pessoal;

b. sobre o ambiente de possíveis alvos

Para poder aspirar seriamente a "membro do conselho" ou "gerente intermediário", você precisa ter uma compreensão básica do que cada um é, o que caracteriza esses objetivos ou como eles diferem.

Isto aplica-se também ao que é típico de um grupo ou de médias empresas privadas e também às especificidades de determinados sectores.

Você obtém esta informação

— ativo por meio de pesquisas iniciais na Internet, na literatura, na seção de negócios de jornais diários; passivamente, registrando e coletando atentamente os detalhes relatados por familiares e conhecidos; se você tomar os últimos três anos de escola e toda a sua graduação como base para esses oito a dez anos em que você ouve muito, você tem que registrar, registrar e avaliar apenas de boa vontade;

– a "bala de prata" são estágios durante seus estudos; Você conhece diferentes tipos de empresas por experiência própria, veja por exemplo B. o trabalho em controladoria ou em produção, o que facilita muito sua escolha posterior.

Seja qual for o caso, você precisa de um objetivo para poder planejar sua carreira de maneira sensata. Veremos no próximo capítulo que também aqui nada se come tão quente quanto foi cozido - ao lado do ideal, como sempre, há uma prática.

—

1.3.2   Definição de metas: dicas e truques

A premissa do sistema de arranjo é totalmente direta: quanto mais definitivamente o objetivo é caracterizado, mais simples é decidir o caminho. No entanto, exatamente essa precisão é deficiente. Principalmente devido ao fracasso, um pouco como resultado do medo de tais escolhas abrangentes, mas também parte do caminho devido ao esquecimento básico sobre os resultados potenciais, possibilidades e perigos de uma vocação, o estabelecimento exato de objetivos antes de iniciar uma carreira não é feito. Além do mais, provavelmente haverá os designers padrão tardios, cujo desejo de progresso possivelmente se agita quando eles são capazes de conhecer melhor a vida profissional e seus destaques extraordinários. Para essa multiplicidade de desvios do ideal, existem arranjos que têm suas qualidades singulares - porém, acima de tudo, representam o modo como "

a.   Pare no meio do caminho:
O acompanhamento geralmente se aplica: mantenha o objetivo que você definiu para si mesmo, você é o principal indivíduo que o conhece, independentemente de sua vocação estar criando conforme o esperado.

Se, "como um seguro", você baseia seu caminho antecipando um objetivo que é bastante alto para seus pré-requisitos, então você pode escolher um dia, muito distante do objetivo, basicamente parar de tentar novos progressos profissionais e para você e para a sua situação atual, isso é exatamente o que você precisaria o tempo todo. Exemplo: Você está planejando – muito exigente – "gerenciamento técnico de ponta em uma empresa de médio porte" e pronto. Ao longo do caminho, você eventualmente se torna "Chefe do Departamento de Gerenciamento Técnico", declara-se feliz com isso e interrompe os esforços de promoção. Devido ao constante desenvolvimento pessoal, suas expectativas de sucesso pessoal podem ter mudado, você pode se sentir sobrecarregado se continuar sua carreira,

Então simplesmente pare onde você está agora - e ninguém notará que você ficou significativamente aquém dos objetivos originais.

Claro, você poderia ter incluído esse "chefe de departamento em gestão técnica" como meta no planejamento. Mas: Naquela época você talvez não tivesse certeza de até onde sua ambição chegaria um dia. E talvez ao longo dos anos você tenha constantemente dúvidas se não deveria ter escolhido uma meta mais desafiadora. Mas, do jeito que estava, você estava em uma posição muito melhor em comparação com a variante de planejar cuidadosamente no início e ter que aumentar a meta repetidamente.

Resta saber onde está a diferença entre o chefe de departamento que surgiu de uma autocontenção posterior ou aquele que deveria ter representado o fim da carreira desde o início.

Há uma diferença! Vamos supor que você tenha desde o início

"Chefe de departamento em gestão técnica" era o meu objetivo. Um dia você teria então recebido a oferta de mudar para compras técnicas e, após um certo período de tempo, tornar-se o sucessor do chefe de departamento. Isso teria se encaixado bem com o seu plano. Mas: Este chefe de departamento em compras técnicas pode um dia se tornar o chefe de compras geral, mas nunca o chefe técnico ou o diretor administrativo técnico ("alta administração técnica"). Com o último objetivo em mente, você nunca deveria ter aceitado esta oferta de chefe de departamento.

Portanto, o lema "planeje objetivos altos por precaução e, se necessário, satisfaça-se com muito menos" pode definitivamente ser uma solução se você ainda estiver inseguro na hora de planejar e ainda não conseguir avaliar corretamente suas habilidades.

Conclusão: Escolher um objetivo alto lhe dá a chance de conseguir "muito" por um longo período de tempo. E você sempre pode parar "no meio". No entanto, reduz suas chances de responder a uma ampla gama de ofertas que você encontra "na beira da estrada". Para estar no lado seguro, as ofertas devem sempre corresponder ao objetivo de carreira mais exigente.

Uma meta baixa escolhida torna mais difícil alcançar "mais" depois, mas torna mais fácil cumprir o - modesto - plano original. Definir uma variante também é uma questão de tipo.

a. "Coloque o cavalo na frente do cavalo":
Aqui você não planeja a meta e depois segue o caminho apropriado, aqui você olha para o caminho que já

percorreu - principalmente sem meta.

dez maneiras. Em seguida, encontre uma meta que se encaixe nesse caminho tão claramente que alguém de fora não perceba que não há um planejamento sistemático por trás dela.

esta varianteé "muito bem-vindo". Além da vantagem de ainda ser melhor do que não ter nenhum conceito antes da aposentadoria, há desvantagens em relação ao "planejar desde o início":

— Apenas os destinos que se encaixam no caminho criado aleatoriamente são elegíveis. O que, por sua vez, significa que muitos objetivos concebíveis simplesmente falham completamente.

Exemplo: Se, após dois anos de experiência profissional em desenvolvimento de software ecinco outras pessoas da logística interna de repente sonham com o chefe de desenvolvimento e construção ou o diretor técnico, continua sendo um sonho – irrealizável.

— O método encontra seus limites onde antes havia uma carreira bastante confusa sem um fio condutor claro. Claro, você ainda pode planejar ambiciosamente mesmo assim - mas é extremamente duvidoso que você encontre parceiros (empregadores) que lhe permitirão realizá-lo. Mas, por exemplo, tropeçar na função de controlador assistente após a formatura sem um conceito, fazê-lo com sucesso por três anos, encontrar alegria nisso e agora desenvolver isso para planejar sua carreira até gerente comercial, isso é definitivamente possível. Apenas nos aspectos de tipo e tamanho da empresa você já está um pouco pré-determinado (depois de dez anos lá dificilmente seria possível corrigir isso).

b. Aparecer sem um objetivo específico, mas com altos padrões, às vezes também é possível:

A combinação de grande ambição, alta vontade de realizar e altos padrões sem um objetivo definido funcionou. Essa pessoa não planeja há muitos anos, sempre busca suas chances, está aberta a possibilidades não convencionais, em uma emergência ela age resolutamente onde não teria perdido um olhar há pouco tempo. Ainda não sabe a posição que quer um dia ter, mas sabe que deve ser "para cima".

O problema surge da descrição deste procedimento: Você não pode planejar algo assim - e também pode dar muito errado. Se alguém falhar, o observador profissional (por exemplo, um candidato a emprego) apenas dá de ombros e murmura que isso era de se esperar. Em retrospecto, o resultado é classificado apenas como uma "carreira caótica". Principalmente no meio industrial, que é o foco deste livro, essa variante é considerada extremamente ousada. Afinal, as empresas industriais também estão acostumadas com novos produtos, novos processos de fabricação e plantas de produção, bem como o desenvolvimento de novos mercados devem ser cuidadosamente e sistematicamente planejados. Vai muito melhor com isso se os gerentes relevantes procederem de maneira similarmente planejada em seu próprio nome.

1.3.3 Alcançar 100% da meta continua sendo um lindo sonho

A preparação cuidadosa de uma vocação é um lado, é o outro executar a ideia.

As questões começam com o período de tempo entre o início da profissão e a aposentadoria. Apenas a última opção é realmente o acabamento do nosso projeto de organização. Embora o estágio que está em questão para moldar efetivamente uma vida inteira termine hoje "por volta dos 50 anos", os quinze a vinte anos depois disso também exigem consideração: é vital obter o que foi conquistado - o que você pode fazer nesta idade perdida, você dificilmente recuperá-lo disponível.

Assim como o planejamento para cobrir os quarenta anos entre a conclusão do curso e a chegada ao limite de idade. Qualquer pessoa com um pequeno encontro valioso reconhecerá prontamente o impedimento: mesmo em princípio, isso não pode funcionar. Os "inimigos" do arranjo de longa distância são as progressões em praticamente todas as fronteiras que inicialmente assumiram parte do programa de arranjo - desde o próprio caráter do organizador até as condições do clima profissional até as condições da estrutura mecânica e social.

O arranjo é: o arranjo vocacional definitivamente não é um ciclo excêntrico com um estágio de ideia excepcionalmente curto e um estágio de execução incrivelmente longo. Então, novamente, um ciclo consistente deve ser continuamente verificado e atualizado. Praticamente falando, "incessantemente" significa como um relógio, de preferência até certo ponto.

Tudo o que no passado arranjo deve ser examinado: de sua própria vontade para os resultados concebíveis de realização com o atual empregador ou no mercado de trabalho. Uma constante cada vez mais importante para todo o processo de planejamento é a trajetória profissional anterior. Os objetivos de carreira podem ser redefinidos, mas devem ser sempre escolhidos de forma a que se adequem o mais possível ao percurso profissional anterior. Portanto, a atualização deve ser vista mais como um processo com mudanças cuidadosas do que com constantes mudanças de direção de 90° ou mesmo de 180°.

Como consolo: dificilmente alguém finalmente atinge a meta formulada há quarenta anos e, ao fazê-lo, segue exatamente o caminho previsto na época. Mas quase ninguém é o mesmo quando chega ao seu destino, mesmo olhando para si mesmo no início do "rali da vida profissional". Em algum lugar entre a melancolia e o sorriso, quem finalmente alcançou a meta olha para as ideias que teve "naquela época". Mas, um capítulo à parte é dedicado ao alerta mais à frente, sem planejamento fica muito mais caótico. E as chances de sucesso são significativamente menores.

Um tanto ousado, mas formulado de forma bastante permissível: Planejamento de carreira de longo prazono início da carreira, incluindo revisão e atualização constantes, devem servir menos para atingir aquele objetivo traçado "no passado distante". Por outro lado, pretende-se que, durante quarenta anos, nos movamos sempre no quadro de um processo cuidadosamente planeado e não tropeçamos desorientados no "terreno minado". Você percebe cedo o suficiente que este é um ambiente perigoso.

A linha do tempocomo referência e instrumento de controle

Se você apresentar seus pensamentos sobre sua carreira a alguém, essa pessoa notará, antes de mais nada, O QUE você está planejando ou o que está fazendo lá. querer ser. O QUANDO é igualmente importante e crucial para o sucesso.

Começa com o fato de que o tempo é limitado e não pode ser aumentado: um ano desperdiçado ou perdido simplesmente "desapareceu" - como o dreno de uma conta que não tem mais fundos. A renda, por exemplo, está sujeita a regras completamente diferentes: Se ganhei (muito) pouco nos primeiros dez anos de trabalho, isso pode ser compensado por uma renda muito alta nos anos seguintes. Isso não é possível se você perder tempo: um único ano que demorou mais do que o normal para obter seu diploma ou diploma do ensino médio está nos "documentos" para toda a vida – e rapidamente se soma a outras possíveis anormalidades. É por isso que a linha do tempo é tão importante ao moldar uma carreira. Os padrões correspondentes são rígidos: é fácil ser "muito jovem" e muito rapidamente pode significar "muito tarde, o trem partiu". E não quatro empregadores diferentes no currículo são o problema, estarão com o acréscimo "em três anos". Quem diz "carreira" diz "performance". Este último é o trabalho físico/técnico por unidade de tempo. O desempenho não pode ser definido sem levar em conta o tempo. Você pode definitivamente equiparar o QUE no planejamento de carreira com o termo

"trabalho". "Fui promovido a Líder de Equipe" é semelhante a "Peguei 500kg de pedras de A a B". É bom que tenha sido alcançado, mas você pode definitivamente igualar o QUE no planejamento de carreira com o termo "trabalho". "Fui promovido a Líder de Equipe" é semelhante a "Peguei 500kg de pedras de A a B". É bom que tenha sido alcançado, mas você pode definitivamente igualar o QUE no planejamento de carreira com o termo "trabalho". "Fui promovido a Team Leader" é semelhante a "
qualquer declaração realmente útil não é ambas.
Somente se o veiculadoacrescenta "3 anos depois de ter começado minha carreira" torna-se uma conquista definível (aqui positiva). Tal como acontece com a pedra Transporter quando acrescenta "em 10 minutos". E a admiração transforma-se em bocejo aborrecido, quando diz "aos 49 anos" e no outro caso
"dentro de váriosdias".

As "regras do jogo" aplicáveis também estão frequentemente relacionadas ao tempo. A soma de todos os aspectos resulta nas seguintes recomendações como "regras práticas":

- O iniciador de carreira não pode ser considerado por candidatos externosapanhador depois de dois anosO tempo de serviço já muda de empregador, o funcionário com experiência profissional deve ser capaz de mostrar cerca de cinco anos por empregador no currículo.
- Muito (!) claramente acimaDez anos de serviço por empregador devemlevaria pelo menos a considerar se uma mudança não seria apropriada simplesmente para que um dia não tenha que sair e então ser considerado irremediavelmente inflexível após dezoito anos de

serviço; Mudanças factuais (mudança de áreas de responsabilidade) e hierárquicas (promoções) durante esse período deslocam esse "limite" para cima.

- A primeira promoção real é possível e, portanto, planejável após cerca de cincoAnos de serviço; aos 45 anos você deve (com um pouco de tolerância para cima) "sentar" novamente na posição da qual você pode se aposentar "se necessário".
- Uma promoção a cada cinco anos até atingir seu objetivo de carreira é uma boaO terceiro ponto de referência, essa frequência é suficiente para a passagem de escriturário a diretor administrativo/conselheiro.
- Se não houver promoção no currículo por cerca de dez anos,
o "trem da carreira" sai lentamente da estação sem você.

Isso é acompanhado por alguns insights/recomendações adicionais:

- O que quer se tornar uma marca de seleção (o que significa: uma carreira é apenas
requer um playground para desenvolvedores tardios).
- Mesmo com objetivos limitados, é aconselhávele pare de escalar depois de alcançar o que planejou - e não espere até os 45 anos e, de repente, queira se tornar um líder de grupo.
- Quando você tiver cerca de 35 anos, "escada" deve estar no seu cartão de visita.
- Caso ocorra uma emergência em idade avançada e uma novaSe uma posição tiver que ser encontrada externamente, aplica-se o seguinte: Um cargo mais alto é mais fácil de comercializar do que um posto mais

baixo (enquanto os diretores gerentes ainda podem encontrar um novo emprego na idade de 52 a 55 anos, os funcionários às vezes se deparam com preocupações na idade de 45 puramente por razões de idade (que já não são frequentes -
podem ser mencionados, mas que obviamente continuam a existir na mente do decisor).

E no final deste capítulo mais uma restrição: a publicação de – por exemplo A experiência tem mostrado que aqueles que procuram aconselhamento aceitam regras e recomendações parcialmente não escritas, mas que ainda existem e são vistas como uma base útil para o planejamento. No entanto, sempre tenho uma "dor de estômago" e tenho medo de que alguém se apegue demais a um número e veja uma catástrofe se um tamanho for ligeiramente excedido. Portanto, uma restrição às declarações neste capítulo:

- Todos os números são inevitavelmente apenas valores médios geraisdependendo da situação econômica, setor, tipo de empresa e tomador de decisão responsável: Então, se diz "cinco anos" em algum lugar, então seis é tão seguro quanto cerca de quatro, mas dois ou doze anos estão fundamentalmente associados a problemas calcular. No entanto, quem encontra as dimensões especificadas em seu currículo está do lado seguro.

Generalistas, tópicos comuns e qual empregadora quem "impressionado"

Além de um caminho ascendente na hierarquia, a ascensão clássica também segue em grande parte um "fio vermelho" técnico. É aconselhável seguir este sistema em seu próprio planejamento; a carreira que se desenvolve gradativamente é sempre procurada no mercado de trabalho porque é muito procurada e, portanto, fácil de "vender". Esse fio comum é formado principalmente por uma área de atividade que permanece a mesma ou é logicamente baseada na área de atividade anterior nos postos profissionais individuais. Um segundo componente desse tipo, que não é tão dominante em seu efeito, é a combinação de indústria e tipo de empresa. Exemplo positivo:

1. estação de carreira: engenheiro industrial na produção de usinagem em série de engenharia mecânica, empresa de médio porte com aprox. 2.000 funcionários;
2. posição profissional: líder de equipe de produção na produção em série de usinagem de engenharia mecânica, empresa de médio porte com aprox. 1.000 a 3.000 funcionários (como o nº 1 idêntico);

3. Estação profissional: Chefe de produção para usinagem em produção em série em engenharia mecânica, empresa de médio porte com aprox. 1.000 a 3.000 funcionários (preferencialmente idêntico ao nº 1 e/ou 2);

4. posição profissional: gerente de produção geral de uma empresa com produção em série em engenharia mecânica, aprox. 800 funcionários subordinados nos departamentos de produção de corte, soldagem, pintura, montagem, manutenção em uma empresa de médio porte com aprox. 1.000 a 3.000 funcionários (provavelmente não mais com os nº 1 e 2, mas talvez ainda idênticos aos nº 3). Você estaria agora com 40 e poucos anos e pode ter alcançado seu objetivo.

Exemplo negativo: Você sonha com generalistas.Este é alguém que pode fazer "tudo".
– o que é bastante difícil, mas em qualquer caso à custa de qualificações em um campo de atividade específico. Por alguma razão, o pensamento de ser um generalista (ou querer se tornar melhor) é magicamente atraído para algumas pessoas. Aqueles que tendem a filtrar as descrições existentes de cargos (em anúncios de emprego). Quando um "generalista" será procurado lá? Duas declaraçõesalém disso:

a. Não existe uma carreira generalista e dificilmente uma carreira especial com o objetivo expresso de ser generalista.

b. Existem cargos generalistas na alta administração, como presidente do conselho, diretor-gerente único, chefe de divisão ou similar. No entanto, essas posições geralmente são alcançadas por meio de uma das carreiras clássicas com uma linha comum. Nosso gerente geral de produção a partir de agora também poderia se tornar um gerente de fábrica e, portanto, também ser responsável pelos departamentos de compras e comercial, então ele poderia assumir outra fábrica com responsabilidade adicional por vendas, então ele seria responsável por lucro + prejuízo - e seja generalista. Esta parte da carreira é mais difícil de planejar porque uma etapa não leva mais logicamente à próxima.

Um elemento um tanto especial é o tamanho da empresa (que usei no exemplo positivo acimaesquerda idêntica). O seguinte se aplica aqui:O seguinte se aplica a aplicativos externos (você deve contar com a necessidade disso):
O destinatário da candidatura vê a origem do candidato de uma empresa do próximo nível superior de forma particularmente positiva, este empregador o "impressiona". Ele aceita um empregador atual de seu tamanho, mas é muito crítico por vir de uma empresa muito menor. Derivado disso, uma carreira especial de longo prazo provou ser quase clássica: Começar em uma empresa de 100.000 funcionários como Escriturário, após cinco anos mudar como líder de equipe/grupo ou projeto em uma empresa com 10.000 a 20.000 funcionários, após mais sete anos como chefe de departamento em uma empresa com 3.000 funcionários, depois de mais cinco anos como gerente de divisão em uma empresa com 800 funcionários. Finalmente, com cerca de 47 anos, como diretor administrativo em uma casa com talvez 300 "pessoas".

O inverso não é possível: o salto simultâneo no

tamanho da empresa e na hierarquia ("salto duplo") só dá certo em casos excepcionais.

A implementação do planejamento nas operações do dia-a-dia

Como quase sempre acontece, o processo de implementação, que durou várias décadas, é o problema maior, muito mais difícil de avaliar e influenciado por parâmetros muito mais diferentes. Mas o seguinte ainda se aplica: Sem um planejamento sensato, a prática profissional extremamente complexa não pode mais ser dominada de forma que uma carreira meio satisfatória, que também corresponda às próprias intenções, resulte posteriormente.

Embora o planejamento seja de responsabilidade exclusiva do aspirante à carreira, a implementação é sempre do interesse do respectivo empregador. É importante mover-se nesta área tão difícil de tal forma que se sirva principalmente aos interesses do empregador muito mais forte e, ao mesmo tempo, tenha em mente os próprios interesses de acordo com o planejamento apropriado.

Aqui listo os fundamentos, valores empíricos e recomendações mais importantes que, na minha experiência, desempenham um papel:

1. Seu planejamento de carreira cuidadosamente preparado não interessa ao empregador que você está procurando ou encontrou. Ele não é – nem remotamente – um parceiro comprometido em cumprir seu conceito, mas ele precisa de você principalmente para cumprir uma tarefa que ele tem, para preencher um cargo existente e atualmente vago com ele. Você tem

que se qualificar para isso, é para isso que você é pago. Ele não quer ter nada a ver com seus planos de longo prazo, ele acha que metas concretas para vinte anos depois são ridículas, você perderia suas qualificações se o fizesse. Você não está nem mesmo se esforçando para alcançar seu próximo objetivo de carreira em cinco anos – você está começando agora para fazer exatamente este novo trabalho bem e com comprometimento.

Quando as pessoas perguntam sobre seus planos futuros, você tende a ser discreto quando se trata de falar sobre cargos padrão. Ao se candidatar a empregos juniores (estagiário, sucessão), você também se concentra primeiro nas próximas tarefas, mas: você definitivamente tem o nível certo de ambição, quer se provar primeiro, obter qualificações, mas depois (depois de ter um bom desempenho) assumir mais responsabilidade. O seguinte sempre se aplica: Um empregador teme nada mais do que um jovem "ambicioso" que "só pensa em sua carreira" e pergunta sobre a próxima promoção uma vez por semana.

2. No mundo acelerado de hoje com seu z. T. intervalos de mudança extremamente curtos, mesmo o empregador mais benevolente não pode mais ser considerado um parceiro de longo prazo para o planejamento de sua carreira. Se der certo, está bom, se não, você tem que agir e mudar se necessário. Atenção: Mesmo empresas grandes e muito conhecidas já não planejam por mais de dois anos quando se trata de questões de pessoal e, portanto, também em termos de desenvolvimento específico de seus funcionários.

3. O empregador basicamente não está interessado em sua promoção - certamente não porque você "merece". Você

só pode "ganhar" seu salário.

Um funcionário é promovido se

a. ele fez seu trabalho anterior de forma excelente como um pré-requisito indispensável. A avaliação é principalmente da responsabilidade do supervisor, que tem uma opinião subjetiva, mas sempre a considera objetiva.

b. pessoal dentro das estruturas organizacionais do empregador

Surgiu o "buraco", para o qual agora se busca um "tampão". Você poderia se oferecer para isso. O empregador está interessado no fato de que algo está acontecendo com seu "buraco". Ele tende a não se interessar se isso também coincide com os interesses ou mesmo com os planos da "sactação". Esse é o problema dele.

Você pondera sobre o reconhecimento de sua organização profissional, a empresa tem sua associação de trabalho como uma prioridade. Você também fica atento a isso, pois é essencial para você, mas seus objetivos traçados são únicos. Isso pode ser bom por algum tempo, mas provavelmente não tanto por vinte ou quarenta anos. Supondo que o caminho vocacional concebível com o negócio se desvie completamente de sua organização profissional, altere esta preparação ou procure outro negócio.

4. Como salvaguarda, um representante que está tentando progredir deve já trabalhar, aparecer e pensar (talvez ao mesmo tempo olhar: pelos faciais / roupas etc.) em sua posição anterior como um indivíduo do nível para o qual deseja ser avançado. Ele entrega, ainda com a antiga remuneração, trabalho semifundamental, por meio do qual se qualifica. Isso é designado como "colocar recursos em sua própria vocação".

5.   O primeiro avanço para uma posição administrativa é geralmente o mais problemático. O negócio passado bem estabelecido é especialmente intrigante, mas não é de forma alguma o único cúmplice possível. Você deve, até certo ponto, geralmente planejar seus arranjos lá. Caso isso não funcione nesta Casa, você precisa agir.

6.   A execução do planejamento de sua carreira espera que você dê a ela uma necessidade específica sobre diferentes questões, por exemplo B. certamente também para os interesses de seu gerente. Se você trabalhou bem lá pelos sugeridos cinco, talvez sete ou oito anos, se você ainda está indo para o ouro mais um avanço, mas é impossível lá, então, nesse ponto, você tem o "apoio ético" para olhar remotamente uma oportunidade superior para tentar. Com um tempo de administração aqui, seus negócios anteriores não serão excessivamente desanimados quando você sair.

Para ser bem claro: um egoísmo saudável faz parte de uma estratégia de sucesso em nosso sistema econômico – seu empregador age da mesma forma com os parceiros em seus mercados.

Planejamento de Carreira: ThePractice

2.1 Sobre a história da parte prática

Desde 1984, VDI nachrichten, o "jornal semanal de formação de opinião para engenheiros e gerenciamento técnico" com mais de 300.000 leitores, publica a série "Conselhos de Carreira" em todas as edições. Os leitores fazem perguntas, JOSH DOUGLAS responde. Os tópicos cobrem todo o espectro de "Aplicação, Profissão, Carreira", até agora 2.700 perguntas e respostas apareceram lá.

Submissões originais e respostas são impressas nos capítulos seguintes, por exemplo, T. ligeiramente revisado para esta finalidade e organizado tematicamente. Os remetentes permanecem anônimos na série, mas são conhecidos pelo editor e por mim.

Todas as perguntas são autênticas, cada uma delas reflete trechos da vida profissional real. Ao fazer minha seleção, quando foi impresso no VDI nachrichten e agora novamente para este livro, certifiquei-me de que o foco fosse e está em questões que são relevantes na prática e de forma alguma completamente exóticas. Esses problemas afetam as pessoas que estão no mundo do trabalho e desejam alcançar algo a longo prazo ou talvez "apenas" garantir seu sustento no curto prazo (o que também faz parte do sucesso na formação de uma carreira).

Nos quase trinta anos em que esta série está no ar, houve inúmeros indícios de confirmação, inclusive de leitores que não são engenheiros e, em alguns casos, até vêm de ambientes profissionais completamente fora da indústria que sempre é o foco de nossa atenção . São comerciantes, advogados, médicos, professores do setor público, etc. Eles vivem dizendo: é exatamente assim conosco.

Meu grupo-alvo atual "acadêmicos na indústria" mostra reações diferentes quando acompanham minhas postagens por um longo período de tempo: claro ceticismo em relação à rejeição como estudante, relutância cautelosa nos primeiros anos de trabalho, aprovação ao entusiasmo de cerca de dez "anos de serviço ": "exatamente igual" seja nas empresas ou "na verdade muito pior".

Se for esse o caso, observei logo no início, então os alunos vivenciam e sabem muito pouco sobre a prática profissional "lá fora", por exemplo. Ou também: a universidade típica ensina quase nada sobre a vida profissional posterior que vá além de questões puramente técnicas. É por isso que tantos erros são cometidos, principalmente nos primeiros anos de trabalho ou mesmo no começo.

E se você encontrar efeitos divertidos ocasionais ao ler os casos individuais, eles estão lá de propósito. Manter uma série viva e no interesse dos leitores durante este período de tempo extremamente longo exige mais do que uma transmissão seca de conhecimento e uma repetição constante de conselhos de advertência.

Mas como o ceticismo de leitores iniciantes inexperientes de minhas respostas às vezes atinge uma dimensão considerável, garanto novamente como medida de precaução: todas as minhas declarações, mesmo que às vezes tenham sido escritas conscientemente "com uma caneta de luz", estão no ponto completamente sério e nunca pretendeu ser um glossário. E isso também é uma precaução: não fiz o nosso sistema profissional, achei assim. Nem artigos individuais de jornais nem livros teriam o poder de mudá-lo enfaticamente.

2.2 Sintonização com as seguintes perguntas específicas

Os casos a seguir foram selecionados duas vezes: Primeiro, das perguntas constantemente recebidas na série "Conselhos de Carreira", aquelas adequadas para publicação e resposta pública foram filtradas. Uma seleção adicional foi feita a partir disso para este livro.

Apesar ou talvez por causa da dupla seleção, você pode se surpreender ao ler estes exemplos práticos: Embora a primeira parte puramente conceitual deste livro exija um planejamento sistemático e de longo prazo voltado para um objetivo, trata-se principalmente de subconscientes individuais. -programas. problemas e muitas vezes sobre dificuldades que não tiveram nenhum papel no início do livro. Para "compensar" isso, raramente se reconhece uma abordagem de planejamento bem pensada nas descrições concretas. Estas notas sobre isso:

1. 1. Os shippers que aqui expressam suas opiniões não tinham a menor idéia sobre o segmento inicial deste livro. Eles normalmente começaram suas vocações profissionais individuais mais cedo ou mais tarde, quase sem uma ideia abrangente. Supondo que houvesse aspiração profissional, frequentemente "mudavam" de uma situação para outra.
2. 2. As prévias que devem estar visíveis nas perguntas individuais também fornecerão informações fascinantes e, acredito, educativas para o treinamento.

3. 3.   Não importa o quão cautelosamente você planeje, você pode enfrentar problemas do tipo descrito peloremetentes sempre que estiver em rota, do começo ao fim. Com minhas respostas, tento dar arranjos potenciais. As perguntas e respostas impressas nas páginas anexas apareceram nos anos de 2011 a 2013 na seção "Conselheiro de Profissões" das notícias da VDI. Além disso, em "Notas do treinamento", de vez em quando dava respostas que tocavam uma campainha, independentemente de não haver perguntas específicas.

2.3   perguntando eRespostas à carreira e áreas afins
da série
"Conselho de Carreira" de VDI nachrichten
2.3.1   O entrada na carreira

Idealmente, este é o primeiro passo no caminho para o objetivo previamente definido com cuidado. Na prática, porém, o jovem acadêmico típico vê esse início como um problema separado e isolado que deve ser resolvido de alguma forma. Você verá o que vem depois disso em algum momento.

2.3.1.1   queria o paraiso

Pergun

Em alguns meses estarei concluindo meu doutorado, depois disso
Gostaria de começar um trabalho na indústria, de preferência em uma empresa maior.

I. Claro que eu quero um ótimo empregador
– com estruturas viáveis,
– onde bom trabalho e sucesso são sinônimos,
– onde os funcionários são tratados de forma justa,
– onde o trabalho em equipe não é apenas um termo frequentemente mencionado, mas realmente praticado e
– em que sejam compreensíveis as decisões dos superiores até a direção da empresa.

Como encontro uma empresa que atenda a esses requisitos tão bem ou o mais próximo possível? Você pode contar com prêmios para o melhor empregador na Alemanha?

II. O que devo perguntar especificamente em uma entrevista de emprego sem parecer arrogante?
Posso pedir para ver a seção posterior uma vez?
Eu deveriarecusar se meu futuro superior não participar da entrevista?
Que tipo de exigência salarial... (chega; H. Mell)?

Responde

Duas almas vivem, infelizmente, em seu peito (livremente baseado em Goethe, Fausto).

Há a parte I da sua pergunta: Intelectualmente bem pensado, corretamente formulado e tão prático quanto o pequeno Fritzchen imaginando o paraíso. Para aliviá-lo, deixe-me dizer (o currículo está disponível), você é um candidato direto A (inter alia diploma intermediário 1.1). Algo assim acontece lá. Isso pode piorar depois (sério).

Com a malícia que me foi imposta por razões educativas, destaco dois factos que de alguma forma se relacionam:

a. Você escreve em seu currículo que, segundo algumas estatísticas, sua nota pré-diploma era a única dessa qualidade.

b. EUHá mais de 25 anos respondo a perguntas desse tipo aqui e em eventos públicos. "Como encontro o paraíso?" é extremamente raro, assim como seu diploma intermediário. Em geral e sinceramente, quero apenas dizer bem, meu conselho para sua vida profissional posterior: Seja sempre melhor e mais inteligente que os outros - mas quando você aparecer, observe, comportamento profissional geral e especial, ao responder perguntas, oriente-se sobre o que a média faz. Desvios disso apenas em doses homeopáticas, pelo menos até que você esteja firmemente "dentro" do sistema.

Bem, eu disse tudo isso para você porque você aguenta e não perguntou por estupidez (embora às vezes eu acredite que a esperteza em um certo nível corre o risco de ser classificado como estúpido novamente por aqueles ao seu redor - como ambos seriam localizado em um círculo). Agora calmamente ao ponto. Primeiro a eu:

Esqueça isso – tanto no que diz respeito às suas ideias e desejos quanto principalmente no que diz respeito às possibilidades de descobrir tudo isso na entrevista. Seus requisitos são irreais – algo que você deve perdoar como iniciante na carreira – você é ingênuo quando se trata de encontrar declarações sobre eles, o sistema não é construído dessa forma.

Mas posso garantir: todas as grandes empresas - e uma delas você deseja - são amplamente semelhantes entre si. Não poderia ser de outra forma: produzem produtos comparáveis, trabalham nos mesmos mercados, têm os mesmos ou até os mesmos acionistas, usam esse mesmo mercado de trabalho para contratar funcionários – do porteiro ao chefe do conselho fiscal – e fornecem seus iniciantes das mesmas universidades e enviam seus funcionários para seminários amplamente comparáveis. E, até certo ponto, eles até trocam esses funcionários entre si por meio de demissões, candidaturas e novas contratações.

Agora minha afirmação, que pode não ter base científica, mas é corroborada pela minha experiência de vida: Se tudo isso for assim, então as condições internas dessas empresas devem ser inevitavelmente muito, muito parecidas, é inconcebível de outra forma ("quem conhece um, conhece tudo").

Aliás, é diferente com as pequenas empresas privadas: ali a personalidade individual do proprietário se irradia até o último pequeno detalhe da empresa.

Voltando às suas empresas maiores: circunstâncias especiais aleatórias em um lugar (a pessoa do seu chefe ou o líder informal da equipe de colegas) significam maiores diferenças para sua jornada lá do que qualquer coisa que você possa descobrir com antecedência (pensando um pouco ingênuo). , se você realmente seguiu sua lista de perguntas. Não faça esse tipo de pergunta, você sairia como um iniciante particularmente completo. Eu ri no começo quando li isso também. Não há respostas.

Parte II é de você z. T. menos bem pensado e às vezes formulado com os termos errados, mas é muito mais realista em substância.

Perguntas direcionadas na entrevista de emprego: como iniciante, sobretudo sobre a tarefa que se aproxima, o que o chefe espera do novo funcionário, a estrutura do departamento/número e qualificações dos colegas. O resto é fácil de encontrar. Atenção: Para o patrão, que não tem permissão para admitir isso, você como iniciante é tão importante quanto outro aluno do primeiro semestre é para o reitor da universidade.

Uma olhada no futuro departamento: Certifique-se de pedir educadamente (!) – você deveria ter visto o futuro ambiente de trabalho.

Se o futuro patrão não estiver presente: Não assine contrato se ainda não o conheceu, ele é mais importante para você do que o resto da empresa.

Quando se trata de salários, você deve saber que todas as grandes empresas têm padrões fixos pelos quais pagam iniciantes. Você pode aceitá-los ou deixá-los como estão - isso é tudo. Na verdade, um iniciante não "ganha" nada nos primeiros seis meses, você só investe nele para ter um funcionário "aproveitável industrialmente" depois de cerca de um a dois anos. Comece em algum lugar, faça coisas incríveis, torne-se indispensável para seu chefe, suba na carreira e o salário mais alto virá "automaticamente". Executivos seniores reclamando de pagamento insuficiente são ra

2.3.1.2 contribuição para a transição energética

A transição energética é um tema muito discutido, principalmente politicamente. meu gol
e desejo é contribuir ativamente para o sucesso da transição energética após a graduação.

Lemos constantemente (por exemplo, em comentários de políticos ou especialistas) e ouvimos (por exemplo, em rodadas de discussão sobre o tema) que é exatamente aqui que são necessários funcionários juniores com ampla formação para entender todos os diferentes aspectos da própria transição energética. Além disso, cada vez mais cursos estão surgindo, especialmente na área de energias renováveis, que não formam engenheiros de processo clássicos ou engenheiros elétricos. Portanto, realmente parece haver uma necessidade desses "pau para toda obra".

Estou estudando engenharia elétrica em uma TU, atualmente estou escrevendo minha tese de mestrado sobre o desenvolvimento de baterias de íons de lítio e concluí vários estágios em uma empresa de energia e um fabricante de turbinas eólicas. Ao escolher minhas aulas eletivas, era importante para mim também adquirir conhecimentos teóricos sobre energia de outras disciplinas de engenharia (engenharia mecânica, engenharia química).

Ao pesquisar ofertas de emprego que me interessavam, tive a impressão de que, no final das contas, engenheiros elétricos ou mecânicos tradicionais são sempre procurados nos negócios. Com isso, quero dizer não apenas o campo de estudo exigido, mas também as atividades descritas durante o processo de recrutamento.

2.3 Perguntas e respostas sobre carreiras e afins...33

Então, onde estão procurando os jovens profissionais bem treinados - no desenvolvimento, nas vendas, no gerenciamento de projetos? Ou no final, mesmo na ciência ou na política?

Responde

Leia muito brevemente, sua reclamação parece convincente, seu argumento até parece lógico. Mas: Só quem não conhece a prática pensa e escreve assim - porque é diferente, muito diferente mesmo. Como aluno, você ganha um "desconto" para interpretações errôneas desse tipo, mas não depois. No entanto, como está prestes a iniciar a sua carreira, deve saber mais sobre as condições "lá fora".

Aparentemente, você leu um livro intitulado "Como posso acomodar o máximo possível de declarações e argumentos impraticáveis, até mesmo perigosamente falsos, em poucas linhas". Em ordem de apresentação, tentarei corrigir as coisas:

1. A segunda frase de sua submissão é a "raiz de todo mal", especificamente: a causa de todos os problemas que você já encontrou ou encontrará.

Veja bem, a base do seu plano é assim: você quer ser um funcionário em algum lugar. A definição oficial (atual!) para isso é: um funcionário dependente. A palavra-chave é "dependente". Sua existência depende de encontrar alguém que irá contratá-lo, pagá-lo - e mantê-lo o maior tempo possível. Você pode ser demitido; Você tem que lutar por outro reemprego ou por uma promoção, muitas vezes até para manter o emprego. Você não tem "direito de trabalhar", se tiver, está sujeito a instruções. E você fica a mercê das grandes e pequenas decisões do empregador: se ele quer fechar sua unidade de negócios ou vender toda a empresa para um investidor financeiro, então ele fecha ou vende. E todo o seu planejamento pode ficar obsoleto.

No entanto, a vida profissional pode ser gratificante, um prazer e um prazer de se completar – muitas pessoas conseguem. Mas suas opções são sobrecarregadas, além de todos os problemas mencionados – e podem ser muitos e podem se tornar extremamente opressivos – por meio de seu trabalho como Funcionário de uma empresa comercial querendo avançar ativamente um (mal planejado) projeto político e social de proporções enormes.

As empresas que irão contratá-lo e cujos anúncios de emprego você lerá têm o objetivo primordial de obter o maior retorno possível sobre o capital de seus proprietários de várias maneiras. Se a transição energética servir a esse propósito, ela será levada junto, as pessoas entrarão no movimento. Mas a transição energética como meta corporativa? Se uma empresa disse isso, eu não acreditei.

O fabricante de turbinas eólicasnão quer uma reviravolta energética, nem quer que o maior número possível de turbinas eólicas sejam instaladas por sua indústria - ele não se beneficia disso. Ele quer uma chance de vender o máximo possível de ativos de sua marca. Se isso funcionar como parte de uma transição energética, é bom, se for parte de um programa diferente, seria bom também. É assim que funciona, estou apenas afirmando aqui - e o princípio alimenta a todos nós.

Mas você também entende que está sobrecarregando o sistema. Nenhum funcionário da indústria pode esperar promover programas politicamente desejados neste contexto "ao lado" (porque seu objetivo número um deve ser outro).

Em termos concretos: Você trabalhará em uma empresa de orientação comercial. Você pode escolher. Constrói turbinas eólicas, sistemas fotovoltaicos ou usinas de biogás. Você pode se especializar nisso; No entanto, a "transição energética" é uma questão política, ou seja, uma dimensão completamente diferente.

2. Na primeira e terceira frases de sua submissão, você se refere a políticos, talvez também a representantes da mídia ("grupos de discussão"). Vamos chamá-los juntos de "Grupo A". Mas você precisa de um emprego em uma empresa comercial do "Grupo B". Ambos os grupos não estão necessariamente interligados e não estão subordinados um ao outro, e muitas vezes mal se falam. Você aceitou uma promessa de certo tipo de trabalho do grupo A (que seus representantes sempre negarão), agora vá para o grupo B e reivindique a promessa. Isso é ingênuo. Na melhor das hipóteses, você poderia se referir a declarações concretas de representantes das empresas que agora deveriam contratar alguém. Ou você se candidata a um emprego no Ministério Federal do Meio Ambiente, por exemplo.

3. Este tópico continua aparecendo aqui em intervalos:

"Eu conscientemente busco uma formação de base ampla, então também estou preferencialmente procurando uma posição de orientação generalista e a subsequente carreira correspondente." Isso quase sempre é seguido de decepção. Ah, não há nada, absolutamente nada, que fale contra uma educação ampla com conhecimento disso e daquilo. Mas há duas limitações a serem lembradas:

4. "Broad" por si só não conta muito. Em primeiro lugar, profundidade, ou seja, conhecimento especial, deve ser encontrado em uma área. Uma amplitude adicional nesta base é valiosa e definitivamente ajudará os afetados em algum momento. No entanto, "eu me vejo como um generalista" é uma afirmação dos jovens profissionais que é temida pelos candidatos.

5. Com exceções bastante pequenas e acidentais,não há plano de carreira para generalistas em empresas comerciais, ou seja, de "generalista júnior" para "generalista sênior" para
"Gerentes de topo na gestão generalista".
No entanto, existem trabalhos com uma orientação claramente generalista. Isso inclui o único diretor administrativo de uma pequena GmbH, bem como o CEO de uma grande corporação. Mas o caminho normalmente passa por uma carreira com crescente responsabilidade em um campo especial (por exemplo, desenvolvimento, vendas, produção, planejamento de projetos, etc.) de uma indústria. Quem quer se tornar um gerente técnico, por exemplo, não começa como um "Candidato a Diretor Administrativo III. classe" e depois avança lentamente pela classe II. Em vez disso, ele começa como um engenheiro de desenvolvimento

especializado em um produto ou tecnologia. E então ele se torna um gerente de grupo e departamento para desenvolvimento, mais tarde um gerente de desenvolvimento e construção, em algum momento obtém o planejamento/AV, então a produção de uma planta, planejamento e manutenção da planta, torna-se gerente técnico lá e, posteriormente, possivelmente diretor administrativo técnico. Então ele é um generalista técnico. E depois, se necessário, fica com a gestão de uma subsidiária, que também inclui a responsabilidade pelas vendas e questões comerciais. E então ele é finalmente um generalista. Esta descrição de carreira é apenas um exemplo, mas não irreal.

6. Agora, uma palavra sobre os programas de graduação que você cursa como uma indicação da justificativa de suas expectativas: Normalmente, as universidades introduzem novos programas de graduação após a aprovação do Ministério da Educação. A economia então contrata seus graduados – ou não. Se você tiver sorte, houve conversas intensas entre as duas partes antes. Mas é certo que a empresa à qual você se candidatou nunca foi solicitada. E certamente ninguém nunca perguntou ao gerente de desenvolvimento responsável pela contratação, garanto. E então você vem e fica maravilhado com o desinteresse dele.
Tive uma conversa com dois professores universitários. Eles me disseram:
"Se queremos criar um novo campo de estudo, o ministério apenas pergunta se podemos conseguir alunos suficientes para se matricular lá. No entanto, não nos perguntam se as empresas 'lá fora' são como aquelas pessoas que são treinadas assim." Não tenho motivos para duvidar.

Bem, somos um país livre. Você decide o que quer treinar e também assume o risco. Numa economia de mercado, o facto de existir uma oferta não é prova de que esse produto ou serviço faz sentido ou é necessário. Portanto, tenha cuidado com o plano de querer se tornar um "pau para toda obra".

2.3.1.3 Grupo, promoção, consultoria?

Pergun

Vou concluir minha certificação como especialista moderno com um

Eu tirei uma nota excelente e, dessa forma, também recebi um grande número de ofertas, incluindo participação direta em uma reunião, avanços modernos e consultoria do conselho. Você poderia, portanto, retratar minha preocupação como uma "questão de extravagância", mas uma escolha realmente deve ser feita.

Em uma reunião (como um fabricante de carros de jogos de ponta), obviamente há uma grande variedade de portas abertas para melhorias, mas o escopo único de tarefas é excepcionalmente restrito no início. Também estou desanimado com os extensos processos internos de determinação (avaliação) para os cargos no conselho com a rivalidade comparativa. Seja como for, provavelmente é melhor "se afastar" de uma organização com a chance de ficar desapontado.

Não obstante o título, a principal experiência profissional que você ganha representa um doutorado moderno (oferta do encontro superior XY AG está disponível). De qualquer forma, o convênio de doutorado é obviamente restrito e as possibilidades a serem assumidas seriam de 50:50, na melhor das hipóteses. Quão simples é realmente encontrar uma linha de trabalho comparativamente remunerada em diferentes organizações pouco tempo depois? Ou, por outro lado, você enfrenta pedidos de compensação mais significativos para graduados sem um Dr. Além disso, um lugar que geralmente não é exatamente personalizado para o assunto do doutorado,

rapidamente para reservas?

Em uma pequena inovação, a consultoria do conselho, eu teria a oportunidade valiosa de lidar com uma ampla gama de empreendimentos em um curto espaço de tempo. Seja como for, você poderia, a qualquer momento, mudar para a indústria sem perder sua remuneração? Considerando tudo, você tem uma visão, mas apenas com projetos em evolução, então você nunca pode "descobrir as coisas".

À luz de sua experiência, você poderia, a qualquer momento, fazer uma avaliação de quais poderiam ser as perspectivas de avanço posteriores para as outras opções separadas ou qual escolha é a certa para quem?

Agradeço esta submissão, pois posso usá-la para demonstrar as características típicas de um determinado grupo de candidatos, aqui o candidato único.

Sua preparação da informação factual, a apresentação das vantagens e desvantagens é quase perfeita. Isso reforça a afirmação "Os candidatos A quase nunca falham na prática por causa de problemas técnicos". Eles podem até mesmo ser encarregados de tarefas não especializadas sem problemas - eles vão até o cerne da questão, compreendem rapidamente, analisam com precisão e quase sempre produzem um resultado apresentável.

Isso é sublinhado aqui por exemplarmente resolvida – fictícia – tarefa:

"Reúna quais opções esse candidato tem e onde estão as vantagens e desvantagens das variantes individuais."

Isso corresponde aproximadamente às tarefas definidas durante o curso (exames, estudo e tese de diploma). Quem consegue fazer isso de forma demonstrável tira A (estou preocupado com o princípio, não em comparar essa submissão com uma elaboração científica).

Então vem o próximo passo, a decisão. ela colocaDe acordo com JOSH DOUGLAS, resta mais ou menos uma grande quantidade de estupidez no tomador de decisão - pessoas muito inteligentes nunca tomariam uma decisão. Porque uma decisão não é apenas um compromisso com um dos vários cursos alternativos de ação para os quais falam argumentos particularmente fortes. Qualquer tolo ou computador poderia fazer isso. Não, uma decisão é devida quando

Responde

há quase tantos argumentos a favor e contra uma alternativa ou a favor ou contra várias delas.

Aí as pessoas de repente perguntam: a coragem, algo realmentefazendo coisas irresponsáveis porque têm que ser feitas; a vontade de ouvir o próprio instinto sem ser capaz de fornecer justificativas para isso; o desejo de fazer conscientemente coisas não convencionais; o efeito lúdico de também correr riscos que

são "realmente irracionais"; a inclusão de regras da prática, onde as coisas são como são - e a consideração do comportamento típico das pessoas afetadas aqui, que muitas vezes agem completamente além da racionalidade e da lógica.

Tudo isso é, para dizer o mínimo, menos a força dos candidatos nota A que sempre querem fazer tudo "certo". O que era suficiente na escola e na universidade. Na "vida após a morte" não apenas isso não é mais suficiente, mas essas categorias simples de "certo" ou "errado" não existem mais. Para isso, existem as novas categorias de requisitos "estrategicamente bem pensado", "taticamente inteligente",

"Inteligente/refinado", "atrevido", "arriscado", "às fraquezas de outros seres humanos

mirando", "tendo sucesso" ou "operando com alegria". Talvez até seja verdadenem "o homem amadurece através de suas derrotas".

Agora vamos passar para as opções que você apresentou corretamente:

1. Entrada no grupo:

Qualquer pessoa que começa na XY AG é inicialmente empregada na XY AG. Só isso já é alguma coisa - você coleta "pontos de crédito" para sua futura vida profissional. Cinco anos depois, caso seja necessário, o nome desse empregador abre muitas portas por aí. Existem inúmeras oportunidades internas de promoção, portanto, dificilmente haverá desculpas para não ser promovido a longo prazo.

A "gama individual de tarefas"? Quem se importa? No início, eles não moldam a política corporativa de qualquer maneira, nem a nova série que seguirá o 911 (como exemplo). Tudo corre um pouco devagar, um pouco de acordo com os canais oficiais, e ninguém nunca se aposenta do cargo de iniciante. Você primeiro aprende "como as coisas funcionam aqui", é uma pequena luz em grandes projetos, tem o bastão do marechal em sua mochila – e está na XY AG: seus colegas ficam arrepiados quando ouvem isso. E o sogro já pensa em como contar a história na mesa dos frequentadores.

O que você vai fazer nessa corporação? O que faz um Papa – deve serum, é disso que se trata (se necessário, um arcebispo também o fará).

Atenção: A presidência do conselho de administração é basicamente aberta a todos. Mas o titular desta posição não tem o melhor superexame de todos os funcionários académicos, nem sempre resolveu as tarefas mais exigentes cientificamente e não é necessariamente o "melhor benfeitor" imaginável. O mesmo se aplica aos níveis abaixo dele, graduados de acordo. Ah, e mais uma coisa: se você perguntasse ao respectivo CEO, "a) qual a importância da tarefa de iniciante na prática profissional para a obtenção do cargo atual e b) você também não achou os longos processos de seleção

interna para cargos de gestão com a concorrência correspondente incomodando você? ' então você tem a rara chance de ver um homem rir. Os vencedores não temem nada, nem trabalho temporariamente chato,
Sei que meu raciocínio possibilita respostas como:
"Eu nem quero ser CEO. Chefe do departamento de desenvolvimento seria o suficiente para mim." Isso não seria relevante, se assim posso dizer. Se você deseja trabalhar em certas estruturas, deve aceitar o princípio segundo o qual elas funcionam ("Você deve reconhecê-las por seus extremos"). Como regra, o gerente sênior também já foi chefe de departamento.
E não tenha medo dos métodos de seleção de futuros líderes. Sempre existem tais "métodos", seja a avaliação por um único chefe ou o julgamento objetivado dentro de uma seleção sistematizada. Em todos os lugares, algo só pode ser alcançado "quem atende aos nossos requisitos" - às vezes é isso, às vezes é aquilo. Apenas confie que os "métodos" realmente favorecem as pessoas que se encaixam no projeto. A promoção é baseada no direito, nunca com base em considerações de justiça. E: Começar uma carreira aqui dificilmente é um tamanho único
"incorreta".

2. promoção industrial:
Dê uma olhada nos anúncios de emprego e veja quantos engenheiros industriais com doutorado são procurados (quase nenhum). Então você teria que fazer isso só porque te faz sentir melhor (isso pode ser um argumento). Se realmente houver apenas uma pequena chance de ser contratado posteriormente naquela empresa, você deve estar com as pessoas adquiridas, caso contrário, facilmente terá a imagem de "pesado e

achado em falta". Você tem que ter uma "desculpa" muito boa para não ter sido contratado, a fim de ser de interesse ilimitado para outros empregadores.

Atenção, você desenvolve uma espécie de fixação na questão salarial, aparece issomais tarde.

Depois de concluir seu doutorado, você seria um engenheiro com doutorado aos olhos externos, que tradicionalmente é avaliado um pouco mais alto pelos candidatos do que alguém sem doutorado. É uma questão em aberto se o tempo gasto fazendo o doutorado também seria reconhecido como experiência profissional plena. Isso seria então compensado pelo fato de o renomado grupo não assumir o controle, o que reduziria sua atratividade.

E o engenheiro, que se doutorou no instituto universitário, fez algo lá durante seus anos lá e ganhou experiência. Estes já estão "precificados" no salário típico de iniciante para iniciantes com doutorado. O objetivo de uma promoção industrial é principalmente a promoção, assim como uma porta de entrada é mais uma porta do que uma casa.

Se você é tão obcecado por dinheiro, você deve – especialmente como engenheiro industrial – preferir se juntar ao grupo de acordo com 1. Então você terá vários anos "mais corretos" quando o "médico industrial" estiver prestes a concluir seu doutorado e está preocupado em ser contratado. , prática profissional incontestável que é definitivamente "facilmente vendável" interna ou externamente.

A propósito, é melhor dizer "doutorado" do que "título".

Além disso, "eu queria ganhar esse título" soa mais distinto do que "eu realmente queria esse título".

3. Conselho:
É aqui que o dinheiro surge novamente, especialmente quando você está apenas começando sua carreira, outros aspectos devem desempenhar um papel primeiro. Você ganha depois: os diretores administrativos raramente reclamam.

Trabalhar em consultoria, desde que não ultrapasse dois a três anos, costuma ser considerado uma espécie de programa de trainee externo. Você vê muito e aprende de acordo, sem dúvida.

Além das qualificações profissionais, também são necessários comportamento, capacidade de "vender a si mesmo" e habilidades de apresentação. Freqüentemente, é um trabalho muito árduo, mesmo por causa da alta (até 100%) taxa de viagens e pernoites e muitas "horas extras". Paga bem, caso contrário, muitas pessoas não o fariam. Esta porção de um "subsídio de dificuldade" na verdade desaparece quando você mais tarde muda para a indústria "estacionária"; nem sempre pode ser salvo.

Muitos consultores talentosos e bem-sucedidos conseguem saltar para grandes posições na indústria, enquanto outros não (exemplos de modelo nem sempre são representativos, não se deixe enganar).

Quem fica conosco por muito tempo ou sempre precisa de potencial de aquisição, ou seja, habilidades de vendas (ele então é responsável pela aquisição de pedidos, enquanto gerentes de nível inferior ou recém-chegados assumem a implementação de projetos de consultoria). Muitas consultorias importantes e conhecidas são duras como pregos: se você não for promovido internamente a cada poucos anos, terá que sair. Então ele não era bom o suficiente.

Então, querido remetente, agora você decide - também com base na intuição. Você nunca saberá se estava certo. Você pode ver o que aconteceu com você em vinte anos. Mas você não vê o que seria de você se tivesse tomado um caminho alternativo. O percurso de ex-colegas ou colegas posteriores também não prova nada - são outras personalidades que, por exemplo, T. alcançam resultados completamente diferentes com as mesmas oportunidades. Afinal, a personalidade é um fator decisivo para o sucesso na carreira mais tarde, e o valor do exame muito bom diminui.

Sobre quais "sintomas" você lêchances diminuídas?

Pergun

Referindo-se a uma pergunta anterior em que você escreve isso em sua experiência-
Se um talento especial para idiomas se correlacionar negativamente com qualidades gerenciais, gostaria de pedir mais "observações da prática".

Eu sei que estou pedindo muito de você quando peço para imprimir neste jornal (e, portanto, possivelmente a raiva dos leitores que se sentem direcionados a arrastar). Por outro lado, se assim posso dizer, em um caso anterior você "se inclinou tanto" que pode querer ousar fazê-lo novamente?

Faço essa pergunta para que alunos como eu possam avaliar se seus talentos, pontos fortes e fracos já podem servir como indicação de sucesso futuro na vida profissional. Isso se baseia na suposição de que seu empregador lhe dá a oportunidade de realmente usar quaisquer habilidades gerenciais que você possa ter.

Em sua experiência, pessoas moralmente "boas" são melhores líderes do que aquelas que têm traços de caráter menos "nobres"? Isso provavelmente soa ingênuo para você, porque "guerreiros" podem e são bons chefes. No entanto, surge a questão de saber se esta não é uma espécie em extinção nos andares de gestão: Acho que estou a observar uma mudança na seleção de pessoal (particularmente de gestores juniores, por exemplo, estagiários). O objetivo hoje é recrutar funcionários que sejam jogadores de equipe e sociáveis, ou seja, pessoas moralmente "melhores" do que, por exemplo, coléricos egocêntricos.

Oh cara! Produzem opostos que não o são, conduzem a categorias de avaliação
ries que não se encaixam no tópico aqui para nós e com toda a inocência fazem perguntas que, por exemplo, T. não há resposta alguma e onde você poderia preencher um livro inteiro com o motivo pelo qual não funciona dessa maneira.

E ainda assim você também merece reconhecimento. Porque você pelo menos lida com esses tópicos; enquanto outros tropeçam em seus empregos ao longo da vida e cometem erros que nem mesmo reconhecem como tais depois. Então, em primeiro lugar, parabéns.

Só tenho que cobrir alguns aspectos lado a lado, esperando que a) eu possa me contentar com o espaço limitado eb) acabe com alguns insights semi-úteis:
É impossível prever o futuro sucesso profissional de uma única pessoa. É uma área muito complexa para isso, os fatores de influência são muito numerosos, essa pessoa muda muito rapidamente ou está muito sujeita a critérios externos, sorte, coincidência, oportunidade, escolha de parceiro (!) etc. desempenham um papel muito grande. É possível, na melhor das hipóteses, com um grupo razoavelmente homogêneo com características e habilidades distintas prever que uma porcentagem maior de seus membros provavelmente "acabará" de uma forma ou de outra.

1. Situações profissionais extremas muitas vezes trazem à tona pontos fortes ou fraquezas particulares que nunca teriam vindo à tona se as pessoas envolvidas tivessem apenas enfrentado desafios medianos. Para alguns, a

tensão específica não passava de uma maldição, pois os quebrou, enquanto outros a viam como uma bênção, pois foi precisamente nesse ponto que ele conseguiu se distinguir.

2. Por mais banal que pareça: muitos jovens não sabem do que realmente são capazes (onde estão seus verdadeiros talentos), o que é bom para eles e/ou desenvolvem uma paixão fatal por perseguir exatamente aqueles objetivos que não alcançarão e por desconsiderar habilidades brilhantes com as quais eles podem se destacar.

Ajuda se você desenvolver um olhar atento para os outros como estudante. Eles são a referência: sou rápido quando posso correr mais rápido do que a maioria deles. E sou muito rápido se venço o outro mais rápido em suas classes. Isso se aplica de acordo com todas as outras propriedades e habilidades.

E aí eu consigo treinar as fraquezas de forma direcionada, mas sempre tenho que contar com adversários que já têm seus pontos fortes lá sem serem treinados. Se eles apenas praticarem especificamente nesta área, estou fadado a perder. Portanto, é ainda mais importante desenvolver pontos fortes do que treinar contra pontos fracos.

Você também aprende em assuntos não amados para testes de classe, exames Abitur, exames e exames. Mas você não se torna um matemático se tiver apenas habilidades suficientes para um 2,6 na matéria do curso avançado correspondente.

Também não basta gostar de fazer algo para fazer disso uma carreira. Você também tem que ser bom nisso.

Mais uma vez, a mensagem reconfortante: Todospode

fazer qualquer coisa, ele só tem que descobrir e querer arcar com as consequências resultantes. Muitos carecem apenas desta vontade, preferem esperar por uma
"inspiração divina".
Conclusão: Idealmente, "eu posso fazer isso" e "eu gostaria de fazer isso" se encontram em um ponto. Não custa nada, absolutamente não, deixar também uma terceira linha virar para este cruzamento, nomeadamente "Nesta área tenho-me informado cuidadosamente sobre o mercado de trabalho e também vejo oportunidades para mim lá".
Neste país, o grau oferecido em uma especialidade não significa que haverá alguém que poderá se formar naquela disciplina que a Direção precisa e ajusta. Isso só soa banal para leitores experientes, muitos alunos e seus pais realmente não sabem disso!

3. Não posso afirmar que tenho conhecimento cientificamente comprovado aqui, mas posso passar alguns insights que tive em uma vida profissional extremamente intensa. Obviamente, eles não se aplicam a todos os casos individuais, mas fornecem pistas para sua própria orientação ou, pelo menos, são avisos de um perigo potencial:

– Uma aptidão muito acentuada para línguas estrangeiras (não só o inglês, mas três ou quatro línguas faladas fluentemente e a quinta adquirida durante as férias) parece andar de mãos dadas com competências de gestão abaixo da média (já foi tema aqui , mas deve ser incluído nessa lista).

– A nota Abitur dá uma boa base de prognóstico para a nota do exame durante os estudos: Abi = Uni ($\pm\frac{1}{2}$ nota), grau FH geralmente uma nota melhor que Abi (e teria sido universitário). Se você quiser quebrar essas conexões, terá que trabalhar muito mais do que na escola. E quase ninguém realmente faz isso.

- Na prática, os candidatos de nível superior (exames de estudo) quase nunca são reprovados por problemas técnicos, mas também conseguem lidar com tarefas para as quais não foram treinados. No entanto, muitas vezes eles têm dificuldades com o "sistema" após os primeiros cinco a dez anos de prática. O sistema (industrial) voltado para o cidadão comum muitas vezes não consegue atender às suas altas demandas, para dizer o mínimo.
- Um candidato "não vende nada" - seu talento de vendas geralmente é mais fraco. Por outro lado, notas baixas nos exames podem (!) significar talentos de vendas acima da média – as notas nos exames são de menor importância nas vendas.
- "O que quer se tornar uma marca logo se dobra": talento acima da média, por exemplo, B. também para liderança, é muito frequente na escola e durante os estudos, por exemplo, B. também na área de hobby/lazer, em envolvimento não universitário. Quem passa pela escola e universidade como um "rato cinza", nunca põe a cabeça para fora da multidão, nunca assume um cargo especial, nunca se destaca por seu desempenho excepcional, dificilmente acordará de repente aos 35 anos e se qualificará como um gerente para o chefe de uma unidade.
- Um notório "assassino de carreira" é "dificuldades com figuras de autoridade". O que depois se agrava com o chefe muitas vezes aparece na casa dos pais (por

exemplo, pai), na escola e na universidade, nas forças armadas, durante os estágios.

4.

Por tempos e processos/ocorrências anteriores ao término do exame, o jovem recebe certa quantia ao avaliar sua carreira

"Desconto". viagens pelo mundo (opostomas de acordo com uma opinião bem estabelecida você não morre se tiver que crescer sem mochilar pela Austrália), mudança de estudos, empregos de meio período "estranhos" etc. são exemplos disso. Pré-requisito: Essas coisas permanecem "no contexto" e são compensadas por conquistas impressionantes em assuntos relevantes.

— "Reconheça-se – e conheça seu ambiente de destino": Se você ainda está estudando, leia de dez a cinquenta ofertas de emprego no ambiente de destino em que gostaria de trabalhar posteriormente. Vamos supor que você queira trabalhar com desenvolvimento e, em seguida, coletar anúncios da área de engenheiros de desenvolvimento. Não principalmente aqueles para iniciantes, mas para funcionários experientes. Em seguida, analise a) o campo de atividade delineado eb) as qualidades e habilidades pessoais exigidas mencionadas no anúncio. E então você se pergunta: "Eu quero isso, posso fazer isso, eu sou isso?"

O número relativamente grande desses anúnciosvocê precisa porque os anúncios z. Os textos são frequentemente escritos de forma impensada, rotineira e desinteressada - uma única cópia pode dar uma impressão completamente errada, a multidão compensa isso.

– É incrível o que uma pessoa pode alcançar quando realmente deseja algo e trabalha duro, duro e incansavelmente para obtê-lo. Isso também inclui não desistir após os contratempos, levantar-se após as derrotas – colocar outras coisas em segundo plano e subordiná-las ao objetivo principal. Essa habilidade também deveria ter sido demonstrada antes do final do curso.

– Também recomendo nosso "Teste de Potencial de Carreira" (Capítulo 3 deste livro). Ele pelo menos fornece pistas sobre o seu potencial - e apenas por meio de suas perguntas permite tirar conclusões sobre o que é importante.

– Agora para suas outras perguntas:

– Pessoas moralmente "boas" são melhores líderes?

– Não, você pode responder isso claramente. Não quero expandir o tópico indefinidamente, mas quero apontar que um ponto em sua formulação que você provavelmente não considerou tão crítico é a pergunta: o que é um

– "melhor" líder? Para quem deveria ser melhor? O sistema conhece apenas uma resposta: um bom líder é alguém que seu chefe considera bom. E ele não pede a "pessoa melhor", ele quer resultados.

Então "guerreiro" não é o oposto de "melhor gerente" e também não é "moralmente bom". O cavalo de guerra pode ser bem-humorado, gentil, compreensivo e bem-sucedido, mas também malicioso, perigoso e um fracasso. Um cavalo de batalha vê um problema e vai até ele com a espada desembainhada (com tudo o que tem), acerte-o. Sem uma estratégia elaborada, sem um grande conceito político. Há situações em que isso dá certo, em outras dá errado. Não há nada mais nessa característica, geralmente não é ruim.

Há muito que as pessoas procuram funcionários "capazes de trabalhar em equipa", mas isso não tem nada a ver com "moralmente melhor". Existem ou existiram estruturas gangster (piratas, por exemplo) que exigem a capacidade de trabalhar em equipe. Isso significa apenas que você é capaz de trabalhar em direção a um objetivo auto-imposto ou predeterminado junto com outras pessoas, em estreita coordenação e cooperação mútua (veja também os mamutes de caça de Neandertais).

Embora essa qualidade seja quase indispensável hoje em dia, exemplos típicos de equipes são grupos de projetos com composição heterogênea. As coisas têm de ser vistas de forma diferenciada: os colaboradores devem saber trabalhar em equipa, ou seja, devem saber enquadrar-se e subordinar-se a grupos de trabalho. Tudo muito bem - mas nunca vi uma equipe ser promovida a chefe de departamento. Para tal, é a) enquadrar-se harmoniosamente na equipa e ao mesmo tempo

b) perfile-se de forma que você se destaque em um lugar mais alto como alguém que tem as qualidades da liderança. A propósito, isso é totalmente possível.

Seu egocêntrico é, na verdade, um tipo oposto ao jogador de equipe. Mas se você der uma olhada em quem está à frente de grandes organizações e, portanto, detém o poder (do qual eles também devem gostar), não encontrará egocêntricos brutais em todos os lugares, mas encontrará mais frequentemente do que "pessoas moralmente melhores"..

Os coléricos, por outro lado, são - isolados de tudo o mais - facilmente excitáveis e de pavio curto. Não o tempo todo, mas quando estão ou ficam irritados. Em casos extremos, isso pode afetar até os santos. Quem pode de fato estar com raiva. Talvez até de repente. Segundo a definição, as características negativas do colérico se limitam apenas a isso. Ele também pode ser um sonegador de impostos ou sonegador de tarifas – como muitas pessoas bem equilibradas.

Conclusão: As conexões são complexas, as pessoas (mudanças) mudam, as demandas variam. Em casos extremos é até possível que tenhamos um reprovado acadêmico "para baixo" na hierarquia, que pode ter tido o que é preciso para se tornar um bom gestor.

2.3.1.4 Quem trabalha menos, consegue mais?

Pergun

Como engenheiro mecânico (Mestrado) durante um estágio, tive
habilidade em consultoria e estou entusiasmado com as tarefas e desafios.

O fato de os iniciantes em particular passarem naturalmente de 60 a 70 horas porSemana de trabalho, mas não se encaixa no meu modelo de vida. Não quero ficar solteiro e esgotado em cinco anos.

Para mim, o atrativo de trabalhar em consultoria não está no salário nem no prestígio, mas apenas na atividade em si. Estou disposto a colocar o máximo de esforço e tempo nas fases quentes do projeto, mas isso não deve ser a norma e deve ser recompensado pelas fases de recuperação subsequentes. Inúmeros projetos não precisam ser executados em paralelo para atingir o máximo de bônus. O foco deve estar concentrado em um ou dois projetos em uma equipe forte, em vez de lidar com grandes projetos sozinho por razões de prestígio.

Também é sabido que funcionários equilibrados (palavra-chave equilíbrio entre vida pessoal e profissional) têm melhor desempenho por um longo período de tempo. Você não poderia alcançar melhores resultados para todos os envolvidos dessa maneira?

Daí a minha pergunta: a consultoria também é possível como uma semana de 40 horas e, em caso afirmativo: como? Onde?

Responde

Asterix sabia que quanto melhor o exército, pior a

comida (o que o tornava
legionário recém-cunhado após a primeira recepção de
comidadizer: "Não sabia que o exército romano era tão
bom"; Citei isso de memória).

E parece ser apropriado hoje: quanto mais
importante a consultoria de gestão, menor a proporção
de tempo livre que sobra para os consultores mais
jovens em particular. Certamente há uma ou duas
exceções, mas o que você relata parece ser quase
padrão em muitos casos. Não se trata apenas das horas
de trabalho semanais em si – os projetos nos quais você
deve estar presente também estão espalhados por toda
a Alemanha ou até mesmo na Europa.

É assim que é. Em parte por tradição e auto-imagem,
em parte por causa da imagem, em parte porque mais
horas a x euros resultam em mais taxas do que menos
horas. Se você quer meu conselho, apenas tome nota do
status desta indústria, aceite isso como um fato, você
como iniciante não vai mudar isso. Outras
circunstâncias da vida estão associadas a restrições
semelhantes: você não poderá dirigir um carro de classe
premium de alto desempenho sem ter que arcar com
altos custos, não pode se tornar chanceler federal sem
ter que residir em Berlim e não pode ao mesmo tempo
com um salário médio alcança altos gastos de consumo
e altas taxas de poupança.

Não faz sentido optar por uma "oferta de
pacote"pegando as passas, mas não querendo o resto. O
vernáculo chama isso de "lavar meu pelo, mas não me
molhar". Por enquanto, aplica-se o seguinte: Suas ideias
não se encaixam nesta profissão.

Claro que você sempre pode pensar se não deveria ...
e como seria possível ... Mas enquanto você pensar

assim sozinho, não adianta. Somente quando o zeitgeist estiver do seu lado, quando de repente não houver mais graduados de elite que queiram entrar lá nas condições usuais hoje, a situação mudará.

Meu consolo para você: não precisa ser seu destino estar solteiro daqui a cinco anos. Não apenas porque os consultores de gestão já encontraram parceiros de longo prazo – mas também porque, em muitos casos, dois a três anos de consultoria são suficientes na carreira. Isso substitui um programa de trainee para muitos recém-chegados, após o qual eles mudam para empresas "estacionárias". Então, eles também não são "excessivamente caros" ou flexíveis o suficiente nessa área.

Se isso te atrai como solução, planeje dois anos lá e realize seu sonho. Mas: Durante o processo de candidatura, não diga que pretende deixar a empresa depois de dois anos, nem diga nada sobre 40 horas semanais e a importância do tempo livre organizado. Você tem que aceitar (e amar) seu possível empregador por quem ele é - ou irá para outro lugar.

E lembre-se deste princípio: se você quiser mudar as regras do tênis, primeiro você deve se tornar campeão alemão (ou algo parecido), então você deve vencer Wimbledon e talvez algo assim. Então, mas só então, talvez pelo menos alguém o ouça. Iniciantes, no entanto, podem ser recebidos de braços abertos, mas nunca seriamente se quiserem mudar o sistema antes de mais nada.

Posso então usar esta oportunidade para dizer o que penso de termos como "equilíbrio entre vida profissional e pessoal":

Estou particularmente incomodado com o contraste que é construído pelo conceito de equilíbrio entre trabalho e vida. Para mim e para muitos outros, alguns dos quais ajudaram este país a progredir, o meu "trabalho" é uma parte importante e indispensável da minha "vida". E se você pesquisar, com certeza encontrará uma parte de nossa respectiva forma de viver em nossa forma de trabalhar.

Vejo o trabalho profissional e a vida privada como uma unidade interligada. Se a proporção de mistura não atender aos meus requisitos individuais, estou fazendo algo fundamentalmente errado ou tenho o trabalho errado ou os padrões errados.

PS: E como isso se encaixa tão bem no tópico, apresentarei novamente uma sabedoria testada e comprovada: dificilmente você pode realmente mudar as condições que prevalecem em seu ambiente profissional. Mas suas demandas, cujo cumprimento depende de sua satisfação, você pode formulá-las de maneira diferente sem problemas. Se você, caro remetente, decidir desfrutar do esplendor de uma consultoria de gestão ou aspirar a um emprego de 40 horas semanais, você tem a chance de atingir sua meta de "satisfação" por tempo limitado. Só não se deve combinar desejos de forma que eles se tornem (quase) irrealizáveis.

Como você vê o perigo de ficar solteiro em cinco anos, permita-me salientar que você também deve aceitar parceiros em potencial em sua totalidade. Também aí não ajuda a considerar por que Karl não pode se parecer com Klaus e não ajuda em casa como Jürgen.

2.3.1.5 Work-Life-B., 100k €/ano, gestão etc

Pergun

Depois de uma longa fase de orientação (tenho 30 e poucos anos), tenho meu
Formado em engenharia mecânica por uma das três universidades mais conceituadas com resultados acima da média.

Depois de um processo de candidatura bem executado, tenho duas opções básicas:

1. Entrada em um emergenteEmpresa de consultoria técnica de ponta no mercado emergente de consultoria técnica;
2. O trabalho clássico de engenharia em uma empresa de médio porte ou grande corporação de renome mundial.

De qualquer forma, gostaria de manter em aberto a opção de fazer um MBA credenciado internacionalmente em cinco a oito anos e mudar para gestão. Para explicar minha situação com mais detalhes, criei três slides de PowerPoint (veja o anexo).

a. Qual das duas opções de carreira é mais adequada para uma carreira de gestão, as diferenças são significativas?
b. O sacrifício do equilíbrio entre vida pessoal e profissional que tenho que fazer na consultoria técnica deve resultar em um salário duas vezes maior em dez anos após o MBA (em comparação com uma carreira clássica de engenharia sem MBA) de mais de € 100 mil por ano, reflita, esse objetivo é realista?

2.3 Perguntas e respostas sobre carreiras e afins...49

c. Quais metas salariais ou cargos devem ser definidos para os próximos dez anos para as três perspectivas de carreira? (Você pode definir metas salariais para si mesmo, mas não posições de trabalho por vários motivos. O correto seria: Quais metas para desenvolvimento de cargos ou salários devem ....";

3. H. Mell).

Responde

Na questão a ainda existem duas opções de carreira, na c já existem três perspectivas de carreira. Pense também nos pobres outros leitores que de alguma forma querem nos seguir. Acordemos em duas possibilidades distintas (consultoria ou empresa "estacionária"), sendo que a segunda por sua vez se decompõe em duas subáreas (média empresa ou grupo). Então nós fizemos isso.

Aí eu gostaria de separar o MBA aí. Em primeiro lugar, você não pode fazer um "MBA em meio período". Como o MBA não é extra-ocupacional, a aquisição por si só pode ser. Mas isso é apenas uma coisa pequena. Mais importante é:

A personalidade faz a carreira. A qualificação profissionalnão faz isso sozinho, é apenas um pré-requisito evidente (e mesmo que apenas em casos normais, também funciona sem ele, como mostra a prática).

O MBA sozinho não faz nada. Temos milhares de CEOs ou diretores em todo o país que não possuem MBA ou qualificação equivalente. E definitivamente também há graduados em MBA com uma carreira bastante modesta. Assim como, aliás, também existem universitários com notas máximas e uma carreira bastante modesta (isso é um alerta). Sua "fase de orientação mais longa" certamente causa preocupação. Essas preocupações podem ser perdidas hoje, devido à atual escassez de engenheiros, de que se fala repetidamente - mas podem ressurgir na próxima vez que houver uma mudança de empregador na próxima crise. Principalmente se algo "acontecer" em sua carreira nos próximos anos (com o que eu sempre contaria).

O MBA não pode fazer mal, mas não é pré-requisito indispensável nem garantia de carreira e/ou alto rendimento. Isso ajudará você a fazer melhor o seu trabalho atual, mas não é um evento no sentido de "vai ser melhor daqui para frente".

É uma pena que não possamos mostrar pelo menos o mais bonito dos seus slides. É sobre a representação visual de suas duas principais variantes, sobre expectativas salariais em dez anos, sobre "salário por carga horária em horas" etc.

Isso tudo é muito bom – mas a "vida" não funciona assim, não é de todo calculável com tantos detalhes. Patrões que os apóiam são demitidos e eles não gostam de seus sucessores, empresas quebram,

em quem nunca se poderia imaginar, ali jovens portadores de esperança se conectam com parceiros de vida que os apresentam a um mundo completamente novo e forçam uma mudança completa de consciência. Ou seu empregador perde um desenvolvimento técnico e, no pior momento possível, o obriga a entrar no mercado de trabalho. Ou você ganha na loteria ou fica gravemente doente. Nada disso se encaixa nos gráficos do PowerPoint dizendo o que você pretende ganhar a) com eb) sem MBA em dez anos.

Além disso, há uma falha em seu conceito: você planeja rotas e "esbanja produtos" melhorias vocacionais positivas como compensações e jornada de trabalho semana após semana. O framework funciona de uma forma inesperada: você planeja objetivos, o método para chegar é só um caminho, um mal necessário, é isso.

Na estrutura do empreendedor, a necessidade de obter "uma grande quantidade de dinheiro" (ou mesmo o total de y em x anos) é permitida, mas não é adequada para pessoas com "diplomas universitários melhores do que o esperado". Por exemplo, se você está transbordando de destemor, planeja um dia se tornar o chefe especializado de uma organização maior de médio porte. Ele então, nesse ponto, adquire 120.000 a talvez 180.000 EUR - no caminho até lá você chega a agregados como uma coisinha extra.

- Além disso, o mais significativo deles para esta situação é trabalhar antes de atingir a meta no mesmo tamanho, melhor ainda em algo maior empresas do setor que você se preocupa (objetivo) e, em caso de dúvida, selecione também o tipo de empresa que corresponde ao objetivo (embora você ainda tenha a oportunidade de fazer correções no início); evitar empregadores significativamente menores do que a empresa-alvo;

- não mude de empregador com mais frequência do que a cada cinco anos e penseSe você está significativamente há mais de dez anos por empregador, procure pelo menos uma mudança;

- embarcar em uma carreira que consistentemente leva ao alvoposição se encaixa (no exemploGerente técnico: engenheiro de desenvolvimento sim, comprador técnico não);

- obter essa promoção a cada cinco anos ou mais, comece então não muito depois;

- não perca o "fio vermelho" técnico e hierárquico do seucarreira em desenvolvimento gradual; Você deve ser sempre atraente para o mercado de trabalho (por suas leis!);

informe-se detalhadamente a cada três a seis meses sobre

anúnciosmelhores posições em sua profissão; Você então vê o que está em demanda e tem a chance de orientar seu desenvolvimento de forma que permaneça desejável no mercado; você pode aproveitar esta oportunidade para ver quantos anúncios para sua posição alvo exigem uma qualificação adicional específica (MBA);

- revise seu planejamento de metas e o planejamento de caminho resultanteemcertas distâncias; Você e seus desejos mudam, o ambiente muda, o desenvolvimento tecnológico acaba com velhos empregos e indústrias inteiras e os substitui por novos;

no seu caminho, você quase sempre precisa de chefes para cuidar de você por um bomRetenha funcionários que o promovem e lhe dão boas referências.

E depois – isso não está nas regras, mas vem da experiência de vida de muitas pessoas de sucesso – você não só tem que querer o seu objetivo com paixão, mas também tem que trilhar o caminho que depende desse objetivo "com um coração" todos os dias. Afinal, grandes objetivos só podem ser alcançados por quem demonstra comprometimento acima da média, está sempre comprometido, traz ideias e "faz" um bom trabalho acima da média (segundo os padrões dos patrões) com particular confiabilidade.

E sua pergunta central(Carreira em empresa industrial "estacionária"ou durante o aconselhamento), você os resolve menos com a mente, ou seja, na cabeça, mas mais com o sentimento, ou seja, no estômago. Nenhuma das variantes é melhor ou pior que a respectiva alternativa, mas diferente. Quase sempre há uma direção que se adapta melhor à sua personalidade.

Deixe-me destacar dois aspectos de suas listas e diagramas:

Eles listam em "por carreira de consultoria" entre outras coisas:"Perspectivas ilimitadas de emprego/salário" . Sim, existem diretores de indústria que antes eram consultores. Mas também há muitos – bons – consultores que não dão o salto subsequente para outra carreira ou não o fazem como desejado. E certamente existem consultores que deram o salto, mas falharam miseravelmente no mundo diferente e desconhecido. Tanto para as "perspectivas de emprego ilimitadas". E nem o consultor júnior nem o engenheiro de desenvolvimento podem se tornar mais do que CEO.

Agora vamos as oportunidades em termos de salário: Isso mesmo, o consultor costuma ganhar muito com comprometimento acima da média. Mas vamos pegar os três estágios clássicos de desenvolvimento na profissão. "Consultor" (com subníveis de júnior a sênior e gerente de projetos), "gerente", "parceiro". O consultor aconselha, elabora soluções técnicas para os pedidos existentes, que apresenta ao cliente com habilidade e convencimento. Mas o gerente sim, mas certamente o sócio (aquele com perspectivas salariais ilimitadas) quase não aconselha mais, tem "pessoal" para isso. A sua função consiste em angariar novas encomendas, fazer e utilizar contactos com vista à celebração de contratos de consultoria. Ele é responsável por algumas equipes de funcionários que precisa manter ocupados - com pedidos para que as horas de consultoria possam ser cobradas (o que é tão importante aqui quanto para a montadora com carros vendidos).

Vários consultores também sentaram em minha

consulta e reclamaram: No começo era tudo fascinante. Mas depois de um curto período de tempo (um a três anos), tudo se repete: entre em uma nova empresa, analise a situação, elabore soluções no interesse da gestão do cliente (também vai virar rotina!), apresente-se e as soluções de forma impressionante , entregar um relatório - e sair. Você nunca vê nada se desenvolver, não pode acompanhar o caminho das pessoas afetadas, não pode analisar o valor de suas próprias ideias a longo prazo. Não é necessariamente o caso em todos os lugares, e nem todo mundo se sente assim - mas se você vê dessa forma, provavelmente escolheu a carreira errada!

Ou vamos pegar um de seus argumentos "a favor de uma carreira industrial clássica". Você escreve, por exemplo, Eg (visto primeiro, instintivamente, como o argumento mais importante): "horário de trabalho regulamentado, aprox. 40 horas por semana".

Você não pode dizer isso em geral. Quase tudo é possível, desde o gerente de operações, que entra na empresa todos os sábados e fica de olho na produção em andamento, até o jovem iniciante, que deve fazer de uma a três horas extras todos os dias e, no caso de projetos dramáticos, muito mais. A fórmula "os consultores fazem hora extra, os interessados em uma carreira no setor industrial clássico não" não é sustentável.

Em geral, o seguinte se aplica a todo tipo de carreira: você vê e quer o trabalho e seu desenvolvimento positivo e, finalmente, encolhe os ombros e aceita todas as tensões que estão ligadas a ele. Ou você pode imaginar, por exemplo, um candidato a chanceler que, pouco antes de tomar posse, pergunte: "Quantas horas por semana devo trabalhar lá?"

E antes que eu me esqueça: no caso de posições particularmente exigentes e ambições de carreira brilhantes, é melhor não fazer perguntas sobre horas extras ou tempo restante para a família na entrevista. Do ponto de vista do empregador, seria antes mostrar que as pessoas estão pensando na direção errada.

.

:Com qual grupo principal é melhor começar?

Pergun

Sou estudante de engenharia mecânica em uma faculdade técnica e concluí meu bacharelado com especialização em tecnologia de produção (entre os 25% dos melhores do ano).

Durante esse período, fui estagiário na montadora A AG por cinco meses (com posterior inclusão no pool de desenvolvimento de talentos) e escrevi minha tese de bacharelado externamente na B AG por cinco meses (nota 1.3 e uma referência de trabalho com nota 1). Gostei muito das respetivas áreas de atividade em ambas as empresas e já me imagino a trabalhar lá mais tarde. Atualmente, estou cursando o mestrado consecutivo em minha disciplina nesta universidade técnica e pretendo me formar em cerca de um ano e depois iniciar minha carreira.

Estabeleci como meta profissional tornar-me chefe de produção de uma empresa do setor ao qual pertencem A e B. No entanto, acho bastante irrealista que essa empresa-alvo seja uma OEM. Vou me ater à sua fórmula de promoção: a cada cinco anos (se necessário), mude para uma empresa menor e ocupe um cargo mais alto nela.

Isso significa que pretendo ser gerente de produção de uma empresa de médio porte como uma meta realisticamente alcançável.

Estou ciente de que não se deve limitar os objetivos de carreira a empresas individuais, mas considerar todo um setor. No entanto, presumo que, devido ao meu desempenho anterior, as ofertas de entrada das duas empresas A e B mencionadas acima não sejam irrealistas. Talvez minha pergunta específica possa, portanto, também ser formulada como uma pergunta geral sobre o tamanho apropriado da empresa.

Como as duas empresas citadas acima devem ser avaliadas ao iniciar uma carreira? O diferente tamanho da empresa é um critério? Na minha opinião, a empresa maior oferece muito mais oportunidades para mudanças internas e avanços. Com os menores, vejo maior competição por empregos e, portanto, uma reputação maior se você conseguir começar. A empresa-mãe ainda maior poderia desempenhar um papel positivo (oportunidades) para a empresa menor?

Responde

Antes de tudo, temos que fazer um pequeno trabalho preparatório para que possamos nos dedicar à questão central de sua apresentação com mais facilidade:

1. Para você: Você tem um diploma de bacharelde 2.4. Isso pode ser visto; se você tem intenções elitistas, é quase

um pouco fino. Principalmente se você teve nota 1,6 no seu Abitur. Você ganha um "desconto" quando olha para seus cursos avançados de história e inglês – por outro lado: por que você os escolheu? Como futuro engenheiro qualificado e chefe de produção?

Vamos combinar o seguinte: Certifique-se de que seu mestrado se aproxime do padrão que você mesmo estabeleceu com seu Abitur. Nunca é cedo demais para começar com os melhores resultados.

2. Em relação ao seu objetivo: A maioria das grandes empresas (a partir de 1.000 funcionários) são corporações, as formas jurídicas são AG e GmbH. Cada uma dessas empresas tem um "corpo diretivo" que administra a empresa. Isso é chamado de conselho de administração da AG e gestão da GmbH. Como regra geral, a grande maioria das grandes corporações são AGs; quanto menores as empresas, mais frequentemente elas são GmbHs. Podemos negligenciar a diferença aqui. Para nossas preocupações, aplica-se o seguinte: Um membro do conselho e um diretor-gerente são absolutamente iguais em termos de resultado de seu desenvolvimento de carreira, apenas os leigos costumam ver "mais" no conselho de administração do que na GF. Com o seu "diretório de metas de carreira" você reduz sua lista de empresas-alvo a AGs, para os quais não há motivo. Seria melhor dizer "

Então você escreve "Chefe de Produção" e reduz isso "Gerente de produção de uma empresa de médio porte". Mais uma vez, isso não bate:

Grandes corporações – veja acima – geralmente têm a forma legal de um AG, o que significa que eles têm um conselho de administração. E muitas vezes eles fornecem seu próprio membro do conselho para a produção. Como acabei de explicar, as empresas de médio porte geralmente não possuem um conselho de administração. Mas ele geralmente não tem outra coisa, ou seja, um homem de produção puro no órgão. Portanto, dificilmente há um gerente de produção lá. Ou um "responsável técnico" cobre desenvolvimento, design, produção, manutenção e outros campos técnicos ou relacionados à tecnologia, ou há apenas um único gerente para tudo (incluindo assuntos comerciais e vendas), que você terá que fazer sozinho - ligações GF . Isso, por sua vez, depende do tamanho da empresa – sem estar sujeito a uma fórmula fixa.

Portanto, realisticamente, seu objetivo pode ser:

— Chefe de Produção (de uma grande corporação/OEM) ou

— Diretor técnico (de uma empresa de médio porte, caso em que você teria que ter qualificação para a gestão adicional de desenvolvimento e design ao longo de sua carreira) ou

Gerente de produção (de uma empresa de médio porte em uma posição de segundo nível gerencial, geralmente reportando a um diretor administrativo, responsável por todos os assuntos de produção da empresa) ou– Gerente de produção (de uma subárea definida organizacionalmente, por exemplo, uma divisão, uma fábrica ou subsidiária de uma grande empresa ou grupo de empresas).

As diferenças na ordem de z. B. entre a primeira e a última posição alvo são significativos!

É claro que existem casos especiais e excepcionais em cada grupo mencionado, existem AGs muito pequenas, bem como corporações na forma jurídica de uma fundação, etc. Por que estou entrando nisso com tantos detalhes? Porque os engenheiros, em particular, costumam mostrar uma falta de conhecimento assustadora quando se trata dessas questões. E porque isso é perigoso: você só precisa responder à pergunta sobre seus objetivos de longo prazo durante uma entrevista em uma GmbH: "CEO". Em seguida, diga algo como: "De qualquer forma, quero administrar uma loja maior do que esta – e é claro que não vou ficar aqui de qualquer maneira. Mas você pode, e eu sou generoso, me ensinar alguma coisa e me pagar um bom dinheiro."

Você não pode querer se tornar um membro do conselho só porque está em uma GmbH? Mas é claro - não querer ou mesmo pensar é proibido, apenas quando se fala é que se distingue entre ação inteligente e taticamente hábil e o oposto.

Em sua apresentação, você está trabalhando com os nomes reais das corporações, que estou anonimizando aqui como uma questão de diretriz. Além disso, para sua maior vantagem. Para outros leitores: An e B são realmente os melhores destinos na indústria alemã, que muitos especialistas consideram os gerentes de fantasia incomparáveis (especialmente por quanto tempo eles não estão trabalhando lá; mais tarde você percebe que há excesso de água transbordando) . Considere o seguinte: neste país, não há praticamente nada melhor em termos de imagem, nome, encanto e brilho. Devemos investigar o que você conseguiu dessas casas até este ponto:

-       A partir de uma avaliação cruzada em 5 níveis para alunos. O mestre verifica as qualidades mais vulneráveis e mais típicas. Você tem três deles (forte, a capacidade de estruturar e a capacidade de executar) e há apenas um único valor positivo, extraordinariamente ultrajante, especificamente em habilidades relacionais. A avaliação extra verbal neste registro é excelente. Isso parece muito bom em geral.

-       Um registro simplesmente verbal de B sobre a época em que você estava compondo sua proposta de solteiro lá. É incrível praticamente sem recursos, adulando você "em todas as frentes".

Atualmente para a realização do objetivo: Se você sonha furtivamente - eu suspeito que sim - com um chefe de criação em An ou B, você deve neste sub-

entram na categoria empresa e não podem sair dela "para baixo". Isso também se aplica a um possível "alvo alternativo" no 2º nível gerencial em uma empresa desse tipo. Se nenhuma das empresas ou qualquer outra pessoa nesta categoria o contratar, provavelmente será o fim de seus sonhos sobre o "Grupo de Diretores de Produção" – mas não o fim de sua vida.

Em princípio, você só pode atingir o objetivo alternativo de "gerente de produção para empresas de médio porte" se planeja mudar de empregador. Motivo: Empresas desse tipo são muito pequenas para te dar a segurança de poder subir de nível hierárquico no momento certo.

Estas alterações são possíveis:

– através do caminho gradual do grupo de nível de entrada em empresas de tamanho cada vez menor (por exemplo, fornecedores) em níveis hierárquicos cada vez mais altos, até chegar a uma das possíveis posições-alvo na última "mudança de tamanho" ou

– sobre iniciar após a graduação em uma empresa de

médio porte do tipo alvo; sempre que as coisas não saem conforme o planejado internamente, você sobe na hierarquia para outra empresa (semelhante) do tipo alvo até finalmente chegar onde deseja estar. Você não precisa das empresas A e B para isso.

A primeira variante é um pouco mais fácil, mas requer adaptação e estágio bem-sucedido em empresas de tamanhos muito diferentes, o que não é para todos.

Nunca aponte para uma posição-alvo específica em uma empresa muito específica, como você mencionou corretamente. Isso não é alcançável! Nem "Diretor de Produção na BMW" nem "Gerente de Produção na Müller & Sohn" são objetivos formulados de forma realista para um iniciante de carreira. E é preciso querer muito para conseguir só um pouquinho. Esse tipo de planejamento deve ser constantemente verificado, repensado e adaptado às mudanças nas condições estruturais – que também incluem o desenvolvimento de sua personalidade. Afinal, poucos se aposentam na posição que sonharam aos 26 anos. No meio está o que chamamos de "vida".

Quanto ao último parágrafo da sua apresentação, basta, esqueça essa parte da pergunta. Você corre o risco de entrar em tantos detalhes com a análise que não vê mais o quadro geral.

A melhor coisa a fazer é verificar no momento apropriado (cerca de seis meses antes da data de início concebível de acordo com seu mestrado) se ambas as empresas realmente o desejam e podem contratá-lo. Talvez este-

então, na próxima crise, ambos declaram que agora têm um congelamento de contratações.

Se ambas as empresas aceitarem você, decida "de acordo com a intuição", isso é tudo que você pode fazer. O porta-voz informal da equipe de colegas que você recebe quando começa em A, ou o terceiro gerente que terá em B, ou a morte repentina de um chefe que desencadeia uma rodada não planejada de promoções em A podem ter um impacto decisivo em sua carreira , mas não pode ser planejado. Ou aquele "parceiro para toda a vida" que você conheceu na cidade A e depois arruinou (e que você nunca teria conhecido na cidade B) torna-se o critério decisivo.

2.3.2 Os primeiros passos estão feitos

Com o aumento da prática, surgem novos problemas e questões complexas.

2.3.2.1 Tire o que está dentro!

Pergun

Eu sou Dipl.-Ing. (FH) com mestrado adicional (ambos muito bons),
te 30, trabalhando em grupo. No começo trabalhei "fora" na organização como engenheiro de projetos e depois mudei para a sede há alguns anos. Como o nome sugere, meu departamento tem importantes funções de planejamento em toda a empresa e começou muito promissor com tarefas interessantes.

Entretanto, estes tornaram-se principalmente funções administrativas. É tudo sobre o processamento de informações para vários comitês e o conselho de administração, e quase nenhum impulso é dado. De qualquer forma, atividades cruciais ocorrem nas várias fábricas e subsidiárias. Está ficando cada vez mais difícil para mim não cair em atividades puramente administrativas. No entanto, uma vantagem é uma grande rede que consegui construir e também o fato de que a carga de trabalho não é muito grande, o que deixa espaço para uma vida privada gratificante.

No decorrer de um projeto, foi-me oferecido o gerenciamento do projeto para o desenvolvimento de uma nova área de produtos em outro local. Tecnicamente, isso seria um território novo para mim. Mas nossa alta administração quer levar o projeto até o fim. Como fui fundamental para impulsionar esse tópico da sede, também devo realizar a implementação. A aceitação do projeto vai desde a aprovação clara das diversas áreas daquele trabalho até a rejeição total. Basicamente, uma nova e pequena unidade operacional deve ser configurada.

A discussão agora atingiu uma nova dimensão, pois o tema passou a fazer parte de um conceito de transformação mais amplo. Então algo tem que ser feito agora. Meu chefe aqui na sede sugeriu que eu fosse transferido para aquele local para levar o conceito adiante. Até agora, tive um relacionamento muito decente com ele, então vejo sua pressão sobre mim como basicamente positiva.

a. Como você avalia uma mudança para outro local? Geralmente no que diz respeito à minha perspectiva profissional em relação a um projeto que agora tenho que levar adiante por meio do design ativo?
b. Meu chefe não aceita mais um "não" meu, pois já confirmou meu trabalho como gerente de projetos em vários comitês de gestão. Como você vê um possível não de mim em relação ao meu desenvolvimento nesta empresa? Ainda pode haver uma razão pela qual eu poderia "sobreviver"? Ou o risco de ser "queimado politicamente" é muito alto?
c. Na verdade, uma grande carreira não é mais meu objetivo, pois minha vida privada também se tornou importante para mim. Como pode ser minha vida profissional, já que o trabalho provavelmente consistirá em aceitar atribuições em novos locais como China ou Rússia? Devo tentar implementar esse projeto e depois

almejar um retorno à sede, ou devo continuar lutando afinal?

Você não pode e não deve continuar assim, em hipótese alguma! eu vou aqui
balançar o clube realmente grande: o artigo 14 da Lei Básica afirma: "A propriedade obriga". Como sempre, meu argumento não deve ser visto como jurídico. Mas: Em nosso corpo legislativo central, diz-se que o indivíduo também tem uma obrigação pelo que possui.

E você tem: sua juventude, uns bons 30 anos de trabalho pela frente – e habilidades (ambos graus muito bons). E agora vou lhe dizer uma coisa com toda a serenidade: você vai usar esse potencial e fazer algo com ele. No seu interesse e no interesse do público em geral, que o deixa frequentar escolas e concluir os estudos. Como quase ninguém quer ouvir a história com o público em geral, focamos nos seus interesses:

a. Esta é a regra básica comprovada para a vida profissional: Mostre do que você é feito!
Atenção: Pessoas perversas como eu, por exemplo, no caso de análises de aplicativos, presume-se que você tenha feito isso como algo natural. Em outras palavras, o que foi alcançado foi o que estava nele. Isso foi tudo. Nunca venha até nós com talentos ocultos que você simplesmente não usou e não use ditados como: "Se eu quisesse, isso e aquilo teria sido possível para mim a qualquer momento." Ninguém acredita nisso.
Imagine um homem com a capacidade de mover um veículo em uma pista de corrida mais rápido do que qualquer outra pessoa. Se, em vez de se tornar

multicampeão mundial de Fórmula 1, ele tivesse se aposentado como campeão de kart de sua cidade natal, seria preciso dizer "que pena". Ou não?
Então: pare com o absurdo do seu trabalho atual e faça algo com seus talentos.
E para quem gosta de um pouco mais de educação: O
Diz-se que o escritor de fábulas gregas Esopo está em
Século VI aC (mais tarde traduzido para o latim assim): "Hic Rhodus, hic salta!" Por trás disso está a história de um esportista arrogante que vivia dizendo que havia saltado muito longe em Rodes, o que provavelmente não havia prova. Disseram-lhe então: "Aqui está Rhodes, pule aqui!" Tanto para "se eu apenas quisesse ...".

b. Na gestão empresarial moderna, os funcionários de um departamento como o seu não têm futuro. Em algum momento, haverá uma reestruturação que fará com que funcionários tão supérfluos sejam vítimas. Ou assim: a administração de uma empresa não pode ser tão cega a ponto de não perceber como o trabalho ineficiente está sendo feito em sua vizinhança imediata, que os jovens (potenciais) de alto desempenho têm excessiva "liberdade para uma vida privada plena".

c. Não invejo seu "trabalho silencioso". Mas não fazer nada construtivo como candidato por uns bons trinta anos, não pode ser. Você também não aguenta. A pessoa se esforça para ter criado algo dentro do escopo de suas possibilidades, para ter feito algo de si mesma e ter alcançado o sucesso.
Você quer que sua lápide leia: "Ele usou seus talentos com sucesso" ou é suficiente "Ele viveu, casou-se e morreu"? (Este último em homenagem a Gellert, um poeta iluminista.)

Agora já agradou bastante a sua ambição. Por favor, me dê crédito por dizer tudo isso de forma bastante altruísta, não ganho nada se você realmente se recompor para lutar por um novo ambiente profissional.

Para que você possa ver como um autor de série se aquece lentamente quando é tocado pelo assunto, vou compartilhar com você um pensamento muito especial que tive nesse meio tempo. A certa altura, outro argumento me ocorreu: se o grande navegador Colombo tivesse decidido se limitar à carreira de barcaça, os americanos ainda poderiam não ter sido descobertos e nenhum deles teria sido descoberto e os índios continuaria a andar pelas pradarias, mas não se intitularam que prefiro não usar.) Em relação ao gerenciamento do projeto oferecido:

1. Você não deve e não pode permanecer em seu emprego atual. Seu chefe deixou claro que seu "não" o exporia e ele nunca vai te perdoar por isso. Então você tem que sair de onde você está hoje.

2. Vejo o projeto como uma oportunidade para você. Não será fácil, mas você pode mostrar o que tem. Como gerente de projeto, você se depara com um desafio altamente técnico, ideal para recém-formados. A carreira viria depois.

3. Não, você não deve "tentar" fazer o projeto, você deve con-consistentemente levam ao sucesso. Claro que é um risco, mas existem obstáculos a serem superados. Quem fala em possíveis derrotas já perdeu.

4. Eles estavam prestes a se estabelecer como uma espécie de "aposentado profissional" no trabalho, com uma bela

vida privada e tudo. Agora vem o desafio profissional adequado à sua condição e idade. Isso é bom para o seu desenvolvimento, também a nível pessoal. De alguma forma, a mudança de local está "na frente da sua cabeça". Eles não nomeiam a nova sede, mas não parece ser tão ruim quanto a China ou a Rússia. Essas realocações agora fazem parte de uma carreira corporativa positiva. A alternativa é uma empresa de médio porte com apenas uma localização.

5. O que sua afirmação significa de que uma carreira "na verdade não é mais" seu objetivo? Antes era diferente e agora você está se aposentando? Meados dos 30? E para isso, dois diplomas e dois diplomas muito bons? Um quer te sacudir.

   A próxima etapa normal após a conclusão bem-sucedida do projeto pode ser assumir uma posição de gerenciamento de linha no recém-(

6. área de projeto estabelecida.

   Como um aviso: Stab é ótimo, Stab é divertido. Mas ser um executivo na equipe sem promoção à aposentadoria é altamente perigoso. O chefe de equipe fez sua carreira lá, mas para seus funcionários isso é mais uma atribuição temporária em uma espécie de "aquecedor de fluxo contínuo" até que o salto para a linha seja bem-sucedido. Claro, esta é apenas uma visão média. Mas o mercado de trabalho não gosta de pessoal com vinte anos de experiência. E este mercado é o seu "seguro de vida".

7. Faça seu projeto agorafeito com sucesso. Você tem que ver o que realmente vem a seguir. Se você não tiver outra chance como "recompensa" além de estabelecer uma nova linha de produtos em algum lugar como

gerente de projeto, você terá que deixar o grupo. Isso é normal hoje.

2.3.2.2 Lave meu pelo, mas...

Pergun

Sou um engenheiro de quarenta e poucos anos e estou empregado em vendas há dez anos (segundo emprego de engenharia da minha carreira). Na verdade, tudo é idílico: uma jovem família com um filho começou, um apartamento financiado por empréstimo foi comprado fora da cidade e há uma renda regular e satisfatória. Posso estar em casa todas as noites, o que também é muito importante para mim, sabendo e aceitando que minha localidade me restringe no mercado de trabalho.

No entanto, no que diz respeito à minha carreira, sinto que cheguei ao apogeu. Depois de alguns sucessos alcançados na empresa, uma certa uniformidade, quase "tédio" instalou-se durante cerca de três anos e percebo que sem uma mudança interna ou externa de trabalho (porém, actualmente sem ofertas atractivas) não consigo nem novos, mais interessantes tarefas nem uma mudança de atitude será experimentada. Também noto que, a longo prazo, ficarei infeliz sem uma mudança de carreira desafiadora. Sou muito ambicioso e pelo menos dez anos jovem demais para uma carreira em vias de extinção.

Por causa dos riscos que estariam associados à troca do confortável "idílio" por um novo emprego com período probatório, optei por uma solução de compromisso e adiei o projeto de mudança de emprego até meus quarenta e poucos anos, quando a filha está fora de perigo e o empréstimo foi em grande parte pago - desde, é claro, que uma oportunidade realmente atraente não surja de antemão inesperadamente.

Até esta mudança, eu também gostaria de tentar tirar o melhor proveito da situação e continuar minha educação o mais universalmente possível (por exemplo, línguas estrangeiras, administração de empresas).

Quais são os riscos da minha decisão de ficar parado por enquanto, e talvez eu seja imprudente agir agora, independentemente dos riscos? Se eu tivesse 40 e poucos anos e mais de 10 anos, talvez velho demais para uma mudança no empregador de hoje ou como classificado como "lento"? Quais qualificações adicionais em meio período seriam recomendadas?

Responde

É muito divertido, seuleia a carta com atenção e acompanhe seus altos e baixos em suas representações e planos. Às vezes você parece ter certeza, às vezes você questiona tudo.

Vamos tentar trazer algum sistema para esse quadro de sentimentos conflitantes. Em primeiro lugar e como uma nota lateral: acho que sua formulação "sinto que cheguei ao zênite" é lamentável. No uso figurado (na verdade, este é o ápice do céu) a pessoa está "no" zênite (no único, não "no" e não em um) ou passou o zênite da vida. Mas é claro que isso não resolve o problema.

É uma pena que você não revele mais sobre si mesmo. B. uma designação/paráfrase da posição de hoje; agora tudo é possível entre o engenheiro de vendas no campo e o chefe de vendas na Alemanha. Também teria sido bom ver o que mudou com sua primeira mudança. Agora tenho que trabalhar com suposições, e assumo: hoje um engenheiro de vendas na área em cargo não gerencial. Também tenho que especular sobre os objetivos que você gostaria de ter alcançado (exceto

"tarefas mais interessantes" e "alterações salariais").
Com base nisso, os seguintes comentários:

1. Você é um homem caminhando para a crise da meia-idade, a
   – com flutuações individuais – deve ser ajustado em torno de "45". Expressa-se, entre outras coisas, no fato de que alguém se faz "perguntas de sentido", como esta: "Isso foi tudo? Eu tinha grandes planos quando era jovem, queria alcançar tanto - e agora estou preso em algum lugar, estou me aproximando lentamente dos 50 e então (quase) tudo estará acabado profissionalmente." Tais sentimentos e perguntas são normais no sentido de usual - a maioria dos outros também luta com isso. Você tem que passar por isso de alguma forma, não há solução patenteada.

2. Em algum momento, percebi que nesse sistema de livre mercado (deve) haver uma relação intermediária entre oportunidade e risco. Se você vê uma grande oportunidade e ainda não descobriu um risco adequado - então você não pesquisou o suficiente. Querer uma chance, mas não querer correr riscos, não é uma opção – o sistema não joga junto.
   O vernáculo chama a tentativa de querer oportunidades sem correr riscos: Lave meu pelo, mas não me molhe. O que não é possível ficará claro o mais rápido possível.
   Você está preso em uma constelação especial de vida privada e profissional. Agora você quer mudar alguma coisa. Mas, por favor, sem risco probatório, sem inconvenientes para a filha e sem problemas na hora de negociar com o banco sobre o empréstimo imobiliário. Lava-me... mas já tínhamos isso.

3. Homem fica em duas pernas. Ele fica de pé e anda com

mais segurança quando ambas as pernas são cuidadas igualmente e saudáveis. Se ele tivesse a ideia de cuidar apenas da perna esquerda, massageá-la, treiná-la sistematicamente, calçar-lhe os melhores sapatos, isso certamente teria efeitos de otimização ali - mas apenas para este órgão. A segunda perna permaneceria subdesenvolvida, e o desempenho humano geral em pé ou na caminhada deixaria muito a desejar.

As pessoas que cuidamos aqui ficam de pé e andam sobre as "pernas", que chamamos de "vida privada" e "profissão". Negligenciar severamente um em favor do outro leva à vingança. Hoje sua "perna esquerda" está em ótimas condições e você tem atrofia (ou algo parecido) na perna direita.

4. Uma declaração importante no final do primeiro parágrafo impresso de sua submissão está incorreta: "... sabendo e aceitando que minha localidade me restringe no mercado de trabalho" - de forma alguma! Eles estão apenas conhecendo, mas não aceitando (caso contrário, todo o caso não existiria).

5. A sua "solução" para adiar medidas para melhorar a situação profissional por vários anos não é solução! Depois de chegar até aqui com seus pensamentos e considerações críticas, esse problema nunca o deixará ir. Sua frustração no trabalho aumentará em vez de diminuir - e no final sua família não se beneficiará mais do apartamento em um local bonito e de um marido e pai insatisfeito que está sempre em casa à noite.

6. A educação continuada é sempre bom, mas não vai resolver o seu problema. Afinal, não há garantia de que você conseguirá "a" posição dos sonhos daqui a alguns anos. Então, se uma nova crise ocorrer, você poderá

encontrar todo o seu plano em ruínas.

A regra básica é: depois de reconhecer e definir um problema, comece imediatamente a trabalhar na solução. E você reconheceu que ficará permanentemente insatisfeito com seu trabalho – se nada mudar. Então mude alguma coisa. Agora olhe externamente para um trabalho "melhor", seja como for que você o defina. Se continuar assim, desperdiçará anos valiosos de sua vida – e talvez em quatro ou cinco anos estará tão "quebrado" que não será mais convincente como candidato a uma posição de promoção.

PS: Sua filha fica feliz quando o pai está feliz - se necessário até em outra cidade.

7.

2.3.2.3 Carreira sem responsabilidade pessoal?

Pergun

Os problemas de um questionador de sua série me deram o que pensar. Você poderia dar alguns conselhos aos engenheiros que não desejam assumir responsabilidades pessoais no curso de sua "carreira", mas desejam se tornar especialistas técnicos em seu campo?

Ainda estou no começo da minha carreira e não quero assumir nenhuma responsabilidade pessoal, nem agora nem depois. No entanto, gostaria de ainda ter um certo valor no mercado de trabalho quando tiver 50 anos.

Responde

O que você está prestes a fazer não é tão fácil. Eu quero tentar coisas importantes
listar:

1. A questão de saber se o termo "carreira" ainda é justificado ainda é relativamente inofensiva. Na verdade, você colocou um embaixo dele
   "Carreira com responsabilidade crescente por coisas e pessoal" Você levou isso em consideração colocando o termo entre aspas em sua carta e depois não. Antes de nos atolarmos em uma discussão de termos: se você está falando sobre "carreira" ou "carreira", então não há problema.
2. Seu "agora nem depois" me incomoda um pouco:
   Se você está apenas começando em sua carreira, "agora não" dificilmente é original – você não teria recebido uma posição gerencial de qualquer maneira. Eu tomaria

cuidado com "não depois (também)". Com o aumento da experiência e da idade, sua personalidade, sua atitude em relação às coisas, seus padrões e suas exigências mudam. O vernáculo diz "Nunca se deve dizer nunca" ou "O apetite geralmente vem com a comida". E ainda "A quem Deus dá um ofício, ele também dá entendimento". Muitos funcionários se aposentam de cargos com os quais nunca sonharam depois de formados.

Você não precisa correr para a liderança imediatamente, mas apenas espere e veja como as coisas se desenvolvem.

3. "Responsabilidade pessoal" é um termo cuja definição é extremamente ampla. Legal, há o gerente de desenvolvimento de uma grande empresa com 300 engenheiros subordinados, que ele deve liderar em uma organização profundamente diversificada ("pode", diz o candidato certo). Mas há também o líder de equipa/grupo, a quem são atribuídos três colaboradores na sua função: É engenheiro sénior, um dos elementos do seu grupo é um jovem técnico, um é escriturário com formação não técnica e o o terceiro é desenhista técnico em regime de meio expediente. E ele é apenas tecnicamente superior a eles. Ele mesmo trabalha de forma decisiva nos problemas, dá orientações e instruções profissionais a seus funcionários e eles o apóiam. Com questões disciplinares como contratação, demissão, Em regra, ele não tem nada a ver com aumentos salariais, etc., isso é feito pelo chefe do departamento superior. Não é tão exigente em termos de "liderança" que se justifique uma rejeição estrita. E: Não é tão "diferente" da função do gerente de projeto/subprojeto que pode ser vista em

todos os lugares hoje.

4. Com exceção de algumas empresas muito grandes (nem todas!), não temos nenhuma abordagem sistemática de gestão de pessoal. Frequentemente, o melhor funcionário é simplesmente promovido a um dos níveis gerenciais mais baixos. Lá ele é considerado para servir a empresa ainda melhor lá - então espera-se que ele aceite tal nomeação em nome do empregador.

   Você, querido remetente, quer ser um bom escriturário. Se o seu superior agora lhe oferece uma posição de promoção porque deseja tapar um "buraco" de pessoal e acha que você é adequado, não é tão fácil recusar o pedido desse chefe.

   Claro, como medida de precaução, você sempre pode anunciar: "Não quero nenhuma tarefa de gerenciamento". O que significa algo como: "Se a empresa precisar de mim e achar que sou adequado, recusarei". Mas isso também não é totalmente sem problemas.

5. Portanto, não querer é um pouco estranho a longo prazo. Não poder, tudo bem. Mas então os outros (os chefes, por exemplo) geralmente percebem isso e você não recebe nenhuma oferta correspondente. Em vez de "eu não quero", "eu não confio em mim mesmo para fazer isso" é o argumento mais convincente e facilmente aceito.

   No início de sua carreira, recusar uma promoção ou não fazê-la deliberadamente não é um problema. Mas se você tem 46 anos, tem 20 anos de prática profissional intensiva e recebeu o terceiro em seus trinta e poucos anos" como líder de grupo que lhe conta em detalhes o que é "a coisa" profissionalmente, pode parecer diferente, não subestime isso.

6. Exige-se experiência profissional, sem dúvida. Mas quanto disso? depois das cincoanos de experiência na profissão, a curva de ganho cai; se você faz o mesmo trabalho por 12 ou 18 anos não é mais uma vantagem. Com 18 anos de prática, porém, você está mais velho, (supostamente) menos flexível, (supostamente) menos aberto a coisas novas - e (definitivamente) mais caro!

   Fique atento aos anúncios de emprego: o número máximo que costuma ser exigido para anos de experiência profissional na área de execução é cinco, raramente dez. Claro, não diz "desinteressante desde os doze anos" em nenhum lugar

   – mas você geralmente escolhe o engenheiro de desenvolvimento mais jovem com cerca de cinco anos de experiência. Também porque é mais barato e presumivelmente mais fácil de gerir e tem potencial para um maior desenvolvimento que pode ser do interesse da empresa.

7. Dê uma olhada no #4. Isso resulta na observação que se ouve com frequência (nem sempre, mas com bastante frequência): "Escriturário há 17 anos. Tudo bem. Mas se ele fosse muito bom, certamente alguém o teria promovido." Um preconceito, sem dúvida, mas enorme.

8.

9. Algumas (grandes) empresas têm a sua própria "carreira profissional". princípioAo mesmo tempo: Tarefas mais como um balconista, mas com experiência e competência crescentes ganham como um gerente de grupo ou departamento. Isso é ótimo, resolve o problema mencionado aqui para os funcionários de lá - e leva a dificuldades quase insolúveis se você quiser ou

tiver que mudar um dia (você faz isso para evitar querer). Mudar para a maioria das empresas sem uma carreira especializada é quase impossível.

10. Até agora tem sido: Cuidado com decisões precipitadas. Se ainda quiser: Esforce-se para manter um tema comum (atividade, setor, tipo de empresa), mostre flexibilidade, assuma novas tarefas a cada poucos anos (também em outros departamentos, também em outras empresas) . Particularmente crítico: 22 anos de trabalho na mesma empresa, no mesmo departamento no mesmo cargo. Ninguém gosta de "comprar" isso depois.

11.

2.3.2.4 Devo liderar ou não?

**Pergunt
ar**
Em um de seus artigos, você aconselha que a decisão de seguir uma carreira com responsabilidade pessoal só deve ser tomada depois de ter adquirido alguma experiência profissional.

Isso é o que eu (w, doutorado) também planejei fazer dois anos atrás, quando estava começando minha carreira. No entanto, agora estou no "caminho rápido" em termos de carreira, por assim dizer, sem ter tomado a decisão certa até agora.

No meu (grande) empregador, rapidamente assumi a coordenação técnica da minha área de especialização para um projeto. Foi um período muito árduo para mim, mas concluímos o projeto com sucesso. Logo me tornei o vice-líder do nosso grupo. Meu supervisor me incentiva a ser incluído no grupo de estagiários de gestão, que é um trampolim praticamente indispensável para um maior avanço.

Também recebi feedback do próximo gerente superior de que eu era visto como um futuro gerente.

Na minha opinião, o que fala a favor de uma carreira de gestão? Não consigo imaginar ser um escriturário em um tópico pelo resto da minha vida profissional. Uma carreira de gestão é a forma "natural" de conseguir tarefas novas e exigentes na empresa. O trabalho de gestão também está associado a uma maior reputação e salário.

Além disso, provavelmente terei problemas em me permitir ser liderado por superiores e gerentes de projeto no longo prazo, que (na minha opinião) às vezes fornecem condições estruturais abaixo do ideal. O pensamento "eu poderia fazer melhor" provavelmente seria difícil de suprimir a longo prazo. E o que fala contra isso? Acho que a liderança exige um compromisso que não sei se quero assumir em tempo integral nos próximos anos, pois pretendo ter filhos em breve. Quanto tempo vou fazer uma pausa, se e quando quero trabalhar em tempo integral depois, não quero ter que decidir sobre essas questões ainda. Eu gostaria de pelo menos manter aberta a possibilidade de trabalhar meio período enquanto tiver filhos pequenos.

Pelo menos nos próximos anos, constituir família é mais importante para mim do que uma carreira. Mas, a longo prazo, "apenas" vejo o caminho do avanço clássico para mim. Agora vejo várias alternativas:

a. Meu objetivo é ser incluído no pool de gerenciamento júnior. De acordo com a prática interna, ainda tenho cerca de cinco anos até assumir um "cargo superior".

   Se eu decidir contra a gestão, posso me concentrar na minha carreira de especialista. E, ao contrário dos executivos que trabalham meio período, minha empresa tem vários exemplos de especialistas em assuntos que trabalham meio período. Há também exemplos de funcionários que passaram da carreira de especialista para a de gestão após alguns anos.

b. Permito-me ser colocado no grupo de estagiários de gestão e procuro uma posição adequada na gestão desde o início. Se houver necessidade, procurarei um cargo de meio período. Minha empresa diz oficialmente que gostaria de dedicar mais atenção ao tema "gerente de meio período" no futuro. Mas ser uma das primeiras cobaias provavelmente não é aconselhável.

c. Estou me mudando internamente para outra área, de preferência uma com menos contato direto com o cliente. Suspeito que um emprego lá possa ser melhor combinado com uma pausa (gravidez, licença maternidade, licença parental). Com tal mudança, eu teria adiado por enquanto a questão da promoção, pois como novo funcionário não seria imediatamente visto como candidato a promoção novamente.

d. Vou ficar no meu grupo atual e dizer ao meu chefe que não quero seguir carreira por enquanto. Ele certamente entenderia isso em um nível pessoal, mas temo que tal declaração tenha ficado comigo por mais tempo do que eu gostaria.

Estou muito curioso sobre sua avaliação.

Responde

O meu conselho, que citou, para não se comprometer desnecessariamente cedo na vida profissional, dirige-se sobretudo a quem tem dúvidas ou a jovens que inicialmente reagem negativamente à "imposição" de um dia serem chamados a assumir funções de gestão.

Eu "conforto" essas pessoas apontando que nos primeiros três a talvez cinco anos de trabalho o tema nem é um problema – afinal, ninguém o promove de qualquer maneira. Ao fazer isso, acredito que você deve primeiro conhecer o sistema profissional na prática antes de se recusar a seguir o caminho bastante natural do avanço gradual. Talvez eu também esteja apostando que o iniciante inexperiente deveria ter ficado com raiva de seus três primeiros "chefes estúpidos" antes de desperdiçar sua chance de se tornar um "chefe estúpido".

Este conselho é menos dirigido aos jovens profissionais que sabem desde o início que querem subir. Eles podem e devem trabalhar consistentemente em direção ao seu objetivo. Para eles, a espera impaciente pela primeira promoção ("longa demais") vem naturalmente.

É assim (como continuo enfatizando). A única restrição é que você tem que querer liderar e dar ao gerente responsável pela marcação a impressão de que você pode fazer isso (você tem potencial para isso). Tenho muita simpatia por pessoas que afirmam livremente que não podem fazer isso. Você não deve forçar ninguém a fazer isso, especialmente se eles disserem que não são adequados.

Tenho mais problemas com pessoas que argumentam ofensivamente que simplesmente não querem, mas podem. Sempre me lembra o atleta que diz que poderia ser campeão estadual se quisesse, mas não quer.

Não estou dizendo que definitivamente poderia escrever melhor e escrever livros com uma "edição de Harry Potter", mas não teria vontade.

Sempre defendi o princípio de que você deve obter tudo o que puder de si mesmo. A maldade está ao contrário (contém apenas o que foi tirado. Isso é tudo).

A coisa "eu poderia fazer melhor" é bem pensada - e certamente uma das fontes centrais de motivação para lutar pelo progresso. Você poderia resumir com o slogan "Ou eu sou liderado ou eu lidero".
Infelizmente, vamos colocar dessa forma, o pensamento é um pouco incompleto.

Para começar comigo: suas considerações aqui foram quase inteiramente corretas. Gerenciei então minha pequena empresa, na qual fui funcionário e acionista minoritário por muitos anos, como patrão. E digo-vos, é uma subida fascinante! Ninguém - a não ser os clientes nem sempre fáceis - critica o meu trabalho, manifesta qualquer tipo de desagrado, implemento todas as ideias técnicas e decido sozinho que carro de empresa dirijo.

Mas, e esta é a pílula amarga para você, você nunca chega tão longe em um grupo. Você pode se tornar um líder de grupo - os chefes de departamento acima de você que especificam "condições de estrutura abaixo do ideal" permanecem. Você pode se tornar um diretor de divisão, então o conselho executivo está autorizado a emitir diretrizes para você, incluindo o risco de agir de maneira abaixo do ideal aos seus olhos. Garanto a você que o mundo está cheio de diretores de divisão que ficam vermelhos só de dizer "CEO".

Sim, e você pode se tornar CEO e ter um conselho fiscal, para cuja avaliação "subótimo" ainda está fortemente embelezado aos seus olhos.

Não quero desencorajá-lo de escalar, só quero evitar que você delire. Alguém deveria desistir de uma carreira por causa disso? Mas não: como chefe de departamento, você está sujeito aos mesmos princípios de gerenciamento de um funcionário, mas mesmo gerenciar um departamento de forma limitada é mais divertido do que se você for apenas 100% gerenciado e não puder mostrar a si mesmo o quão bom você é nesta " arte" é. E
Além disso, como (futuro) técnico, você tem seu instinto de poder e não pode evitar.

Seus pensamentos sobre planejamento familiar são compreensíveis, você os compartilha com muitas outras jovens. Vou entrar em suas opções mais tarde.

Vamos organizar suas variantes de planejamento de acordo com a clareza com que posso responder:

Para d: Eu nunca faria isso! Qualquer um que diga A também deve dizer B (em algum momento). E você ainda não está grávida. Você também tem que contar com a possibilidade de que nada saia disso, caso contrário, "tudo" estaria arruinado. Além disso, você só consegue que seu chefe olhe discretamente para o seu estômago todos os dias. Em relação a c: Isso é muito complicado para mim e é baseado no princípio "de trás através do peito até o olho". Todos os bons planos são simples ("Entraremos, esmagaremos tudo e sairemos", Asterix), mas seu plano é uma estratégia extremamente multifacetada apenas para evitar uma promoção.

Com um pouco de azar ainda funciona...

eu prefiro uma combinaçãode a + b. Aproveite para entrar no pool júnior, mostre que está interessado em uma carreira dentro da razão (ambiciosa, mas não incondicionalmente fanática) - e não fale sobre gravidez e trabalho em meio período.

Aponte para os dois – inevitavelmente em caminhos de planejamento separadosPrincipais objetivos "Família" e "Carreira". Em ambos os casos, você só pode controlar a implementação de forma limitada. E se começar uma família é o número um em sua lista de prioridades, faça-o de acordo.

Mas: Se você quiser liderar (mais tarde), não recuse nenhuma oportunidade que surja nesse sentido. Se você engravidar antes disso, primeiro realize seu objetivo principal "Família" e faça o máximo possível com o número 2 (carreira).

No entanto, tenha em mente que você tem várias incógnitas em seu cálculo. Portanto, não é possível uma solução matematicamente inequívoca para o problema. Essas incógnitas são:

- você já engravidou e quando?
- que desenvolvimento sua carreira fez neste momento?
- como não apenas "a empresa" (conselho de administração, departamento de relações públicas) se posiciona, masO seu chefe de departamento, incluindo o seu superior direto, exige particularmente trabalho a tempo parcial em geral e "a tempo parcial para os gerentes" em particular?
qual é a situação econômica de sua empresa naquele momento,tem tempo, dinheiro e vontade de criar uma imagem moderna na direção de "Estamos na vanguarda do progresso também na questão do meio período para

gerentes do sexo feminino" ou está lutando por sua existência e tem problemas completamente diferentes ? como você está mudando, incluindo seus objetivos e valores, através do parceirocomunidade, gravidez, status parental?

É um dos problemas dos candidatos A que eles estão acostumados a encontrar uma resposta conclusiva com o predicado "correto" para todas as perguntas, pelo menos as de natureza científica ou técnica. Quem "sabia tudo corretamente" obteve seu 1. Mas esteé a vida humana plena, determinada por absolutos imponderáveis, fraquezas humanas, aspectos médicos, etc. todo o seu planejamento de cabeça para baixo. Lidar com isso com a maior calma possível, planejar algumas coisas, mas não planejar outras e simplesmente deixar que as coisas venham até você, esse é o grande desafio que temos pela frente.

Muitas grandes empresas B. não planejam desenvolvimentos de pessoal específicos para seus funcionários com mais de dois anos de antecedência. Eu quero saber porque?

2.3.2.5 Para o líder da equipe no exterior?

Pergun

Sou engenheiro industrial graduado, tenho 30 e poucos anos e estou com eles há vários anos
trabalhando para um grupo alemão. Depois de uma transferência interna, agora trabalho para uma subsidiária, gosto das tarefas e meu chefe está feliz comigo. No entanto, o grupo entrou em dificuldades econômicas duradouras. Tudo indica que haverá cortes de pessoal. Embora esteja trabalhando em uma área em crescimento, vejo menos oportunidades para alcançar a posição que almejo como líder de equipe.

Então tive a ideia de procurar um novo emprego no exterior por cerca de três anos. Depois disso, pretendo voltar com o objetivo de trabalhar como líder de equipe. Espero escapar da situação incerta na indústria e na empresa atual até que a situação se acalme.
Vejo como vantagem deste plano a oportunidade de adquirir novas experiências e melhores oportunidades de trabalho com a experiência adquirida no exterior. Uma desvantagem seria a menor proteção contra demissões no exterior e possivelmente uma pior remuneração. Como meu empregador atual praticamente não oferece mais empregos no exterior, eu mesmo teria que encontrar um emprego.

Você acha que meu plano faz sentido? Como eu poderia ser significativoReferências que muitas vezes são exigidas quando se candidata a empregos no exterior?

Você passou um ano em uma universidade estrangeira durante seus estudos, então você tem uma certa experiência básica. Você está, portanto, imune à acusação de que nunca colocou o nariz para fora profissionalmente além das fronteiras nacionais. Você também é solteiro - com uma esposa e dois filhos em idade escolar e os habituais pagamentos da hipoteca para lidar, tudo seria muito mais difícil.

Então você não foi para o exterior com seu empregador alemão, mas começou no país estrangeiro como um "estrangeiro" autossuficiente – isso é uma grande diferença. Aconselhe-se antecipadamente sobre questões de pensões e seguros de saúde, para que não haja surpresas nestas questões importantes.

Vamos falar sobre o seu motivo para o projeto: Tenho a suspeita de que você simplesmente quer ir para um país muito específico e simplesmente adicionar o motivo aqui. É claro que isso também seria permitido, mas seria aconselhável que você o admitisse abertamente. Pode até ser que o mesmo se aplique aqui: se um homem faz algo incomum, você só precisa cavar até encontrar a mulher que deve ser considerada a causa raiz. Mas isso está além do nosso escopo.
Eu vejo os seguintes aspectos que vocêtem que pesar para si:

1. Em nosso mundo moldado pela globalização, a experiência profissionalmente relevante no exterior está se tornando cada vez mais importante. Muitas vezes, é um pré-requisito para certas etapas da carreira,

forma a personalidade em qualquer caso e transmite uma experiência valiosa. Aliás, é um valor por si só, e dificilmente depende do país: quem conhece a Polónia "também pode fazer a China" (um pouco de exagero, claro que isto também se aplica ao contrário).

2. Parece um pouco distorcido, mas na verdade é tirado da prática: a experiência no exterior é boa para uma carreira e geralmente aumenta o valor de uma inscrição – mas apenas quando a reintegração no mercado de trabalho alemão for concluída com sucesso. Então, cerca de dois anos depois de retornar.

3. O tempo passado no exterior não deve ultrapassar três anos, no máximo (!) cinco anos, caso contrário, rapidamente se considera "estragado no exterior", pelo que alguns países pesam mais do que outros (os países europeus vizinhos são menos críticos do que as regiões "exóticas").

4. O valor da experiência no exterior está em "funcionar" no exterior; as exigências do tipo de atividade, da posição hierárquica e da extensão da responsabilidade assumida não são tão grandes como quando se olha para uma carreira na Alemanha (embora você possa ver um "fio vermelho" no carreira no geral, mas o fio pode ser mais fino ou mesmo "nó").

5. Basicamente, seu plano viola duas regras básicas de planejamento de carreira:

a. Ao longo de sua carreira, você só deve lutar por um cargo por causa de seu conteúdo factual ou de sua posição na hierarquia - não por causa do "lugar" em que está localizado. "Exterior" também é uma espécie "Localização".

b. No meio de sua carreira, você começa algo que sabe que

terá que terminar em um futuro próximo. Você está, portanto, se expondo à situação completamente imprevisível que prevalecerá no mercado de trabalho alemão em cerca de três anos. No passado recente, tivemos rigorosos congelamentos de contratações, mesmo nas casas mais conhecidas. Quem começa a estudar também se expõe a esse risco – mas não pode agir diferente e, portanto, não precisa se culpar. Além disso, não haveria mercado de trabalho para ele como um graduado do ensino médio sem treinamento. Mas você já está formado e tem um emprego que nem está ameaçado.

1. Se você quiser voltar um dia, terá dois problemas pela frente:

a. Você está aplicando de outro país. Dependendo da região, isso pode representar problemas diferentes. é o quanto vai custar caro viajar para uma entrevista (geralmente são várias) e quem vai pagar por isso.

b. No momento da inscrição, é difícil para você se encaixar em um daqueles padrões com os quais trabalha o potencial empregador para o qual você está escrevendo. Você então fez algo por cerca de três anos que pode ter um nome desconhecido e é estruturado de forma diferente da Alemanha, e isso é difícil de classificar e comparar. Você também precisa se acostumar com os hábitos de escritório alemães primeiro. Isso não é um grande problema se você não quiser ser o líder aqui novamente. Mas aos olhos do tomador de decisão, você realmente tem uma vantagem sobre os 30 concorrentes que querem ser líderes de equipe, mas que trabalharam aqui em empresas comparáveis nos últimos anos? trabalhou em posições facilmente avaliáveis? O estágio no exterior ajuda você especificamente a liderar uma equipe alemã?

2. Eventualmente, você estará noComo regra, você não receberá uma referência de trabalho do empregador estrangeiro de acordo com nosso padrão. Isso é particularmente importante se você quiser ou tiver que se inscrever novamente mais tarde (após o seu retorno).

Este não é um alerta geral contra compromissos profissionais no exterior. Mas é uma indicação de que ser destacado no exterior por um empregador baseado no país de origem com retorno à Alemanha garantido no contrato tem suas vantagens. No mercado de trabalho liberalizado da UE, ir para o exterior "por conta própria" geralmente apresenta poucos problemas. Mas uma recomendação geral em termos de planejamento não é possível.

No que diz respeito às referências: Não existe "exterior" em geral, cada país ou grande região tem seus próprios costumes. Algo será visto de forma diferente na Hungria do que no Egito, por exemplo. Também conhecemos referências além de referências de trabalho para cargos de gestão. Se algo assim for necessário, pense em ex-chefes (também aposentados, à esquerda), ex-professores universitários (se seus estudos foram apenas alguns anos atrás), se necessário, amigos amigos de advogados ou parceiros de negócios externos. Algumas coisas são diferentes no exterior - trata-se de provar que você dominou por conta própria.

2.3.2.6 De trabalhadores qualificados a membros do conselho

Pergun

Espero seu conselho sobre qual estratégia devo seguir em cerca de dez anos
para atingir meu objetivo de longo prazo de gerente de vendas ou ainda melhor diretor de vendas/diretor administrativo em uma grande empresa de médio porte (aprox. 2.000 a 10.000 funcionários) e como posso lidar melhor com meu plano de obter um MBA.

Após o treinamento como trabalhador qualificado, concluí com sucesso vários cursos de treinamento especializado. Depois disso minha sede de conhecimento foi realmente despertada. Quando meu chefe na época disse: "Você não vai chegar a lugar nenhum assim. Se você quer seguir carreira conosco ou em outro lugar, você deve ter um diploma. o que me levou a começar a estudar engenharia mecânica em uma universidade de ciências aplicadas. Apesar de algumas dificuldades iniciais (matemática, física, etc.)
conseguiu resultados muito bons e até conseguiu adquirir um diploma estrangeiro adicional durante esse período.

Comecei minha carreira em um fornecedor automotivo de pequeno e médio porte (menos de 300 funcionários), onde logo consegui suceder o gerente de vendas. Infelizmente, a empresa "escorregou" para a insolvência. Como uma mudança era quase impossível durante a crise geral financeira e automotiva, "decidi" ficar lá. Desempenhei um papel fundamental na busca de investidores, tive que conduzir entrevistas de avaliação, manter os melhores desempenhos na empresa, mas também iniciar separações. E trabalhei muito próximo (!) Com o diretor administrativo/proprietário.

Depois de apenas alguns meses, conseguimos encontrar um investidor adequado. Como me dava bem com os novos donos, havia muita tensão entre o ex-sócio-gerente, que permaneceu como diretor-gerente, e eu. Essa luta latente tornou-se cada vez mais extrema e óbvia, assumi minhas consequências e mudei para meu empregador atual.

Agora estou em uma empresa muito maior que corresponde ao tamanho-alvo que mencionei no início, em vez de ser um gerente de vendas, sou apenas um gerente de contas. Mas tenho uma responsabilidade muito maior pelas vendas e cuido de um OEM (em vez de fornecedores anteriores dos níveis subsequentes).
EU
A nova empresa é ambiciosa e tem um enorme potencial de crescimento. Só não acho o produto tão interessante quanto o representado anteriormente. Embora a carga de trabalho seja relativamente alta, não me sinto mais realmente desafiado. Eles notaram meu desejo de me desenvolver ainda mais, mas fui desanimado: "não deveria ser impaciente". Eu entendo isso, já que estou aqui há apenas um ano.

Meu chefe e o chefe dele me juraram para meu trabalho atual que devo me concentrar nele por cerca de três anos, o próximo projeto é muito importante. Dificilmente haverá novos desafios para mim lá nos próximos dois anos (além de uma possível promoção nominal).

Para melhorar meu entendimento holístico de uma empresa, venho brincando com a ideia de fazer um MBA desde que estudei engenharia mecânica. Este pensamento agora se desenvolveu em um desejo do coração. Até agora, nenhum empregador apoiou isso e meu chefe atual dá pouca importância a esse desejo. Eu posso entender isso também (custos + perda de trabalho).

No entanto, estou levando a sério a ideia de financiar o MBA por conta própria e fazê-lo em meio período.

1. O que você acha disso?
2. Como posso persuadir meu empregador a pelo menos aprová-lo?
3. Existe uma linha comum na minha carreira?
4. Meu objetivo de longo prazo parece alcançável?
5. O que posso fazer/melhorar no futuro para atingir esse objetivo?

Responde

Então você sabe muito bem para onde deve ir sua jornada profissional. medido emjovens graduados médios, mesmo extremamente precisos. A vantagem: você pode planejar o próximo caminho com bastante precisão (a realização então tem suas próprias armadilhas). A desvantagem: se você restringir demais o objetivo, isso pode bloquear sua visão de alternativas, de oportunidades que surgem repentinamente ao longo do caminho. Com isso já podemos localizar seu primeiro erro: Se um dia você iniciar sua carreira em empresas com 2.000 a 10.000 funcionários

Se você quer "coroar", então é muito sensato começar

em empresas ainda maiores e seguir o lema: ao mudar de empresa, desça um nível no tamanho da empresa e suba um nível na hierarquia. Ou você pode pelo menos entrar no tamanho do alvo e permanecer fiel a ele a cada mudança.
Ou você começa "pequeno" e eventualmente tem que crescer em tamanho
"alto", no entanto, isso geralmente tritura na engrenagem da hierarquia (veremos isso em um momento).

No que diz respeito às suas "raízes" é lícito especular que veio de uma família não académica onde ninguém reconhecia o seu talento. Agora você tinha que trabalhar para subir. Isso tem consequências, por exemplo, B. Idade no dia da formatura. E, por favor, nunca esqueça que a formação da personalidade também segue um caminho completamente "diferente" daquele dos engenheiros que concluíram o ensino médio aos 19 anos e fizeram o vestibular técnico aos 23 ou 24 anos. Eu digo "diferente" , não "melhor" e não
"pior". Claro que você traz o seu especialTambém tira algumas vantagens, mas também alguns recursos especiais que podem levar a problemas um dia. Uma indicação: ninguém pensaria em elevar seu caminho ao "padrão para todos". Mesmo que seja porque sempre faltam seis a sete anos de experiência profissional como engenheiro. Claro que você merece reconhecimento por suas conquistas especiais. Mas lembre-se: os "outros"
que cresceu na estrutura usual forma o padrão pelo qual você também é medido.

Para que você tenha um exemplo de declarações desse tipo: De acordo com minhas observações, pessoas com sua formação tendem a superestimar os detalhes da educação (outro grau). "Se eu ainda tivesse um MBA, então..." - o outro tipo, por outro lado, tem uma graduação que pode aplicar de 5 a 10% na prática, então vê que chefes e colegas com titulação diferente conseguem coisas diferentes que independe de treinamento arregaça as mangas, faz "montanhas" de vendas (em vendas) e é promovido constantemente.

Vamos colocar desta forma: você tem um diploma. Para se tornar Diretor de Vendasentão, você precisa de talento em vendas, sucesso, personalidade certa, ambição e disposição para pagar o preço que é exigido por esse objetivo. Não estou dizendo que o MBA me incomodaria. Mas se faltar um dos requisitos acima, o MBA não serve para nada. Tudo bem, você precisa de conhecimento de negócios e economia, mas pode adquiri-lo de maneiras diferentes. Você não tinha permissão para desempenhar um papel fundamental na busca de investidores em seu antigo empregador, sem um MBA? Eu quero dizer isso. Sem diploma, como tinha razão o ex-patrão, hoje quase não se ganha nada. Especialmente não via externo

formulários. Mas com um (!) exame no bolso, todas as portas se abrem para você, basta passar por elas. E, verifique com tanta frequência que um MBA não é necessário em anúncios de emprego. Uma pesquisa privada em uma grande bolsa de empregos na Internet em novembro de 2011 revelou: 16.000 vagas anunciadas em "Profissões técnicas e de engenharia", incluindo 95(!)
apenas sob "z. B.").

O que resta é sua raiva do ex-proprietário, que continuou a trabalhar como diretor administrativo após a insolvência e a entrada do investidor: Esse proprietário sofre uma das maiores derrotas concebíveis com a insolvência de sua empresa. Isso geralmente abalará sua personalidade profundamente. Depois disso, ele dificilmente pode ser a mesma pessoa. Se antes governava com uma espécie de onipotência, agora é apenas um diretor-gerente empregado pela graça do investidor. Ele tende a odiar este. E internamente, quem é pelos novos mestres é contra eles. Você trabalhou muito próximo (com pontos de exclamação) com ele - e então desertou para o "inimigo" (o novo mestre sabe-tudo). Então ele te odeia também. Bem, naquela época você tinha 1 (um) ano de prática profissional após seus estudos. seu Weg especial fez você amadurecer pessoalmente,

Felizmente, o boletim "bom" (não muito bom) formulado de forma muito factual daquela época não revela nada sobre os problemas existentes. Se você não falar sobre isso, não há cobranças deste canto.

Vamos dar uma olhada em seu próximo caminho (vamos salvar o do Diretor de Vendas até o final):

A "descida" hierárquica ao mudaré o preço de sua mudança de uma empresa muito menor para uma empresa muito maior. Cada um de vocês seguiu caminhos especiais com seu treinamento e sua carreira. Que isso seja o suficiente.

Agora você está no tamanho de empresa-alvo certo para você. Atenha-se a ele e não experimente, certamente não reduza o tamanho de sua empresa. Você tem cerca de cinco anos de experiência profissional como engenheiro, então seu trabalho atual é ótimo! Mas: Se você tomar um caminho na direção errada, um ou outro aspecto pode parecer incompreensível. E o caminho usual na profissão é o da empresa maior para a menor. Não adianta desperdiçar sua energia tentando descobrir algo que já foi

"Estado detecnologia" se aplica. E outro argumento muito importante: uma empresa que contrata um novo funcionário tem o direito "moral" de que ele faça o trabalho por cinco (bem, digamos pelo menos três) anos sem reclamar, com comprometimento e com o maior sucesso, pelo que ele foi contratado. Então talvez seja hora de falar sobre uma promoção. E o princípio varia casualmente de escriturários aos 23 ou 25 anos a membros do conselho aos 45. Se você pensa o contrário, não deveria ter assinado lá. Seus chefes estão absolutamente certos quando dizem que você deve "não ser impaciente". Seus padrões estão um pouco errados, tudo o mais está bem.

Certifique-se de que este projeto de MBA não se transforme no que você chama de "obsessão por ideias"! Você argumenta errado, ou seja, não "eu preciso disso aqui", mas "eu quero isso". Um argumento convincente seria: "Descobri que 80% de todos os executivos de vendas são MBAs. Agora também quero ser membro do conselho. Então, para garantir, também gostaria de fazer um MBA." Você está muito longe disso com o seu "desejo do coração".

Para 1: Pouco. Em vez disso, faça vendas, leia livros especializados e agrade seus chefes. Isso com certeza vai ajudar, o MBA pode te ajudar.

Para 2: De jeito nenhum. Primeiro você desvia 20% de sua capacidade mental parapara adquirir algo que você não precisa necessariamente de acordo com seus chefes. Aos olhos deles (!), você vai para 80% do seu desempenho em seu trabalho principal.

para baixo (ruim). Então, assim que o carimbo do seu exame de MBA estiver seco, você exigirá alto e insistentemente uma promoção - ou sairá (muito mal). A maioria dos outros graduados de segundo grau fez o mesmo - por que não você também? Para que os patrões não gostem do seu projeto. Para 3: Sim, definitivamente. Vendas no setor de abastecimento automotivo com crescente responsabilidade comercial.

Para 4: Sim, se você não cometer nenhum erro agora. Por exemplo: irritar ou aborrecer seus chefes por vender constantemente sua "ideia fixa" ou mudar após apenas um ano de serviço em vez de cinco (pelo menos três) anos de "continuar" trabalhando com sucesso.

Para 5: Leia minhas respostas com atenção, sinta-se à vontade para ficar com raiva e, em seguida, leia-as novamente dois dias depois. Acima de tudo, pense nas "outras" características relacionadas à origem, sobre a maioria padrão e sua idade: você está na casa dos 30 anos, de acordo com o padrão você teria dez ou doze anos como engenheiro, você estaria em um posição gerencial e você também não colocaria toda a sua energia em um segundo grau.

E: O treinamento adicional em si quase nunca dói. Mas a despesa/desvantagem envolvida pode superar o benefício.

2.3.2.7 Mudar contra a vontade do patrão?

Pergun

Como engenheiro mecânico com doutorado, primeiro me tornei um especialista técnico para uma
Área especializada, depois líder de grupo para garantia de qualidade com liderança disciplinar de um "punhado" de funcionários em uma grande empresa. Minha responsabilidade foi inicialmente limitada a uma fábrica, mas depois foi estendida a várias fábricas há mais de cinco anos. Agora acho que uma mudança no campo de atividade faz sentido e está atrasada, pois sou curioso e não casado com o assunto.

Estou interessado no processo de desenvolvimento de produtos e gestão disciplinar abrangente. Estou ciente de que tenho que trazer as habilidades certas comigo quando me mudar. Depois de algumas tentativas sem sucesso, é assim que vejo a nossa casa:

a. Quando se trata de qualidade, as pessoas são percebidas como neutras (se tudo está indo bem) ou negativas (há problemas de qualidade).
b. As vagas são preenchidas principalmente dentro do departamento.
c. A área de responsabilidade não oferece oportunidades de promoção, principalmente por ser estreita
"Guard rails" sem projetos especiaispermitir.
Apesar dos repetidos pedidos, meu supervisor não concorda com nenhuma mudança (mudança de departamento) porque isso causaria instabilidade no sistema e seria difícil encontrar um substituto para minhas qualificações na empresa (tenho avaliações de bom a muito bom e recebo Benefícios adicionais). Qual é

a melhor maneira de mudar na empresa contra a vontade de seu superior, se você é apenas "visível" de forma limitada fora de sua própria área?

Responde

Espero ter entendido você corretamente em todos os pontos: você está há cerca de
dez anos em Q,quer subir na hierarquia, está farto da qualidade, mas quer continuar na empresa, seu chefe não quer te deixar ir. Isso levanta várias áreas problemáticas:

1. Depois de dez anos em Q e gestão disciplinar lá, uma mudança de departamento com um escopo de gestão crescente é muito difícil internamente, e praticamente impossível quando se muda para outra empresa (mudança de empregador). Antecedentes: Um líder de grupo geralmente é uma espécie de "líder especialista sênior" em seu campo. Você não seria capaz de apresentar isso em uma área de assunto estrangeira, você estava começando do zero e "por baixo".

2. Q não é menos interessante do que outras áreas, só que agora você está entediado com isso. Isso é seu direito, mas não exatamente original depois de tanto tempo. Se você notar algo assim, você avança para novas margens muito mais rapidamente, por exemplo, após dois a três anos de atividade correspondente.

3. Os gerentes que estão permanentemente satisfeitos consigo mesmos e com seu mundo profissional, que não buscam mais e não querem nenhuma agitação (isto é, mudança), nem acima nem abaixo de si mesmos, são o terror tanto de seus chefes quanto de seus aspirantes a

subordinados. Essa perseverança é uma questão de personalidade, você como funcionário geralmente não pode mudar isso.

Vejo duas soluções possíveis para você:

I. Você está mudando de empregador. Ao fazer isso, você permanecerá em grande parte fixado em Q. Você pode tentar ingressar em outra grande empresa em seu setor em uma função Q comparável ou superior. Ou, é o caso normal, você muda com um salto claro na hierarquia para um fornecedor ou para uma grande empresa de médio porte em um ramo semelhante. Você não precisa da aprovação de seu chefe atual para essa mudança. Eles também permitem que outros

Cargas "internas" (como a maioria das vagas sendo preenchidas por candidatos de dentro do departamento) atrás de você.

Mas é preciso coragem para recomeçar. Não é sem risco – mas onde mais há uma chance de ganhar algo sem apostar nada? Para situações como essa, existe o mercado de trabalho.

II. Você fica na empresa, mas quer mudar de função/departamento – sabendo que seu chefe é contra. Em primeiro lugar, você precisa de informações: como algo assim funciona na sua empresa (as regulamentações são muito diferentes)? A questão central para você é: uma mudança interna é possível sem o consentimento do seu chefe, é planejada no sistema, é desejada pela empresa? Seu departamento de RH tem a resposta e pode até haver um departamento de desenvolvimento de RH em todo o Grupo. Esteja preparado: em muitas grandes empresas, as dificuldades são tão grandes que mudar de empregador é mais fácil do que mudar de departamento.

Se a informação for positiva, você tem que procurar internamente um novo chefe em potencial que tenha uma posição que lhe interesse – e você aceitaria. Outra informação que você precisa saber é: esse novo chefe em potencial está negociando seriamente com você sem informar seu gerente atual?

Então você tem que decidir. Para garantir, digo que mudar de empregador é um processo perfeitamente normal pelo qual milhares de funcionários passam todos os dias. Você só precisa saber quais objetivos você tem e quais prioridades você dá a eles.

Um futuro gerente não deve ser muito sensível

Pergun

Depois de estudar na Universidade Técnica, trabalhei como assistente de pesquisa em um instituto e fiz meu doutorado.

Trabalho para uma grande empresa como "engenheiro" há cerca de três anos.nieur + especialista" (parafraseandoa designação correta por motivos de discrição; H. Mell). Atualmente trabalho no departamento A, mas com base na experiência especial do instituto também apoio o departamento B na minha área de atividade.

Para mim, após esse período, surge a questão do desenvolvimento pessoal. Uma razão para esta consideração é que não estou completamente satisfeito em minha posição atual.

A minha insatisfação deve-se em parte aos conflitos decorrentes do trabalho nos dois departamentos especializados, mas principalmente porque o trabalho independente não é incentivado no meu departamento principal A. O chefe de equipa que está a meu cargo (sem responsabilidade disciplinar) está atrás Prefiro dizer que sou engenheiro especialista e não gerente. O seu adjunto de facto, um colega meu, está muito bem relacionado na empresa e é aceite como pessoa de contacto pelos outros departamentos. Infelizmente, nem o meu chefe de equipa nem este colega comunicam e distribuem o trabalho de forma a que cheguem informações suficientes a mim ou aos outros colegas. Da mesma forma, não consigo encontrar respostas para as perguntas técnicas sobre meus projetos nesses dois.

Sou praticamente invisível para outros departamentos. No departamento B, a situação é exatamente o oposto. Lá posso trabalhar de forma independente e sou visto como uma pessoa de contato pelos departamentos vizinhos.
Existem três opções para o meu desenvolvimento futuro:

a. Estou aplicando externamente.
b. Eu poderia me candidatar ao cargo de engenheiro especialista correspondente no departamento especializado B. Trabalho lá em uma área que conheço muito bem e possivelmente poderia assumir o cargo de vice-chefe de departamento em uma área menor do site.
c. Eu fico onde estou O líder da equipe vai se aposentar em um ano devido à idade. Ele indicou que poderia me ver como seu sucessor. No entanto, ele não tem certeza de que seu superior o solicitará.

Minha opinião:
A possibilidade a está fora de questão, pois meu tempo de serviço não é tão longo que já haja necessidade de ação.

Com a opção b, eu praticamente estaria de volta onde estava no final do meu tempo como assistente de pesquisa no instituto.

Além disso, esse departamento basicamente tinha três anos para me fazer uma boa oferta. Isso só foi feito quando o cargo teve que ser oficialmente preenchido.

Isso deixa apenas a opção c: esperar e ver como a situação se desenvolve quandoapós a saída do chefe da minha equipe e, se não houver chance para mim, após quatro anos de serviço, procuro emprego em um departamento completamente diferente ou em outro empregador.

Não consigo me imaginar trabalhando "sob" meu atual colega, que hoje é o vice do meu líder de equipe e também pode se tornar seu sucessor.

Na próxima etapa, meu objetivo é alcançar um cargo de gestão, embora inicialmente considerasse suficiente a gestão profissional. O

2.3 Perguntas e respostas sobre carreiras e afins...83

O nível de gestão disciplinar mais baixo da minha área tem mais de 100 funcionários e é, portanto, um projeto para o futuro, mas não para o primeiro passo.

Há mais um ponto de vista que não posso avaliar claramente. Trabalhar no departamento B geralmente leva a contatos com clientes, fornecedores e concorrentes. Na minha atual função principal no departamento A, os contatos são mais internos. Esses contatos internos podem ser úteis para meu desenvolvimento futuro no grupo. Os contatos externos que você tem em B seriam importantes para o desenvolvimento fora do grupo.

Responde

Não me considere particularmente mesquinho, mas se você pensar bem e apresentar os problemas sistematicamente, a solução é mais fácil. No entanto, eles constroem uma mistura de problemas que obscurece desnecessariamente nossa visão de conexões e antecedentes. A coisa é esta:

a. Você é um jovem engenheiro ambicioso com sede de ação com uma educação de elite, mesmo que de acordo com o currículo anexo você tenha demorado um pouco para chegar lá em algumas estações, mas não em outras. É completamente normal que, após os primeiros três anos de prática, você esteja interessado em seu "desenvolvimento pessoal".

b. Você está um pouco insatisfeito. Isso também é normal no sentido de usual, especialmente para um dos "candidatos A" como você, que costuma ser o foco das atenções aqui.

Mas: "Desenvolvimento pessoal" não é uma terapia contra a crescente insatisfação no trabalho anterior. Avanço é uma forma de atingir um objetivo profissional (carreira). A terapia contra a frustração é a redução da frustração, por exemplo B. através de medidas especiais até a mudança. Mas não avanço. Quando perguntado por que ele se senta onde está, o CEO da sua empresa geralmente responde porque ele queria estar lá.

– não porque ele "não estivesse totalmente satisfeito" nos níveis abaixo e sempre buscasse um maior desenvolvimento como solução. Tenho certeza que você entende a diferença.

Agora vamos falar especificamente sobre você. Quem escreve muito como escritor amador revela muito de si mesmo, quase não há outro jeito. Como leitor experiente, muitas vezes temos a sensação de encontrar frases-chave individuais que permitem tirar conclusões sobre as peculiaridades da personalidade do escritor. E há fatos
que permitem a interpretação. Ambos juntos criam uma imagem. Vamos tentar uma vez:

Você não nomeia suas notas Abitur, mas eu sei sua idade naquele momento e sei o caminho (desvio) que você fez para chegar lá. E se eu colocar isso em relação ao homem que um dia terá seu diploma de TU com
"1", fala disso com alegria e só precisa de um tempinho para esse diploma, então o caminho para a escola não foi talentoso. Ou eras preguiçoso ou vens de uma família que não tinha muito para te dar em termos de formação/desenho ocupacional. Isso não seria visto criticamente, mas é provável que tenha tido um efeito formador de personalidade no início da juventude.

Somos todos resultado de algum imprint, talvez esse tenha sido o seu.

Eu preciso desse aspecto quando agora dou uma impressão que recebi de você. Posso estar errado, mas se não, você tem um problema que deve resolver - e levar em consideração todo o seu planejamento e tomada de decisão. Escusado será dizer que também não quero criticá-lo com isso - mas se for para ajudar, você também deve saber o que estou assumindo:

eu acredito em você desão caracterizados por uma sensibilidade especial que você reage ao seu ambiente muito mais sensível do que robusto. Sua autoconfiança não é tão forte quanto deveria ser após a conclusão

bem-sucedida de sua fase de treinamento. Ou talvez sua necessidade de reconhecimento seja bastante forte, o que o tornaria vulnerável (mas não é incomum em gerentes). Pontos de partida para essa avaliação são frases suas como "praticamente não sou visível para outros departamentos" e "além disso, esse departamento (B) teve basicamente três anos para me fazer uma boa oferta". Você mostra uma sensibilidade quase mimosa, sente-se "sem valor"
usados e tratados, mas sobretudo muito pouco reconhecidos.

Eu entendo isso, mas você tem que procurar a causa dentro de si mesmo.Talvez você seja muito introvertido, não se venda bem, apresente-se com muita reserva. Este mundo pertence às pessoas bastante "barulhentas"; apenas ser capaz de fazer algo não é suficiente. Ou, como dizemos nós, consultores: "Faça um pouco de bem – e depois fale sobre isso em detalhes". Você tem que se apresentar um pouco como as empresas apresentam seus produtos.

Além disso, você ainda está preso ao seu tempo no instituto universitário: "Com a opção b, eu praticamente voltaria para onde estava no final do meu período como assistente de pesquisa no instituto". A opção mencionada ali b é passar para o departamento vizinho onde você já trabalha hoje – no qual você pode trabalhar bem e no qual você tem esperança de substituir parcialmente o chefe do departamento. Você poderia dizer que mudar para este departamento o manteria onde está (mas teria todos os benefícios de trabalhar no Departamento B, do qual você se vangloria). Mas a comparação com o mundo da universidade - que é feito para você - não ajuda mais.

Vamos colocar desta forma (um pouco exagerado): Na universidade e no instituto você era uma espécie de "rei" com um diploma A e um PhD, mas agora na prática você se sente tratado como uma pessoa comum que se sente ameaçada por ter que trabalhar sob um colega no futuro que o atual líder da equipe prefere a você. Isso faz parte do que é

chamado de "choque de prática". Esta prática não é a continuação das operações universitárias por outros meios, é diversa e profundamente diferente.
Sobre suas opções:

Em relação a (externo): Do ponto de vista do mercado, dois anos por empregador já são suficientes para tal passo (na primeira posição). Mas você está atualmente preso em uma "mistura de pequenos problemas" que simplesmente fugiria de uma situação pouco clara se avisasse. Você também nunca descobre o que realmente aconteceu em seu ambiente atual, quais chances você teve, etc. E: não há pressão para encontrar uma solução imediata. Em relação a b (mudar para o departamento B primeiro no mesmo nível): Isso resolveria sua frustração atual, você poderia ser mais feliz lá, você teria uma chance (subchefe de departamento), você poderia montar uma rede externa e entrar contato com os departamentos vizinhos (e, portanto, em toda a casa). Se você ficar lá por mais dois anos, sonde as oportunidades e não Ainda não perdi nada. Gostar do seu trabalho também seria bom um progresso. Em relação a c (hoje no Departamento A): No caso de você ficar um pouco indeciso (não tenho pistas para isso), isso teria um charme especial: você não precisa fazer nada no começo, então você não não faça ativamente nada de errado. Você joga oficialmente seu chapéu no ringue para o próximo sucessor do líder de sua equipe com seu superior - e espera pela decisão. Com isso, você pode aprender muito sobre como a administração o julga.

Se seu colega se torna um líder de equipe, você tem um bom motivo para mudar, mas a empresa. Ninguém de fora saberia da "derrota" que você teria então sofrido, você teria a chance de um novo começo desimpedido.

Então eu recomendo b ou c. Esqueça argumentos como o de que o Departamento B deixou passar três anos em que deveria ter reconhecido seu talento e roubado você. Ser ofendido não é bom para os futuros gerentes.

A vida profissional está em muitas áreascom o entorno, tudocomparável ao mundo dos negócios prevalecente. E é aí que o sucesso é necessário. Aplica-se o seguinte: o sucesso é um "acontecimento em si", dificilmente alguém pergunta sobre os motivos ou mesmo sobre os antecedentes. Se o mercado está comprando de repente o que não queria ontem, se você foi "apenas" promovido porque seu chefe morreu repentinamente

– ninguém examina o que conta o sucesso (por outro lado, ninguém quer ouvir as razões do fracasso). Nesse ambiente não há espaço para reações ofendidas, pois B não lhe ofereceu algo há três anos, mas apenas agora (você sempre precisa de uma vaga nesta categoria para tal oferta).

Leia minha análise (que pode muito bem estar correta), espere dois ou três dias para se irritar com isso, decida por uma variante e desabafe: revolucione o mundo profissional desenvolvendo métodos completamente novos Sua área, trabalho – se ajudar e é visto – ocasionalmente até tarde da noite, torne-se indispensável para o líder de sua equipe e deixe o departamento B feliz com um tremendo comprometimento e resultados inimagináveis. Eles brilham de entusiasmo pelo trabalho e pela criatividade, apagam o epíteto do "gênio incompreendido" e vivem o resto. Para que serve um candidato top?

E lembre-se (os candidatos A precisam desta dica): quase nunca é apenas sobre a coisa, é sempre sobre táticas, sobre vendas, sobre o momento certo - e sempre especialmente sobre fortuna. Eu te desejo isso.

2.3.2.8 "Mudar mais rápido" ou "ficar mais tempo"?

pergunta/questionador

Não é mais obrigatório permanecer com todos os empregadores por pelo menos cinco anos. Muitas decisões empresariais hoje, dependendo do setor, visam um período de tempo muito mais curto. Por isso, procuramos colaboradores e executivos que tenham provado no passado que podem se familiarizar rapidamente com novos temas. Posso citar várias empresas da indústria de informática e telecomunicações como exemplos. Não quero afirmar que todas as empresas destes setores são orientadas para o curto prazo, mas uma proporção cada vez maior e cada vez mais áreas de negócios, especialmente no ambiente internacional. Quanto mais alto for o seu nível de carreira, mais você estará pessoalmente exposto a essa natureza de curto prazo.

Antes que você especule da maneira usual e agora me avalie: Sim, trabalhei para muitos empregadores (cinco em dezoito anos de minha carreira depois de estudar engenharia industrial na Universidade Técnica...). A mudança não foi para minha desvantagem em 80% das vezes.

No entanto, estou lentamente começando a sentir uma espécie de "esgotamento" e estou procurando uma posição no nível de responsabilidade que atingi como gerente de divisão que eu possa realmente manter por muito tempo - "se possível até a aposentadoria". Agora encontrei a posição.

Conclusão: As regras que você estabelece para umTrajetos profissionais e de carreira bem-sucedidos são definitivamente corretos no passado e em empresas de formato tradicional, mas não necessariamente em um grande número de outras empresas.

Resposta para A

Com base em seus fatos sólidos, posso também fazer outra afirmação sobre as estatísticas de seu currículo: Nos últimos doze anos (antes disso houve uma fase que não está totalmente clara para mim de acordo com os dados de que disponho) você atualmente tem seu sexto empregador – e aí está. Seu mandato é muito curto. Não seria bom para você se tivesse que começar a procurar emprego novamente agora, particularmente estressado por este período de trabalho muito curto na empresa atual. E como ambos sabemos: um gerente pode perder seu emprego repentinamente e sem culpa própria – nenhuma empresa está imune a isso.

As empresas sempre trabalham de acordo com o princípio: tudo o que nos é útil é permitido. Eles não gostam de pessoas que mudam com frequência - mas se eles precisam urgentemente preencher uma lacuna premente de pessoal, não há concorrente comparável e este candidato pode trazer a solução técnica, então, se necessário, eles também farão concessões que violam os princípios elementares. O próximo destinatário de uma solicitação pode reagir com muito mais severidade – ou essa empresa tolerante em seu próximo caso de aquisição ligeiramente diferente.

A referência ao número crescente de projetos de curto prazo em certos setores é absolutamente justificada. Mas para isso você precisa de gerentes e funcionários flexíveis, não necessariamente novos constantemente.

Em princípio, toda regra estabelecida deve ser sempre aplicável em todos os setores. E isso deixa claro: uma empresa industrial clássica não pode conviver com uma força de trabalho de funcionários qualificados que mudam de empresa a cada dois anos. Como sempre, exceções são possíveis em casos individuais. Mas nenhum candidato pode confiar no fato de que passará sempre e permanentemente como tal. No seu caso, também, há uma certa probabilidade de que você não tenha conseguido sua atual (muito boa) posição de gerenciamento por causa de, mas apesar de, seus curtos períodos de serviço anteriores.

Talvez (e por que não) você pareça tão convincente na entrevista que encobrirá quaisquer preocupações que possa ter. Qualquer um que seja um pouco mais fraco do que você pode falhar na primeira rodada. No final, voltarei ao problema em princípio. Mas primeiro vem um leitor que quer exatamente o contrário de mim: deve-se
não "fique" mais baixo que eudiga, mas por mais tempo.

questionadorB

Li seus conselhos principalmente por seu valor de entretenimento. É quase comovente quando você fica ao lado de muitos recém-chegados como um amigo paternal durante seus primeiros passos no mundo tão difícil do trabalho. Mas eu realmente gosto quando você pega um desses pilotos inteligentes do céu e o coloca na normalidade que nos cerca com sua experiência profissional quase sobre-humana. Obrigado pelo curto entretenimento de fim de semana.

Concordo em grande parte com seus pontos de vista e muitas vezes encontrei as leis que você descreve confirmadas em mais de vinte anos de trabalho diário. Não há dúvida de que seus princípios como: flexibilidade local, preocupação com o favor do superior, respeito pelas práticas usuais de trabalho... são propícios para uma carreira positiva. Mas você não descobriu em seus muitos anos de trabalho como consultor de pessoal que há mais em uma vida profissional gratificante?

Não é ater-se à cidade natal com as suas redes sociais, à própria família, ao ambiente e à paisagem familiares e ao talvez maior valor recreativo de uma comunidade rural - em comparação com uma grande cidade - uma base valiosa e fonte de força para uma comunidade exigente e tarefa exigente em uma empresa regional? (A propósito, considero o "tempo de permanência padrão" por empresa de três a cinco anos um prejuízo evitável para a economia).

Portanto, defendo tempos de residência mais longos por empregador - embora eu gostaria de diferenciar isso um pouco. Depois de dois estágios de seis meses em duas empresas, busquei minha fortuna profissional em duas empresas clássicas de médio porte (uma de sete e outra de treze anos). As experiências em diferentes empresas são extremamente importantes, caso contrário, existe o risco de "cegueira estável" fatal. Obviamente, o avanço na carreira pode ser significativamente acelerado com mudanças planejadas de empregador. No entanto, é exatamente isso que precisa ser questionado! Nas profissões clássicas de engenharia, após uma mudança de empresa, segue-se uma fase de aprendizado de um ano (em alguns casos, até mais se você mudar de setor). Depois de dois a três anos na empresa você fica realmente confortável – só então, eu afirmo, um engenheiro realmente trabalha "com lucro". Se ele procurar novamente o próximo desafio na próxima empresa, esse é o dano econômico evitável de que estou falando. É claro que a responsabilidade recai principalmente sobre as empresas, que devem oferecer oportunidades de desenvolvimento interno para manter funcionários orientados para o desempenho na empresa no longo prazo.

Resposta para B

Pode-se argumentar sobre as vantagens do ambiente rural em comparação com a cidade grande, queremos dar isso a nós mesmos. Ambos têm algo a favor e de outro ponto de vista tanto quanto contra si mesmos, é sobre o lar e a "graça da região de nascimento dada aleatoriamente". Mesmo o bávaro mais convicto, por exemplo, tem que admitir que seu país de origem não se baseia em uma seleção cuidadosamente considerada de todas as ofertas e possibilidades alemãs, mas na aleatoriedade "geoestratégica" de seu local de nascimento: Se seus pais tivesse se mudado para Berlim antes de seu nascimento e ficado lá, ele teria se tornado um cosmopolita das terras baixas com um dialeto que o horroriza hoje.

Em primeiro lugar, observemos: o leitor A defende mudanças de empregador mais frequentes, B, menos frequentes. E eu? Eu declaro aquele
"grande tópico" e sempre:

Responder para A +

Olhando para os currículos, o tempo de serviço por empregador é uma das várias maneiras de cometer erros críticos. Claro, não posso fazer justiça a todos os casos individuais e especiais concebíveis. Mas a orientação básica pode ser:

1. O fato de haver uma mudança de empregador é absolutamente indispensável do ponto de vista econômico e empresarial. A empresa individual deve poder despedir ou recrutar trabalhadores; o

desemprego como único tampão intermediário não é desejável. E o empregado individual também deve poder ser uma pessoa livre que pode e pode procurar um novo emprego em determinados intervalos. Também concordo que a força de trabalho graduada chamada a ser criativa certamente deveria ter passado por mais de uma empresa, pelo menos uma grande parte delas.

Conclusão de 1: Em princípio, deve ser possível mudar de empregador sem restrições. Isso é essencial.

2. Se partes muito grandes da força de trabalho de uma empresa fossem substituídas com muita frequência, aproximadamente a cada seis meses ou a cada ano, não haveria mais nenhum know-how digno de menção, ninguém seria solidamente treinado e o caos se instalaria.

   Conclusão sobre 2: A mudança de empregador do trabalhador individual deve ser limitada por regras e/ou valores empíricos, a mudança só pode ocorrer "com moderação".

3. Como um aspecto marginal importante: a segurança ainda difundida há cinquenta ou mesmo trinta anos, que algumas corporações, bem como algumas empresas privadas de médio porte nas províncias, pareciam oferecer contra a perda de empregos (pelo que mudar de empregador no planejamento de vida muitas vezes classificado como "não relevante"), não há mais uma regra geral. Todo empregador hoje tem que contar com mudanças constantes entre aumento e redução de pessoal, todo funcionário tem que se ajustar à necessidade de mudar de empresa.

   Conclusão sobre 3: Todas as empresas e todos os

trabalhadores devem assumir que já não podem ser esperados períodos de serviço de 35 ou 40 anos por empregador (ou seja, sem mudança de início de carreira para reforma).

4. Se todo trabalhador tem que lidar com mudanças involuntárias e voluntárias, então é bom estar preparado. O elemento chave para isso é a prática. Se isso estiver faltando, as falhas são muito prováveis.

Conclusão para 4: É melhor planejar em determinados intervalosmudar - e não se surpreender completamente com a necessidade de fazer a primeira mudança após vinte anos de serviço.

5. O que agora pode ser considerado como o padrão (que obviamente também pode ser desviado em casos individuais)?

Existem quatro fases entre o início do trabalho e o último dia de trabalho de um académico/gestor experiente numa empresa:

a. fase de familiarização;

b. Fase de frustração (os fardos percebidos aumentam, o desejo de mudar aumenta, as dúvidas sobre a saída do empregador desaparecem, a decisão está tomada);

c. Fase de procura de emprego (quem decidir mudar deve primeiro chegar ao novo contrato através de candidaturas);

Período de aviso prévio (períodos definidos contratualmente antes da saída do funcionário, por exemplo, seis meses ou três meses no final do trimestre Agora, para simplificar, defina seis meses para cada fase- Às vezes é um pouco mais com a integração, depois um um pouco menos com o aviso prévio, compensa.

Entre o dia de entrada e o dia de saída há quatro fases de cerca de seis meses cada, nas quais o funcionário praticamente nunca apresenta o desempenho pleno, comprometido e alegre por um único dia. São cerca de dois anos juntos. O tempo total de serviço deve agora ser tão longo que esses dois anos sejam superados pelo tempo proporcional, que deve ser visto como positivo sem reservas. Se assumirmos três anos para isso, isso resultará em cinco anos de serviço por empregador como um valor médio. Isto é suportado pela curva de crescimento da experiência, que depois se curva, bem como pela recomendação de ser promovido aproximadamente a cada cinco anos se houver interesse correspondente (se necessário por mudança de empresa).

Conclusão sobre 5: É desejável ficar cinco anos em uma empresa (dez anos não são problema, quinze anos podem ser críticos se você tiver que mudar). Mudar com muita frequência é mais crítico do que raramente, e os novatos podem sair uma vez após dois anos (da perspectiva do candidato, não do "antigo" empregador!).

d.).

2.3.2.9   promoção desejada

Pergun

Sou engenheiro há mais de cinco anos, mais de três desses anos
com o segundo empregador. Estou listado como "engenheiro" lá, a próxima designação mais alta é "engenheiro sênior".

Minha avaliação pessoal anual costuma ser um pouco acima da média (3+ em uma escala de 1/excelente a 5/inadequado), embora eu deva dizer que a empresa cuida para que a média do departamento seja praticamente "3".

Agora estou me perguntando se posso esperar uma promoção em um futuro próximo. Talvez eu deva exigir isso ou devo apenas esperar para ver? Se eu mudar de empregador antes de conseguir uma promoção, posso pedir ao novo empregador que seja um engenheiro sênior sem parecer arrogante?

Responde

1. A apresentação e a pergunta abordam vários aspectos: Engenheiro" e "Engenheiro Sênior" não são de forma alguma designações industriais padrão usadas em todos os lugares ou mesmo predominantemente. Portanto, é possível que seu problema não exista no próximo empregador e também não seja compreendido. Se você se candidatar, preste atenção em como a nova vaga é descrita no anúncio de emprego.

As duas "fases" mencionadas provavelmente são designações específicas da empresa. Suspeito também que o "sénior" difere do "engenheiro" menos por uma componente real de gestão de pessoal, mas sim pelo funcionário particularmente experiente e comprovado sem gestão mas com um salário melhor. No passado, algo assim costumava ser chamado de "escriturário principal" ou "chefe de departamento".

2. Os níveis de promoção "reais", por outro lado, são, por exemplo, B. Líder de equipe ou líder de grupo – com uma função de gerenciamento técnico, mas ainda não disciplinar.

Depende do seu objetivo: Na sua empresa pode ser interessante, para futuras promoções pode até ser recomendado ou absolutamente necessário,

para se tornar "velho". um externoNa verdade, não vale a pena aplicar apenas por causa deste nível. Por outro lado, vale a pena se você quiser se tornar um líder de projeto, equipe ou grupo.

É claro que um novo empregador não o consideraria para esse nível "real" se soubesse que você "nem era um veterano" do "antigo" empregador. No entanto, ele provavelmente não conhece esse "alto nível de funcionário" e não sente falta de nada de você. Assim, ele examinará seu pedido sem prejuízo.

3. Mas euna posição de seu chefe atual não promoveria um homem "3+"! Isso seria apenas um pouco acima"

4. média; algo assim é suficiente para proteger contra demissão, mas não para promoção. Para isso, você normalmente precisa de um 2+. Então é uma questão de lutar por isso - não por meio de discussões (os chefes odeiam isso), mas por um desempenho bem acima da média.

5. Com base nisso (eles tentam fazer tanto que uma classificação de 2+concebível) então também se aplica:

Você não pede uma promoção, isso não leva a lugar nenhum. Por outro lado, um tem um desempenho tão alto no departamento que o chefe teme que esse funcionário superior possa sair - e, por exemplo, B. foi promovido para mantê-lo o mais possível.

Essa estratégia pode ser acompanhada de "cadastrar a reclamação". Você não faz nenhuma exigência, mas deixa claro que está definitivamente se esforçando para o próximo nível. A melhor maneira de começar é com uma pergunta.

Funcionário: "Como você vê minhas possibilidades em relação ao desenvolvimento para a próxima etapa/nível?" Chefe: "Espera aí, veremos, um dia, agora mesmo..." Empregado: "Tem alguma coisa que eu poderia ou deveria fazer diferente em relação à minha aparência, meu desempenho, minha forma de trabalhar?" Chefe diz algo. Funcionário: "Isso é muito interessante para mim, obrigado por isso. Vou levar tudo isso em consideração e fazer um esforço nesse sentido. Isso é muito importante para mim porque eu realmente quero me qualificar para o próximo nível."

A reclamação fica assim registrada. Os chefes têm um ouvido aguçado para isso e agora sabem: se ele não se tornar um veterano logo, um dia ele irá embora. E é exatamente isso que ele não precisa ignorar, mas temer.

Aproveito para repetir o alerta que muitas vezes tem sido feito: você pode pedir promoções/desenvolvimento, pode pedir se for necessário, mas nunca deve ameaçar: "Senão eu desisto". Os chefes observam isso como "chantagem" – não é legalmente correto, mas ficará em sua memória para sempre. Se você quiser desistir, apenas faça, mas não fale sobre isso de antemão.

2.3.2.10   para baixo para baixomeados dos anos 40

Pergun

Tenho 48 anos, sou responsável pela gestão técnica de grandes médias empresas
empresa de cisalhamento. Ao tentar uma autocrítica sobre o meu currículo, fiquei um tanto chocado ao descobrir que, embora tenha havido uma tendência ascendente em termos de hierarquia/responsabilidade ao mudar de empregador nos últimos anos, o tempo de serviço e – na minha opinião – o teor de minhas referências de serviço mostrou recentemente uma tendência que poderia muito bem ser chamada de crítica. Resumindo: Os tempos por empresa estão cada vez mais curtos, os depoimentos no depoimento mais reservados.

Eu tenho explicações absolutamente convincentes para cada caso individual, mas não tenho certeza se um leitor de aplicativo suspeito vai acreditar em mim ou se eles querem ouvir minhas explicações. É por causa da crise econômica – e principalmente, como eu lido com isso?

Responde

Existem dois desenvolvimentos muito típicos que levam a tais aparições:

a. Começa com a perda de um desenvolvimento: por volta dos 30 anos você tem seu primeiro cargo gerencial de verdade, tudo vai muito bem, inclusive na sua vida privada. A casa, os filhos, os problemas iniciais foram superados em todos os lugares – as coisas "se fazem" em todas as frentes.

Talvez você possa ver que a próxima promoção deve acontecer por volta dos 43 anos. Mas nada está acontecendo internamente no momento e uma mudança seria particularmente inconveniente devido à situação escolar dos filhos. Então você perde o tempo ideal para a próxima etapa que é devido. Você não enterra mais ambições de carreira (o que poderia ter sido uma solução real para o problema), apenas as suprime. Um dia você acorda: está na casa dos 40 e poucos anos e, durante dez anos, nada aconteceu que pudesse ser visto como a realização de novos sonhos profissionais. Mas o relógio está correndo incansavelmente, agora é hora de agir rapidamente, em breve você fará 50 anos, quase nada funcionará.

Agora aconteceum dilema especial: você perdeu uma etapa de promoção, agora a próxima é devida. Então você procura a posição dos super sonhos e espera poder dar o passo turbulento de cinco anos atrás com você. De alguma forma. Na prática, no entanto, os "candidatos de alto nível" não gostam muito deles. Se você simplesmente não encontrasse o que procurava na busca pela superposição, que agora está sendo realizada com alta pressão, esse seria o mal menor: nada de ruim aconteceria. Mas existe o mercado com suas leis. E assim como há claro carros usados se só puder pagar 1.000 euros (simplesmente não duram muito), também há artigos que parecem oferecer tudo o que se desejava. E assim como as coisas não estão bem com este candidato (dez anos de pausa na promoção foram muito longos e o salto que agora procuram é muito grande), a oferta de contrato que finalmente foi encontrada também tem suas "manias": A constelação interna é extremamente difícil; Candidatos sólidos para promoção que podem escolher procuram outros empregos – assim, um parceiro permanece do lado do empregador e do candidato, que não têm mais uma grande seleção.

Mas nenhum dos dois percebe que o que oferecem tem armadilhas – e que, de acordo com as leis do mercado, o que recebem também é problemático. E pouco depois de começar a trabalhar, ouve-se um "estrondo" para o gerente, uma nova mudança está prevista. Existe pressão de tempo (risco de desemprego).

Ou não "estoura", mas a desilusão se espalha entre o gerente recém-contratado. Não deve ter sido "aquilo" de jeito nenhum, isso não dura até 67, isso foi um fracasso, tem que ser procurado de novo.

No entanto, a pesquisa realizada em condições difíceis sob a pressão de um período de serviço muito curto (o que levanta várias questões).

depois que uma solução de substituição é ainda menos promissora do que a primeira após dez anos tranquilos. A nova posição que finalmente foi encontrada é mais problemática do que a anterior, e aqui também o período de serviço é consistentemente curto. Então chegamos à observação que você fez em seu currículo.

E caso você não goste desses exemplos porque eles não se encaixam perfeitamente em você, tenho outra explicação: um gerente que realmente e inegavelmente tinha um potencial significativo para um avanço maior não teria durado dez anos, deixe anos ficar nessa posição inferior. . A combinação de ambição e talento não teria permitido isso. Talvez essa espera muito longa tenha sido um sinal de que os próprios limites foram ultrapassados - e que o jogo está simplesmente sobrecarregado.

Se você já reconhece esses sintomas em seu currículo, só pode agir com cautela. Uma solução poderia ser diminuir a posição atual/última em uma nova aplicação e, com base nisso, buscar um trabalho "menor" com o qual você seja mais capaz de lidar. Você ainda pode ajudar alguém que completou dez anos no antigo cargo e acabou de "acordar". Ele deve perceber que o tempo perdido não pode ser recuperado. A etapa que estava prevista há cinco anos não pode ser pulada, deve ser concluída agora. O "sacrifício" foi trazido para uma vida familiar harmoniosa, que pode ser bastante significativa e gratificante. Mas você não deve tentar agora "de uma só vez" alcançar o passo que foi perdido na época.

E quem acabou de passar a primeira metade desses "dez anos felizes" tem que tomar uma decisão consciente. Mas assim como você só pode gastar dinheiro uma vez, você só pode investir tempo uma vez, por exemplo, B. apenas na vida familiar. Em algum momento, "consertar as coisas" novamente com um ataque violento, que funciona tão pouco na vida profissional quanto no jogo.

Essa variante é mais simples e mais brutal ao mesmo tempo: o potencial de cada um de nós é limitado, em algum lugar. O limite de desenvolvimento individual resultante é fluido, encontra-se dentro de um certo intervalo, depende das circunstâncias do ambiente de trabalho, é difícil reconhecer antecipadamente - mas está lá! E mostra-se por meio de sinais de alerta quando você se aproxima: os períodos de trabalho são cada vez mais curtos, os certificados são mais fracos. O que é preciso é a perspicácia do interessado, para reconhecer os sinais, interpretá-los e não querer resolver "mais em cima" o que já falhou "em baixo". Nem todo padre nasce para ser arcebispo, nem todo oficial de carreira para ser general e nem todo executivo operacional para ser gerente de divisão geral ou diretor administrativo; Autocontrole é necessário. o que você descreve são sintomas. Não negligencie a suspeita de doença por trás disso.

Então: Seu palpite, queridaO remetente de que poderia haver uma crise por trás disso estava correto. Só que não era o da economia, mas o seu muito pessoal. Aceite o problema e não tente resolvê-lo de uma só vez.

PS: Como você pode ler sobre mim em outro lugar, gosto de defender

o princípio: tire de você o que está dentro. Isso se relaciona com os níveis de treinamento, bem como com uma carreira de sucesso. Mas como definimos esse "puxar para fora"? Exigimos 110% da capacidade fornecida? Certamente que não, corre-se o risco de ficar sobrecarregado e sobrecarregado. Se formos para 100%, não há reservas para casos especiais onerosos, atribuições extras, requisitos repentinos de projeto. Se lidarmos com a vida cotidiana com cerca de 85-90% de nossa capacidade existente, existem reservas sólidas para casos especiais, 110% também é possível por um tempo limitado - então descansamos novamente.

Mas os funcionários que fazem seus negócios diários com 85-90% fazer,são soberanos, relaxados, ainda estão longe o suficiente da "condução a todo vapor".

Você, caro remetente, está apresentando sintomas claros de 100% de sua capacidaderequisito de idade. E isso não melhora com a idade.

b.

2.3.2.11 Para cima é claro - mas como ele desce?

Leio praticamente desde o início dos meus estudos, há mais de 30 anos
semanalmente seu conselho de carreira. Achei as dicas e sugestões consistentemente práticas e úteis.

Minha própria carreira tem sido gratificantemente suave e diretadesenvolvido. Sou vice-presidente da XY AG há vários anos e, com meus mais de 50 anos de experiência, sou responsável por uma área de quase 1.000 funcionários.

As demandas de desempenho e carga de trabalho são naturalmente altas. O trabalho continua divertido, com as limitações habituais.
Onde está o problema então?

Está na palavra "ainda". Eu gostaria de reduzir lenta mas seguramente a velocidade e o tempo necessários para o trabalho profissional. Um novo
A solução poderia ser uma tarefa com recursos financeiros bem mais modestos.

Mas exatamente essa solicitação parece não estar prevista no sistema. Externamente, surge imediatamente a questão do motivo da mudança. Simplesmente não se acredita em uma resposta honesta, internamente prefiro a variante de nem mesmo abordar essa questão.

Então, como desço um pouco na carreira em um processo planejado e controlado? Qual procedimento é recomendado?

Infelizmente, tenho que apontar a antipatia de muitas empresas aqui repetidamente
para candidatos com 50 anos ou mais. Precisamente porque se assume que estes candidatos já ultrapassaram, digamos assim, o seu pico de desempenho/carreira/dinâmica/ambição. Pelo menos há uma suspeita.

Você, caro remetente, não apenas confirma que tal desenvolvimento ocorre e é concebível, mas vai um passo além: você nos mostra que existem até gerentes nessa faixa etária que "voltam" ativamente procuram. Porque eles reconhecem que uma redução na carga geral nessa idade é devido a uma menor vontade de realizar ou
– a riqueza poderia muito bem ser apropriada.

Claro, esta restrição deve ser mencionada, você é inicialmente apenas um caso individual do qual nenhum conhecimento geral pode ser derivado. Outros membros da sua faixa etária podem protestar que não estão apenas "famintos", mas estão conscientemente a caminho de "melhor, maior, mais agradável, mais" ou pelo menos interessados (se eles apenas pudessem). Mas sei com 100% de certeza que você não está sozinho - e que se existisse um caminho regulamentado desse tipo, seria bem-vindo por gestores que compartilham da mesma experiência que você.

E estou convencido de que os empregadores fariam bem em pelo menos considerar esse caminho. Em uma postagem anterior desta série, sugeri até mesmo esse arranjo para candidatos mais velhos - com o sucesso usual do indivíduo que se propõe a mudar o mundo.

Em primeiro lugar, vamos definir o que uma "retirada ordenada" poderia ou significaria para todos os envolvidos:

1. Hoje, o empregado é promovido ou promovido desde que se mostre útil ao seu empregador. Se os patrões não estiverem mais satisfeitos com ele, a última etapa profissional acabou sendo malsucedida ou o funcionário será demitido devido a mudanças organizacionais.
gene em seu ambiente nestenível não é mais necessário, o seguinte se aplica: Não há como voltar atrás da linha atual, há apenas separação total. Em vez de rebaixar um chefe de divisão que ontem era chefe de departamento de volta a chefe de departamento, você abre mão completamente de suas qualificações. O homem não tem mais valor de executivo de nível inferior para a casa, não tem valor nenhum. Isso não faz sentido para os negócios.

2. Se um funcionário afetado por isso tiver mais de 50 anos e estiver interessado em retroceder, ele corre o risco de desemprego no caminho inevitavelmente necessário para o mercado, porque empregadores externos (potenciais) não contratam um ex-chefe de departamento como chefe de departamento. Isso é economicamente questionável.

3. Se um funcionário tiver a ideia de querer voltar a um estágio preliminar de seu nível hierárquico atual – que ele já completou com sucesso antes – sem pressão externa, ele se depara com a mesma rejeição rígida tanto interna quanto externamente. os candidatos que se abrem têm que "mudar" a iniciativa do empregador e também estariam dispostos a retroceder para garantir sua existência.

4. A curva de desempenho de uma pessoa nem sempre

sobe e de repente se interrompe aos 65 ou 67 anos de idade. Também não aumenta para cerca de 50, depois permanece em um nível até 65 ou 67 e depois se interrompe brutalmente.

Ele se desenvolve - de maneira diferente para cada pessoa - inicialmente para cima, permanece lá por um tempo ou muda ligeiramente e depois cai em graus variados. Cai em qualquer caso, mesmo com os titulares de cargos mais altos (exceto consultores + autores de séries). A maneira como nosso sistema lida com isso é absolutamente ilógica: reagimos positivamente à parte da curva de desempenho que sobe - e promovemos o funcionário de acordo. Também podemos lidar com o pico da curva ou com o platô que ela representa por alguns anos: O funcionário agora está "em alta" para seus padrões, nós o mantemos lá por alguns anos.

mas depois vemo desperdício, um desperdício gradual, veja bem - e não temos receita para lidar com isso. Só conhecemos duas reações extremas a isso: o homem fica onde está (ou até é promovido ainda mais) ou leva um tiro".

Como o sistema reage de forma tão impotente e inflexível quando toma o destino de um funcionário em suas próprias mãos, ele também reage exatamente da mesma maneira quando o próprio funcionário, tendo em mente sua curva de desempenho e/ou motivação como gatilho e argumento, ou aplicado externamente (sa 3.).

Conclusão: No que diz respeito ao desenvolvimento hierárquico de um gestor, o sistema só conhece o princípio do "tudo ou nada": o candidato continua o que é (ou passa a ser o que era antes) ou perde tudo. Não está previsto um caminho que desça tão gradualmente quanto subiu na época, na verdade dificilmente concebível no momento.

Concordamos, caro remetente, que esta regulamentação no sistema de gestão industrial é insatisfatória. Talvez eu também consiga uma razão pela qual – supostamente – tem que ser assim:

a. O princípio explicado não se aplica apenas à gestão industrial, mas também a muitas outras áreas da vida:

- Um ex-chanceler federal não pode então se tornar ministro de um estado federal ou prefeito de uma cidade. Às vezes ainda há um trabalho para ele em algum lugar, mas na escada em que ele estava no topo, uma posição três degraus abaixo é impensável.

- Toda a nossa estrutura de gestão remonta às organizações militares: César já tinha legiões antes mesmo da palavra indústria existir, pelo menos não no sentido atual. E ninguém pensaria em reintegrar um ex-coronel como capitão – cargo que já ocupou.

- Um grande atleta tende a construir sua carreira ao longo de sua curva de desempenho à medida que envelhece, eventualmente se levantar (talvez perdendo o ponto em que sua curva cai) e depois se aposentar. Via de regra, não há como voltar do campeão alemão para o novo campeão distrital Posemukel.

- Uma corporação pode relatar vendas de três ou trinta bilhões. Mas ai dele, é uma queda de 8% ano a ano ou a tendência da indústria. Somos uma empresa de sucesso: sempre em frente, nunca para trás. Talvez esteja em nossos genes.

b. Na prática, recuar na carreira encontraria alguns problemas reais e/ou percebidos, barreiras psicológicas ou medos profundamente enraizados:

5. Um chefe de departamento que está nomeando um novo chefe de departamento em sua área geralmente deseja uma pessoa jovem, dinâmica, voltada para cima, que busca o desempenho máximo por ambição, que fará de tudo para obter uma boa avaliação e satisfazer seu chefe (caso contrário, ele nunca se tornará um chefe de departamento). Por outro lado, não quer um senhor mais velho que já não queira provar nada, que já não tenha de "mostrar" ninguém, que substitua o dinamismo e

compromisso com a sabedoria da idade e, por falta de ambição profissional (promocional), preocupa-se muito condicionalmente com a boa avaliação por parte dos patrões. Como um caso extremo: um ex-chefe de departamento como escriturário é uma visão de horror para todo gerente. "Entre outras coisas, usamos o dinheiro como fator motivador. 180.000 euros definitivamente motiva alguém que já ganhou 140.000 euros. Mas como elemento motivacional, não são bons para quem já
tinha 250.000 euros.

- O argumento mais difícil: um gerente de departamento (você vê, eu evito deliberadamente exemplos com vice-presidentes) que coloca um ex-gerente de departamento ou mesmo ex-MD em uma de suas posições de gerente de departamento sempre (!) temerá que seus novos "subordinados" vai sentir falta" de respeito pelos chefes de departamento. O cara novo poderia dizer à esposa à noite: "Meu chefe não deveria se gabar assim; por mais que seja, já estou há muito tempo. E eu mereço mais do que ele.

c. Existe uma solução para você que vem de uma tarefa completamente diferente, mas pode caber aqui: Candidatos que já estão sob (tempo) pressão, já estão desempregados e/ou têm que lidar com atratividade limitada no mercado de trabalho, muitas vezes são forçados a reduzir suas reivindicações abaixo do que eles (ainda) têm hoje ou tiveram no passado. Para eles, o lema é: prontidão para uma tendência de queda - mas ninguém deve notar isso porque seria "suspeito".

Para que o novo emprego menor não seja um rebaixamento, você também (assim como os "candidatos-problema" mencionados) teria que ser "menor" hoje do que realmente é. Isso não seria totalmente preciso, mas seria relativamente inofensivo - e não há bandidos condenados nas prisões. A alternativa é: sem chance.

Seria assim para você por ocasião de aplicativos externos:

Você não é um "vice-presidente" em seu currículo e carta de apresentação hoje,mas apenas um "líder" do seu departamento. De mim um com procuração (que você realmente tem).

Deixe de fora o número de seus subordinados em seu currículo. Na entrevista de emprego, quando perguntado sobre um núcleo rígido de funcionários subordinados de talvez 100 a 200, haveria "outros funcionários designados principalmente profissionalmente em uma fábrica". Você sempre diz modestamente: "O número de subordinados nunca é importante para mim". Você dá sua renda como um valor fixo bem calculado, mas esquece o termo "fixo" ("Minha renda é de cerca de 120.000 euros, mas o que é decisivo para mim é a tarefa"). Então você precisa de um motivo para o aplicativo, que deve ser declarado na carta de apresentação. Nota: Um gerente da sua idade nunca sai sem razão, não deve estar na sua pessoa (diminuição da vontade de realizar ou desempenho reduzido), não em erros profissionais, não em problemas com o chefe e certamente não onde realmente está com você. Exemplo: "Minha candidatura está relacionada a uma situação do nosso mercado que está se tornando cada vez mais difícil; Como resultado desta tendência, várias reestruturações internas etc. estão em discussão. Estou me candidatando a um novo e desafiador emprego de uma posição absolutamente livre e não rescindida antes que eu pudesse estar sujeito a quaisquer restrições internas de vários tipos." E com isso você está invocando um princípio que na verdade está questionando especificamente: nenhum deve dar regressão. O mundo já está muito louco. " E com isso você está invocando um princípio que na verdade está questionando especificamente: nenhum deve dar regressão. O mundo já está muito louco. " E com isso você está invocando um princípio que na verdade está questionando especificamente: nenhum deve dar regressão. O mundo já está muito louco.

2.3.2.12   Aqui estou e não devo fazer o contrário

Trabalho na XY AG, uma grande empresa em cujos valores e cultura corporativa acredito. Infelizmente, me coloquei em uma situação muito desconfortável no ano passado.

Estou com 30 e poucos anos; Comecei minha carreira lá cerca de seis anos atrás em um projeto de pesquisa em larga escala em pesquisa corporativa central. Depois de dois anos, consegui o vice-gerente de subprojeto em uma área de projeto correspondente.

Os meus superiores atestam que possuo fortes capacidades analíticas e técnicas, bem como paciência e perseverança na prossecução dos objetivos que me foram traçados. Gosto de lidar com tarefas intelectualmente exigentes e gosto quando minhas soluções são implementadas em produtos.

No futuro, gostaria de assumir a responsabilidade por essa implementação. É por isso que quero liderar um projeto de desenvolvimento e, se ficar no setor privado, pretendo um chefe de grupo ou departamento em desenvolvimento a longo prazo.

Por esta razão, recentemente aceitei uma oferta interna e mudei para um recém-criado Departamento A na Divisão I. Depois de alguns meses, eu deveria assumir a gestão de um projeto de desenvolvimento. Antes mesmo que isso acontecesse, um novo gerente superior dissolveu "meu" departamento e cancelou o projeto de desenvolvimento que eu havia prometido. Apesar de muitos protestos de minha parte, fui transferido para um cargo de escriturário em outro departamento de desenvolvimento (B).

Eu queria esta posição o mais rápido possíveldeixou o máximo possível e, após uma breve pesquisa, encontrou uma posição interessante como líder de equipe em desenvolvimento no departamento C na crescente área de negócios II. Infelizmente, meu chefe de departamento de B impediu essa mudança vetando-a e me bloqueando por dois anos. Como "consolação", ele me nomeou líder de equipe para o suporte em série de um componente de um produto. Significativamente, esse cargo ficou vago porque meu antecessor, que também estava vinculado a esse cargo por um período de bloqueio de dois anos, deixou o departamento imediatamente após o término desse período.

Estou muito preocupado que minha atual posição de líder da equipe de suporte da série não corresponda aos meus objetivos profissionais (tarefas responsáveis no desenvolvimento de novos produtos):

- Meu trabalho consiste em atividades de rotina e tarefas de brigada de incêndiotrabalhando em um produto muito especial, bastante "velho". Não sou desafiado profissionalmente e dificilmente me desenvolvo profissionalmente.
- Este suporte de série será realocado no exterior, o correspondenteempregos na Alemanha devem ser cortados de forma socialmente responsável. Então, a longo prazo, minha posição será eliminada.
- Quase não há novos projetos no meu departamento de desenvolvimento.A partir deste
  Por causa disso, muitos profissionais de alto desempenho estão deixando a área.
- Depois que minha proibição de transferência de dois anos

expirasse, eu seriajá com 35 eteria apenas tempo limitado para subir outro nível na hierarquia (nossa regra geral é que nenhum avanço significativo na carreira é possível após os 40 anos).

-
- Como não tenho permissão para mudar internamente, vejo apenas a opção de permanecer "líder de equipe no suporte de série" e tirar o melhor proveito ou "mudar para outra empresa". O que você aconselha?

Responde

-
- A submissão é informativa e valiosa. Tudo o que está descrito lá está lá
  é assim em todo lugar. E apesar das experiências negativas do nosso questionador, trata-se de uma empresa "de cujos valores e cultura corporativa estou convencido". Acho isso corajoso (isso com convicção). Então, o que aprendemos até agora com o ambiente desse homem que – claro, você adivinhou – é um dos principais candidatos? É como se muitas dessas pessoas dirigissem um carro esportivo quando usam suas habilidades especiais em empresas comerciais clássicas, dados de excelente desempenho em uma pista de corrida de campos e prados e achassem difícil obter a linha ideal em cada curva, para dizer o mínimo.
  Então, agora para os aspectos tocados:

1. É o início da pesquisa corporativa de uma grande empresa de grande renome. Isso é inegavelmente fascinante para um empreendedor jovem, talentoso e ambicioso. Isso soa incomparavelmente melhor do que "suporte de série para rodas traseiras esquerdas". O remetente gosta de lá. E "gosta de lidar com tarefas

intelectualmente exigentes". Isso é pesquisa – mas o dinheiro é ganho com "rodas traseiras esquerdas". Eles também têm tarefas exigentes, mas geralmente não são classificadas como "desafiadoras intelectualmente" e certamente não são cotidianas. E se fossem, não seria chamado assim.

Mas o candidato sabe que em algum momento terá que sair da torre de marfim; se você quer ter uma carreira ampla, precisa ir aonde a música está tocando. E é aí que você vende aos clientes soluções ou produtos concretos por dinheiro. A empresa existe para fazer isso: a pesquisa é fascinante e, claro, também importante porque cria a base para o desenvolvimento de produtos concretos, mas tem mais uma função de suporte. Se você quer encontrar seu trabalho refletido em produtos tangíveis e vendáveis, você precisa "ir para a frente" em algum momento.

E depois há a questão de saber se ir direto para o desenvolvimento relacionado ao produto após a conclusão de seus estudos, nos quais você já teria cerca de sete anos de experiência profissional e estaria firmemente ancorado, não teria suas vantagens.

2. Agora a história com a pretendida gestão de um projeto de desenvolvimento em um departamento recém-fundado:

Ninguém poderia imaginar que um novo departamento seria dissolvido tão rapidamente e que o projeto de desenvolvimento seria cancelado – mas por trás do "novo" não há apenas oportunidades, mas também riscos. Normalmente eles são equilibrados uns contra os outros (grandes chances significam grandes riscos). Se o novo gerente sênior foi a causa dessa mudança radical de curso ou se ele foi contratado e usado para iniciar exatamente esse processo, isso está em aberto (e irrelevante para o ponto).

Conclusão: Toda mudança de emprego, tanto interna quanto externamente, é um risco que pode acabar em desastre. Então você tem que evitá-lo? sem chance. Quem se muda quer fazer um "negócio", progredir profissionalmente, etc. E vale o velho princípio: não há negócio sem risco. Isso simplesmente faz parte da vida (profissional).

3. Agora a carreira do nosso remetente estava apertada: ele estava fora da pesquisa, lá eles se orientaram de maneira diferente e seu antigo emprego (que ele não queria mais fazer de qualquer maneira) foi preenchido novamente. Em seu novo ambiente profissional, porém, ainda era "nada" (era menos do que antes), só o seria depois de alguns meses trabalhando ali. Mas o departamento foi dissolvido e o projeto de desenvolvimento foi cancelado quando o remetente já estava operando no novo ambiente, mas antes de ter "virado" qualquer coisa. Quando há uma "crise", só contam os factos, nada de expectativas ou promessas "para depois".

   O escriturário, que era na época, tornou-se supérfluo ali – e foi transferido para um cargo vago de escriturário em outro lugar. Isso estava formalmente correto, mas decepcionante para os afetados.

   Ele protestou contra esta transferência. Tudo bem, não deu em nada.

4. Não era assim que se pretendia a mudança da pesquisa, então nosso remetente tentou obter uma promoção em uma área completamente diferente. Isso era lógico do

ponto de vista dele, mas insatisfatório para o novo chefe que ele tinha agora. Ele havia feito o que é popularmente conhecido como "pechincha": para preencher um cargo de escriturário padrão, um homem excelentemente treinado com muitos anos de experiência corporativa com experiência como – afinal de contas – subgerente de subprojetos e potencial gerente de projetos certificado nevou no casa. Um golpe de sorte para este chefe. O novo funcionário só quer sair o mais rápido possível, o que é compreensível. Então esse chefe usa uma "arma" extremamente eficaz - que muitos leitores nem sabem que pode existir: ele bloqueou a mudança interna de seu funcionário por dois anos. Essa possibilidade não é padrão em todas as empresas,

– tornou quase impossível. Você, caro leitor, deve descobrir por si mesmo se e quais restrições desse tipo se aplicam à sua empresa. O RH sabe disso.

Agora, nosso remetente é o seguinte: exames de nível A, empregador com uma ótima imagem, primeiro sucessos parciais na carreira, depois caos ao longo da linha, hoje empregado "abaixo do valor" em um emprego que nunca desejou. Mas agora ele foi nomeado líder da equipe, afinal - embora o "suporte da série" esteja bem longe da área original de "pesquisa". E o remetente fica trancado lá e não pode mudar internamente por dois anos. Essa medida coercitiva deixa a pessoa nervosa, mesmo que goste do trabalho como tal. Afinal: é claro que ele pode sair e mudar externamente, isso não pode ser proibido (mas talvez com a ameaça tácita com um testemunho fraco pelo menos torne isso mais difícil. Porque essa é a desvantagem de trabalhar para uma corporação número 1: o que você está lá, vai, não vai estar, ou o que você tem em seu testemunho daquela época é "gostei"

Conclusão: Nosso remetente pelo menos operou sem sucesso. Culpado ou inocente é secundário. Vocês, queridos leitores, encontraram a possível frase-chave para muitas coisas em sua apresentação? "... e se eu ficar na iniciativa privada, estou mirando no longo prazo..." Quem também tem outros objetivos em mente sempre se expõe à suspeita de não cumprir plenamente os requisitos de seu objetivo atual. Mas há exemplos de pessoas que "trocaram de cavalo no meio de uma corrida (profissional)" e se tornaram bem-sucedidas + felizes na nova profissão depois de absolutamente não terem sucesso + felizes no "velho" sistema antes da mudança. Talvez tal mudança seja a solução aqui?

Você foi maltratado ultimamente - presumivelmente completamente sem intenção e não dirigido contra você. A eliminação do cargo de gerente de projetos no departamento A e a ocupação do cargo de escriturário no departamento B já era ruim o suficiente. A empresa permitiu que você fosse banido de novas mudanças nesta posição não amada e imerecida em B e tivesse que permanecer lá por dois anos. O líder da equipe na área de suporte de série que não combina com você é um pouco de consolo. A empresa cortou assim o "laço de confiança básica" entre vocês. Você não foi tratado como seria tratado

"portadores de esperança" fariam e deveriam tratar. Eu pensaria em uma mudança geral de empregador.

O caos em sua carreira desde que você saiuA pesquisa mostra que suas expectativas - e talvez suas habilidades e quaisquer desvantagens - por um lado, e a empresa por outro, não correspondem mais. Esta declaração não pretende julgar, não se destina a criticar a empresa ou você. Mas você teve que tomar nota de tantos indícios para essa suposição que seria negligente não tirar conclusões deles em tempo hábil.

A propósito eu entendotambém seu atual chefe de departamento: Nas circunstâncias que você descreve, ele dificilmente encontrará alguém com qualificações convincentes que gostaria de fazer o seu trabalho – mas isso não significa que você deva ficar feliz por estar amarrado à cadeira não amada.

talvez fosseVocê é cauteloso o suficiente para permitir que a pesquisa forneça um relatório provisório. Então isso determina o teor do documento final posterior. hp Eu acho que é concebível que seus dons e talvez seus talentos estejam mais no lado técnico do que no lado gerencial. Verifique isso e, se necessário, leve-o em consideração ao selecionar uma nova posição.

2.3.2.13 prioridades

Pergun

Após concluir meu doutorado em um instituto muito conceituado, consegui um
Cargo de entrada como engenheiro de desenvolvimento em uma grande corporação. Depois de um curto período de tempo, fui aceito em seu programa de apoio para jovens gerentes. No período que se seguiu, gerenciei com sucesso vários projetos de escopo crescente e também tive alguns, por exemplo, T. tarefas transversais "altamente suspensas". Mesmo antes da promoção efetiva, no entanto, fui forçado por motivos pessoais a procurar um novo emprego em um local mais favorável com possibilidade de trabalho em meio período.

Claro, com meu cargo anterior, também tive que desistir do programa de desenvolvimento de jovens. Depois de alguma pesquisa, encontrei uma posição adequada, mais comercial, noutra área do grupo.

Depois de cinco anos no não-desenvolvimentoTrabalhar meio período me deu a oportunidade de retornar ao desenvolvimento em outra divisão recém-estabelecida do grupo. Agarrei de bom grado. Após um curto período de tempo, perguntaram-me se eu estaria interessado em assumir um cargo gerencial. Eu sinalizei prontidão. Pouco tempo depois, a área foi dissolvida e os fragmentos foram destinados a outras unidades. Agora me encontro em uma situação em que não apenas a posição gerencial em potencial foi eliminada, mas meu trabalho também mudou de tal forma que se tornou pouco exigente e pouco atraente.

Portanto, uma nova mudança é iminente. Vou levar a hipoteca comigo (nenhuma promoção real entretanto em vários anos de trabalho), deixo os sucessos para trás. Como avalia a situação? Devo tentar outro tipo de empregador ou é outro interno, apesar das más experiências
mudança preferível?

Responde

Sua análise no penúltimo parágrafo está de alguma forma correta, mas longe disso
tudo. Para ver o que você fez, precisamos nos aprofundar nos detalhes: começa com o fato de que você não é um engenheiro "pintado na lã". Você tem um diferente, na verdade um pouco menos para o engenheiro ger estudou ciências naturais relacionadas, assim como "Dipl.-XY" e provavelmente se tornou um Dr.-Ing. Doutorado em uma especialidade. Não quero nem especular se alguém com essa formação básica não especializada tem agora um Dr.-Ing. nada para se tornar um "engenheiro" ou, como é chamado nos anúncios, "dipl.

Então simplesmente não é verdade quando você diz: "Depois do meu doutorado ... consegui uma posição inicial ... em um ... grupo." Legal, em algum momento você teve um doutorado e em algum momento depois você conseguiu essa entrada, mas no meio foram quatro anos inteiros em que você permaneceu no instituto como pesquisador de doutorado. Talvez tenha sido o seu trabalho lá que convenceu o grupo a aceitá-lo, apesar do incomum "treinamento básico" (estimo que para cada 1.000 engenheiros da empresa há um Dipl.-XY com um diploma como o seu).

Mas a regra básica é: saia do mundo da universidade após a formaturaou instituto, a menos que você esteja fazendo um doutorado. E depois do doutorado longe do mundo da universidade ou instituto e na indústria ou empresas adequadas. Sempre assumindo que esse mundo industrial é o objetivo da carreira.

Devido à combinação de suas duas peculiaridades, sua base profissional estava um tanto fora do padrão, a "fundação" de sua "casa" apresentava - dependendo do observador - pontos fracos; não era, pode-se dizer, 100% resiliente. Isso significa: Se possível, não justifique nenhuma outra anormalidade em seu currículo, estas aqui são completamente suficientes.

Então você conseguiu, apesar de - em casos individuais talvez até por causa de, masisso não conta - esses recursos especiais para conseguir um ótimo emprego em uma empresa importante e obter vários "prêmios" lá. A "promoção real" estava chegando, você estava lá há mais de cinco anos, as coisas estavam indo muito bem – e tudo estava bem. Ninguém teria olhado de forma mais crítica para seus "fundamentos" ligeiramente fora do comum. Eles "fizeram" (seja lá o que isso for)! Tecnicamente, você agora lidera equipes de desenvolvimento; os produtos tinham a ver com eletrônica, longe do seu Dipl.-XY.

Aí veio a coisa dos "motivos pessoais". Tenho que entrar em alguns detalhes aqui, senão nenhum leitor entenderá. Não, não era a nova namorada em Hamburgo que não combinava com o antigo emprego em Munique. Eles se sentiram obrigados a cuidar de parentes que precisavam de cuidados em outro lugar. Isso é absolutamente honroso, merece grande reconhecimento, ninguém tem o direito de julgar essa etapa, inclusive eu, claro. Mas: Agora você tinha - pelos motivos mais nobres, mas ainda assim - o sólido escavou o "térreo" de sua casa (de pé sobre a fundação não tão problemática) até que ela caísse em escombros. O seu novo emprego, encontrado com dificuldade no grupo e dominado pelas duas condições obrigatórias "localização especial" e "deve permitir o trabalho a tempo parcial", parecia exatamente como era de esperar nestas condições e durou cinco anos. Consequência: ninguém que lê o currículo agora o entende.

Resolvi não te criticar. Mas posso dizer que você pagou um preço muito alto. Não sei se haveria outra forma de resolver seus problemas pessoais – mas o futuro profissional de um (relativamente) jovem é uma aposta extremamente alta. "Apenas" desistir de um nível de promoção e aceitar cortes salariais por causa do trabalho de meio período teria sido "marcado" e considerado razoável e apropriado. Mas você foi além disso. E não sabemos se esse foi todo o "preço" pago ou o que está por vir e quanto tempo levará.

Dito desta forma: talvez o preço a ser pago fosse menor no geral se você trouxesse os parentes para serem atendidos em seu antigo local e de alguma forma se instalasse lá.

Deixe-me concluir este aspecto assim: Se eu estivesse na situação dos parentes, eu ficaria feliz, um dos meus filhos estaria disposto a fazer este sacrifício. Mas eu nunca iria querer que ele realmente trouxesse por minha causa – indefinidamente, com consequências desconhecidas.

Seu último trabalho está em seu currículo há 1,5 anos,

descreve uma área técnica de produto que é nova para você e é tecnicamente uma nova, agora a terceira, orientação para o trabalho.

Eles queriam ouvir minha opinião, ler minha recomendação. Como consolo: você não precisa fazer o que eu digo. Meu conselho é:

1. Você não pode continuar assim. Você vai quebrá-lo. Um dia, sua tarefa de cuidado autoimposta foi concluída e você está lá como "usado + amargurado". Isso não ajuda ninguém.

Você já fez o suficiente por seus parentes, pelo menos nesta forma radical. Agora coloque "meu trabalho" em primeiro lugar em sua escala de prioridades e alinhe seu apoio com as opções que você ainda tem. Você pode ser solicitado a fazer sacrifícios, mas não a auto-abandono total. De qualquer forma, seu conceito está em terreno instável: se algo acontecer com você amanhã, seus parentes também precisam de soluções que você já deveria considerar hoje - com você como a pessoa existente em segundo plano que pode cuidar disso.
Claro, você tem que tomar essa decisão sozinho.

2. Do trabalho não amado de hojevocê tem que ir, absolutamente e o mais rápido possível.

3. Quem só vê o currículo encolhe os ombros. Ele deve pensar em você como alguém que toma uma decisão incompreensível a cada poucos anos e depois toma uma decisão sensata novamente, cujas qualificações e ambições vêm e vão como o fluxo e refluxo do rio.

a. Elaos planos de fundo e motivos que foram seusdeterminar a vida profissional, explicá-la abertamente. Esta é a única maneira de justificar que você ainda não está "quebrado" ou algo assim.

b. Uma solução de longo alcance (alcançar um cargo razoavelmente satisfatório que corresponda às suas qualificações anteriores) exige que você assegure a seus possíveis chefes: "Acabou, consegui resolver meu problema particular, quero e posso agora voltar a trabalhar livremente e me dedico ao meu trabalho profissional com total comprometimento." Tem mesmo de ser assim, senão não resiste ao escrutínio da entrevista de emprego, aspecto obrigatório.

4. As pessoas só saem de uma empresa como a sua por bons motivos. Até agora, você não pode culpá-lo por nada - você sozinho "desistiu" da parceria empregador/empregado usual. Tudo o que aconteceu depois disso depende do seu passo unilateral.

Internamente, você tem algo a mostrar "do passado", sabepatrocinadores antigos, você tem contatos, existem pessoas que não estão (mais) incomodadas com seu Dipl.-XY aparentemente desmotivado. Externamente, você é uma lousa em branco com fatos altamente estranhos e uma explicação nem tudo satisfatória (nunca se esqueça disso). Haverá pessoas que pensarão que você não deveria ter feito "daquele jeito".

Então, eu tentaria internamente primeiro (em todo o grupo).

5. Lembro-me dos pontos 2 e 4 novamente. Caso contrário, nada funciona. Não tente trabalhar meio período novamente (não diga que não pode; se você cair morto amanhã, terá que fazê-lo).

6.

2.3.2.14 Por que não escolho oConselho próprio

Pergun

Eu sou o Dr. Eng. e chegou ao nível gerencial abaixo da diretoria da nossa AG. Recentemente, passei por um processo de seleção em várias etapas, muito abrangente e totalmente convincente para uma possível promoção ao nível do conselho.

Foi uma experiência muito inspiradora e desafiadora para mim. No final das contas, cheguei à conclusão de que o perfil-alvo oferecido para um cargo de diretoria não era adequado para mim e decidi desistir do processo seletivo. As principais razões para isso foram:

1. De acordo com minha avaliação, que obtive na avaliação e nas discussões, o perfil-alvo é mais voltado para solucionadores de problemas de curto prazo, espontâneos e de ação intuitiva. Minha estratégia, dados e abordagem orientada a fatos tendem a ser um obstáculo.
2. Sou um militante fetichista da eficiência e, depois de conhecer muitas reuniões de conselho e conselho fiscal, tenho que perceber que minha ideia de esforço e benefício (em termos de conteúdo) não pode ser realizada em tal posição.
3. O pacote de tarefas para um membro do conselho conosco contém muitos tópicos que me custam muita energia, por exemplo, B. Networking no nível mais alto.
4. Eu souconvencida de que posso fazer mais pelo futuro do Grupo com as minhas tarefas e oportunidades atuais – desde que me seja permitido, claro.

Responde

Algumas de suas observações e análises são surpreendentes, outras fazem sentido ou são questionáveis - meus olhos quase brilham ao pensar em lidar com seus pontos individuais:

Para 1: Em primeiro lugar, sua conclusão é incrível,até parece errado. "Up" não é mais pensado estrategicamente, mas apenas jogado intuitivamente na solução de problemas? Isto não pode ser!

Você tem que deixar sua observação afundar por alguns minutos, então você entende melhor o que quer dizer - e você pode imaginar que está correto de um certo ponto de vista:

Em uma grande empresa bem organizada, há funcionários e departamentos similares (desde o planejamento corporativo até o desenvolvimento de negócios). Sua tarefa é a estratégia e a abordagem conceitual orientada para os fatos. Ou os próprios funcionários têm ideias úteis ou elaboram conceitos aproximados correspondentes, alimento para reflexão ou mesmo

ideias malucas da diretoria de forma detalhada e demorada. O conselho ouve, corrige, apaga, confirma, rejeita - e decide (ou adia). Mas ele não tem tempo para resolver todos os detalhes sozinho.

A solução de problemas também está correta. Mais cedo ou mais tarde, toda dificuldade meio séria acaba na mesa da diretoria executiva

- desde o caso pessoal individual até problemas de qualidade ou vendas ou até mesmo um desvio de plano na área de ganhos. Muitas vezes, são necessárias decisões muito rápidas sem um histórico sólido de informações.

Afinal, um lema central na gestão de uma empresa é: "Alguma coisa tem que acontecer!" O conselho fiscal quer medidas, os acionistas também, e a poderosa imprensa empresarial também cobra ações – eles sempre querem ver decisões que pareçam soberanas. Afinal, o lema mencionado não é: "Algo tem que ser feito – assim que soubermos todo o pano de fundo do problema, analisarmos tudo com calma e soubermos pesar possíveis riscos com cuidado e sem pressão de tempo". Afinal, qualquer um poderia fazer isso.

Vamos colocar desta forma: os gerentes de alto escalão precisam tomar decisões. Nesta área, tomar uma decisão significa ter que escolher entre diferentes opções de ação sem poder ter uma visão geral de todos os aspectos. Muito do que você chama de "solução de problemas de atuação intuitiva" resulta disso.

Mas vale também o seguinte: a Diretoria Executiva deve continuar tendo visões, deve ter visão de longo prazo ao pensar e agir. Ele também faz isso! Veja bem, em casos extremos é possível o seguinte: um departamento de pessoal com várias pessoas trabalha por meses em um conceito, o conselho o lê (2 horas), faz três perguntas (1/2 hora), quer duas correções (2,5 horas) e decide em reunião de 5 horas. Faça 10 horas de embarque para um conceito que defina as principais atividades da casa para os próximos anos. Mas nesta mesma reunião, o próximo item da agenda pode ser pura solução de problemas; os problemas que surgem lá seriam divulgados a um público amplo, por exemplo, T. parece assustadoramente banal ...

Conclusão: quem se recusa a tomar decisões espontâneas com base na intuição e só quer trabalhar da maneira que diz ser, não seria a pessoa certa para trabalhar lá. Um conselho de administração deve ter muitas flechas muito diferentes em sua aljava, atirá-las imperturbavelmente se necessário - e passar imediatamente para o próximo tópico.

Para 2: O "fetichista da eficiência militante"Eu gosto. Mas tendo a não ver o termo em – fictícias – descrições de cargos para membros do conselho.

Vamos começar com muito cuidado: os membros do conselho são pessoas. E quando estão entre si, alguns voltam a ser garotinhos que andam discutindo sobre bolo de areia na caixa de areia: "Você corta a minha fôrma, eu vou cortar a sua fôrma." Só hoje isso significa: "Você é contra meu novo trabalho no Brasil, eu sou contra nomear seu gerente geral como diretor".
é sempre assim, masacontece. Tal como na câmara municipal, na direcção do clube de golfe ou na direcção do clube cunicultor.

Aí é uma daquelas coisas com a questão do esforço e benefício da atividade de um conselheiro. Vamos supor que esse gerente de alto nível tenha que decidir sobre a nomeação de um novo gerente de vendas para a Europa, que será responsável por vendas de 800 milhões de euros. Alguém tem que tomar essa decisão, é extremamente importante: o gerente de vendas errado resultará em vendas perdidas, o certo fará com que a empresa seja consistentemente a número 1 no mercado. A diretoria pode precisar de 2 horas para a decisão; então ele poderia ler o jornal por três semanas – se a decisão fosse correta.

Você é um engenheiro muito típico: moldado por atividades profissionais permanentes. Você odeia de repente ter que tomar decisões extremamente importantes e depois passar dias fazendo coisas que não o impressionam. Mas dá para perceber pelo salário: a empresa considera esse trabalho especial da alta administração mais valioso (e, portanto, mais caro) do que o que é feito nos níveis inferiores.

Conclusão: Não, é melhor que um militante fetichista da eficiência não se junte ao conselho. Isso não quer dizer que os conselhos não sejam eficientes, mas é um tipo diferente de eficácia e economia.

Para 3: Uma placa deve estar muito bem conectada. Em seu campo de qualquer maneira, mas também na política, na esfera social. Estabelecer e manter essas redes, hoje indispensáveis, é puro elixir para quem tem disposição adequada, outros consideram "algo assim" chato. E mais: as redes mantêm-se em toda a linha - na certeza de que eventualmente se revelarão úteis (mesmo que sejam apenas 10% dos contactos). Para o "fetichista da eficiência militante" a eficiência da ação correspondente seria muito baixa.

Conclusão: Por mais capaz que um especialista e gestor nos níveis abaixo da diretoria possa atingir seus limites com uma subida ao "Olimpo" ou já os tenha ultrapassado.

Nos primeiros anos de minha carreira, fui designado para o grupo de projetos em um grupo que não existe mais e era responsável pelo "assentamento" de um prédio administrativo recém-construído. Ao fazer isso, tive experiências quase fantásticas: quanto mais alto na hierarquia gerencial, mais sensibilidades, vaidade e desconfiança mútua se tornavam evidentes. O destaque foi uma reunião especial do conselho de administração para decidir quais torneiras devem ser instaladas nos banheiros da alta administração. Caso contrário, não seria possível chegar a um acordo. Nessa época eu tinha uns 21 ou 22 anos, então tive essas experiências numa "fase inicial de formação profissional". A vantagem: depois, quase nada mais me espantou ou surpreendeu...

Para 4: Muito bem dito. Uma visão muito difundida nos círculos de média gerência – que pode ser interpretada em duas direções distintas:

a. "Na minha posição atual, posso fazer mais pelo futuro do Grupo do que na Diretoria Executiva, com minhas qualidades e habilidades especiais e um tanto limitadas." Isso é nobre, autocrítico e soa convincente.

b. "Na minha posição atual, alguém como eu (que significa uma pessoa "razoável" aqui) geralmente pode fazer mais pelo futuro do grupo
– porque o trabalho do conselho é tão estranho."
Ninguém pode provavelmente interpretar sua afirmação na direção de b - estou apenas apontando essa perigosa possibilidade de interpretação.
E o seu "se você me deixar" é um suspiro clássico de funcionários dedicados e competentes. Se serve de consolo, você tem chefes, eu tenho clientes. A corrida pela resposta à questão de qual grupo tem uma proporção maior de personalidades irracionais que se opõem consistentemente a uma solução convincente deve ser vista como completamente aberta. Obrigado pelas sugestões valiosas que você nos deu aqui. E mesmo que nem todos os nossos leitores queiram se tornar conselheiros (felizmente): se você quer entender um sistema, você tem que olhar para o lugar onde as decisões são tomadas. É exatamente isso que temos

feito aqui (e claro que as demandas em diretorias são tão diferentes quanto em empresas).

2.3.2.15 Notas da prática

Respostas que foram importantes para mim, mesmo que não houvesse uma pergunta adequada no momento

E o que você faz depois?

Digamos que você tenha um ótimo emprego. Ou você tem uma perspectiva. Todos os seus problemas profissionais parecem ser resolvidos com ele; a menos que algo catastrófico aconteça, nada pode dar errado. Eles pensam.

Não, desta vez não estou falando dos riscos clássicos da vida profissional, que obviamente ainda existem. Percebi como muitas vezes é fatal uma circunstância que quase ninguém leva em consideração em seu planejamento:

Não importa o quão único, gratificante e totalmente satisfatório sua posição nova ou atual possa parecer para você, em cerca de cinco anos ela o aborrecerá. Legal, para não provocar uma contradição previsível, tenho que admitir: há pessoas que ainda não estão entediadas mesmo depois de vinte anos "carregando caixas" alegremente – e há aquelas que estão entediadas depois de meses. Mas cinco anos é uma média realista.

Por que é assim? Bem, o fascínio do novo eventualmente desaparece, a rotina entorpece - e você muda. Você cresce com suas tarefas; as demandas sobre o que você classifica como um desafio estão aumentando constantemente. E mesmo que suas ambições posteriores não sejam voltadas para cargos "superiores", "eu gostaria de fazer algo completamente novo" é um motivo popular de mudança. No entanto, você, se for jovem o suficiente, depois de cerca de cinco quer um novo emprego que você acha que é simplesmente "ainda melhor".

E então você tem que dar o "antigo" "em pagamento". Mais ou menos como no mercado de automóveis. O emprego antigo o qualifica para o novo (assim como os rendimentos do carro antigo costumam ser a principal base de financiamento para o novo).

Não importa o quão "sonhadora" seja sua posição nova ou atual: um dia ela será apenas a base central de sua candidatura posterior. E esse candidato verifica com muita sobriedade: o que o candidato está fazendo corresponde à nossa posição vaga, ao nosso perfil de exigência? Ele não está interessado no que parecia fantástico sobre isso "naquela época", ele não gosta de um trabalho particularmente exótico de onde você vem.

Portanto, o requisito para um "emprego dos sonhos" que deve deixá-lo completamente feliz (bem, razoavelmente feliz) é:

a. Devo gostar muito dele agora e deve parecer que minha paixão por ele vai durar uns cinco anos também.
b. Após esse período, deve levar a outras posições existentes (!) que considero como progresso. As ofertas de emprego publicadas hoje fornecem exemplos disso.
c. Então eu sempre tenho que ter uma resposta para a pergunta: "O que eu faço depois?" E se eu não conseguir encontrar um, o novo emprego não é adequado como o "emprego dos sonhos" de um funcionário. Ou: homemnão compre um carro novo que não possa ser trocado mais tarde. uma vez tive um assim...

Escolha de carreira adequada

É geralmente aceito que os verdadeiros gênios universais são raros, quase "extintos". O empregado moderno e o correspondente gestor "podem" fazer uma área especializada, talvez até uma segunda, em casos excepcionais, uma terceira e também se enquadrar no ambiente profissional de sua profissão. Mais geralmente não é possível.

Agora, o ser humano é construído de tal maneira que – veja também os gênios universais que não podem mais ser encontrados – um talento particularmente pronunciado, por um lado, acarreta várias habilidades ausentes, por outro. Na verdade, parece que o nível de habilidade é bastante proporcional ao nível de habilidade (ou vários deles). A observação de que existem inúmeras pessoas que são "bastante boas" em muitas coisas, ou seja, que podem ser usadas quase universalmente, se encaixa bem com isso: seu sólido talento "versátil" é compensado pela falta de desenvolvimento aprofundado em uma área mais restrita área especializada.

Se você aceitar essas conexões, então o próximo passo para você é: eu tenho que reconhecer meu(s) talento(s). Não pode ser tão difícil. O critério são os outros com quem você convive quase todos os dias desde os seis anos de idade (escola em diferentes níveis, possivelmente treinamento/aprendizagem, possivelmente exército/serviço civil, estudos, prática profissional). Quem tropeça na vida com meia atenção dificilmente pode deixar de perceber o que pode fazer melhor do que os outros ou onde pelo menos pertence ao grupo superior (também pode ser pronunciada versatilidade em um nível médio). A sua orientação profissional deve ser baseada neste talento, apoiada no interesse pela profissão. Você pode se dar muito bem com isso, embora muitas pessoas tendam a se superestimar em vez de se subestimar.

Minha preocupação hoje é mais com o talento. O seguinte se aplica aqui: reconheça – e mantenha suas mãos longe desta área.

Infelizmente, muitas vezes você encontra pessoas que estão se aventurando sem sucesso em áreas para as quais não têm absolutamente nenhum talento convincente. Às vezes, as coisas estão tão próximas que é necessário extremo cuidado na observação.

Vou dar um exemplo meu (dificilmente algum leitor pode se sentir pessoalmente afetado por isso): Vamos supor que, em competição com outros especialistas, seja importante analisar detalhadamente aplicativos individuais extremamente importantes. Quem quer que você escolha como competidor para mim, eu enfrentaria com otimismo o desafio de apresentar um desempenho digno de discussão.

Mas coloque trezentas inscrições em uma pilha e deixe dez candidatos soltos na tarefa de trabalhar com todas elas no menor tempo possível. Se eu estivesse lá, morreria miseravelmente: só não gosto de uma rotina com pouca variedade. Ambos são importantes em lugares diferentes, então esse não é o ponto aqui. Mas, com isso, você ainda tem um exemplo orientado para o grupo-alvo: se você pode analisar brilhantemente e otimizar com eficiência os processos de produção, não precisa ser capaz de gerenciar com sucesso uma instalação de produção com trezentas pessoas.

Se ele falhar, aplica-se o seguinte: ele deveria ter reconhecido o risco (para ele) e ficado longe dele.

A propósito: Também é aconselhável não escolher uma direção profissional em que não corresponda à "classe tipo" em termos de aparência ou aparência ("primeira impressão"). Isso não é tão importante quando se trata de planejamento interno de carreira, já que a verdadeira personalidade – conhecida pelos chefes – supera as aparências externas. Mas com cada aplicação externa, os tomadores de decisão só têm essa primeira impressão quando precisam julgar. Em termos concretos: é útil que um candidato a gerente de produção não se pareça com o autor de um volume de efusões líricas ("Taubmurär Geist am Musenhain", Loriot).

Sem experimentos!

Para os mais jovens, a manchete provavelmente terá que ser explicada: é o slogan com que a CDU entrou na campanha eleitoral federal de 1957. Ainda é relevante em áreas importantes da vida (profissional). Se você deseja formular a máxima positivamente, deve dizer neste ponto: Preste atenção ao
"fio vermelho"na carreira.

Acabo de encontrar outro caso específico que reforça a recomendação e dá uma "cara" a muitas outras observações sobre o assunto: Um homem está se candidatando a diretor administrativo. Ele tem a educação certa, tem a idade certa e faz o trabalho certo no ambiente certo da indústria há oito (!) anos. Na verdade, está tudo bem. Mas meu cliente de médio porte reclama do candidato: Oito anos atrás, aquele homem estava na indústria X. Pense só: X! "O que nossos funcionários pensam de um homem que vem de X?" Se você está procurando motivos para rejeição "inexplicável": Pesquise aqui também!

Você mesmo conhece essas indústrias X do ponto de vista de seu ambiente atual. A atividade real durante esse período ainda pode se adequar ao tópico até certo ponto, mas se a indústria for vista como "estranha", um aplicativo ainda pode falhar anos depois.

Este foi apenas um exemplo particularmente gritante. Existem violações padrão da "lei do fio vermelho" em muitos currículos. Eles surgem da seguinte forma:

a. a pedido do empregador na prossecução do objetivo de formar gestores de grupo com formação e experiência universal. Mas: é sobre esta empresa onde o candidato está trabalhando atualmente - para outros empregadores, um candidato que, após três anos no escritório de design, segue primeiro dois anos de desenvolvimento de pessoal, depois mais dois anos de gerenciamento de vendas internas e tem como meta da "alta gestão interna" tem um "padrão sem valor"

ser. "Generalistas" são sempre difíceis de vender, "generalistas em treinamento" são pobres diabos se de repente quiserem ou tiverem que se candidatar antes de atingirem sua meta de desenvolvimento interno e trabalharem lá com sucesso por alguns anos.

b. a pedido do empregador com o objetivo de preencher uma lacuna de pessoal que acabava de se abrir em algum lugar internamente. E Muller? Müller foi tão favorável, foi solicitado "com urgência", não pôde recusar - e agora ocupa uma posição muito especial que dificilmente existe em qualquer outro lugar do país.

c. a pedido do próprio funcionário, porque o novo trabalho era muito emocionante ou parecia particularmente atraente para a pessoa em questão. Isso também inclui o assistente executivo aos 40, o representante de algo para o qual não existe um "depois" lógico ou o "versátil" que começa algo novo a cada dois anos.

A regra é: sempre (!) espere ter que aplicar externamente pelo menos uma vez ou mesmo várias vezes. Antes de aceitar um novo emprego, verifique como ele parecerá mais tarde aos olhos do candidato, se ele se encaixa em sua carreira anterior e em seus objetivos futuros de carreira. E se a "obra de arte total" em seu currículo parece ter sido baseada em pelo menos um conceito imaginável.

Um trabalho é um trabalho – e privado é privado

A atividade profissional e a vida privada são dois dos pilares centrais que sustentam a nossa existência. Eles estão separados, mas estão conectados entre si por muitos elementos estruturais: se um cair, o outro será afetado – toda a sua existência está em perigo.

Ambos os pilares são feitos de material relativamente sensível, expostos aos constantes ataques dos rigores da luta pela vida. Eles estão às vezes mais, às vezes menos danificados e requerem nossa atenção constante e também esforços permanentes de reparo. Nós vivemos com isso.

Mas: Nem sempre somos suficientemente consistentes quando se trata das obras de renovação que se impõem. E então violamos uma "lei básica" desta profissão:

Resolva os problemasonde surgem.

Cuide daquele pilar que de repente se tornou problemático - e não quebre pedras do saudável para reparar o enfraquecido. Depois disso, seu saldo geral é tão ruim quanto antes, você apenas trocou a coluna doente pela forte.

Não, se um dos pilares de sustentação estiver com problemas, você deve deixar o outro completamente em paz e cuidar dele com mais intensidade. Porque ele terá que carregar uma carga maior de qualquer maneira até que você conclua os reparos devidos.

Já que é hora de deixar esta foto, a recomendação urgente em linguagem simples:

Nenhuma mudança profissional por motivos particulares.

Se você não se sentir em casa no novo local de trabalho no início: trabalhe nisso, envolva-se localmente, talvez mude seu apartamento para a próxima cidade e dirija um pouco mais longe - mas não desista do trabalho que está indo bem.

Se dois parceiros são temporariamente forçados a viver separados devido às suas atividades profissionais: procure, por exemplo, B. vivendo no meio ou por um relacionamento - temporário - de fim de semana para tirar o melhor proveito disso
– mas não desista do trabalho que está indo bem.

Se sua sogra precisa de cuidados, traga-a, não se mude para lá. Claro que isso traz problemas - mas os problemas que surgem com a outra solução são maiores a longo prazo.

Por outro lado, aliás, o bom senso evita que coisas piores aconteçam: apenas alguns carreiristas se divorciam e procuram um novo parceiro apenas porque isso seria mais propício para sua própria carreira ou porque seu próprio chefe gosta mais. Por que essa inconsistência parcial?

Acho que tenho chance de provocar uma mudança profunda de comportamento com essa contribuição?

Vamos colocar desta forma: eu seiMeine Pappenheimer (vagamente adaptado de Schiller, a morte de Wallenstein). Um dos principais erros no planejamento de carreira não vai acabar da noite para o dia. Mas pelo menos você foi avisado.

2.3.3   A subida também tem seu cotidiano

Muitas questões são específicas da carreira. mas até mesmo o alpinista tem que lidar com os negócios normais do dia-a-dia - ou pode falhar nisso.

2.3.3.1   O que vou fazer agora até me aposentar?

Pergun

Tenho 51 anos, trabalhando para subir na hierarquia de uma empresa maiorliderar
nível de gestão abaixo da Diretoria Executiva atrás de mim, continuo tendo sucesso e bastante satisfeito. Mas o que vou fazer nos próximos quinze anos?

Responde

Resumo: O mesmo de hoje.
   Porque esta declaraçãoé certamente percebido como insatisfatório, uma versão longa deve seguir:

1. Em princípio, todos os pontos a seguir se aplicam tanto aos executivos quanto aos funcionários executivos. Onde houver diferenças, eu as apontarei.
2. Suas oportunidades de desenvolvimento pessoal (promoção, mais responsabilidade) agora são consideradas esgotadas. Portanto, não conte com um desenvolvimento de carreira mais positivo. É verdade, porém, que as chances de dar mais um salto na escada são maiores para os executivos. O limite de idade é um pouco mais flexível aqui.
3. Dentro da empresa, você pode facilmente levar com você tudo o que ainda pode ser útil em termos de

desenvolvimento positivo. Mas no que diz respeito aos esforços externos, recomendo moderação (com muito mais vigor para não executivos do que para gerentes).

A razão para isso não é tanto a questão de saber se você ainda pode conseguir algo com aplicativos externos - você notaria isso. Os problemas só começam quando você consegue. Porque a existência do trabalhador assenta em dois pilares:

a)   o emprego atual eb) a certeza de que, se perder o emprego a qualquer momento (!), poderá encontrar externamente uma posição adequada.

Você, por exemplo, agora está bastante satisfeito com sua posição abaixo da Diretoria Executiva. Uma mudança externa só valia a pena se te tornasse membro do conselho. Se você perdesse esse emprego depois de um a três anos, não ficaria "bom" no mercado de trabalho: 52 a 54 anos, tempo de serviço muito curto no cargo atual, foi conselheiro pela primeira vez e provavelmente não poderia lidar com isso (velho demais?). E ninguém gostaria de contratar um ex-CEO novamente como gerente abaixo desse nível ("uma vez conselheiro, sempre conselheiro").

4. Portanto, o conselho urgente é permanecer em sua posição atual com seu empregador atual e fazer as pazes com ele. O período de rápido desenvolvimento profissional está ou está chegando ao fim para você, assim como tantas outras fases da vida também têm "seu tempo" e acabarão por passar. Por causa do nº 3, seus esforços estratégicos e táticos em seu próprio nome agora devem se concentrar principalmente em manter o que você conquistou. Não é mais importante se qualificar para o próximo escalão, mas garantir sua

posição atual. Você assume essa atitude se aceitar meu argumento como lógico, por assim dizer. "automaticamente" em.

Esta é, com cautela, uma das razões para as possíveis diferenças entre gerentes mais velhos, de segundo escalão, e CEOs mais jovens e dinâmicos. Os últimos querem (têm de?) conquistar "o mundo", também para se distinguirem, enquanto os primeiros também vêem o risco que isso implica. Portanto, tenha cuidado: não se torne um cético perceptível, sempre ajude a conquistar, mas não coloque tudo em uma carta. Sua abordagem será inevitavelmente mais minimizadora de riscos.
E por falar em advertências, vejo um número desproporcional de cinquenta e poucos anos que acabaram de perder o emprego. Esta fase parece ser uma idade crítica para isso. Um se sente bastante inatacável devido à vasta experiência e longos períodos de serviço e, em particular, descarta as preocupações de novos (mais jovens?) Superiores como peculiaridades que não devem ser levadas a sério
– e muitas vezes está "lá fora" muito rapidamente.

5. Os anteriores (1 a 4) não soavam tão bem - dependendo da atitude do leitor - agora algo calmante para compensar:
Você não viverá os próximos quinze anos com oportunidades profissionais cada vez menores (para dizer o mínimo) com a personalidade de um jovem em seus melhores momentos de tempestade e estresse. Isso seria terrível, porém. Mas as pessoas que estão envelhecendo não são apenas confrontadas com condições alteradas em seu ambiente profissional, elas também mudam a si mesmas. (lute contra isso, pelo

menos parcialmente: não se deixe ficar para trás pelos mais jovens quando se trata de tecnologia de PC ou uso de smartphones e sistemas de navegação - isso só aumentaria o preconceito contra os mais velhos). Algumas coisas simplesmente se tornam menos importantes, outras tomam seu lugar.

Claro, isso se desenvolve de maneira diferente de pessoa para pessoa – mas todos são afetados de alguma forma. Depois, há o aspecto da saúde. E um dia você não dirá mais "Você tem que ser membro do Conselho de Administração", mas se orgulhará de ainda cumprir com excelência as exigências de seu cargo no nível inferior e de que você ainda pode se defender muito bem contra colegas mais jovens.

Você sempre ou principalmente fez um trabalho bom e comprometido e se recomendou aos seus chefes como uma pessoa quase ideal para preencher o cargo com potencial para "mais". Você manterá esse estilo de trabalho, seu comprometimento etc. e continuará se recomendando a seus chefes como uma pessoa quase ideal para ocupar o cargo. Apenas tentando, potencial para "mais"

Substitua a exibição pelo objetivo de permanecer em uma posição quase ideal, apesar do declínio inicial em muitas habilidades físicas e mentais (que você não precisa admitir para os outros).

Eu prometo a você, nos próximos anos esse raciocínio começará a fazer sentido para você (no máximo quando você tiver 55 anos).

A questão permanece: "Ok, não há mais avanço.

6. mas o mesmo emprego por mais quinze anos?" O consolo também se aplica a isso: o desejo por algo novo

diminui com a idade. Além disso, seu conselho apresentará várias medidas de reestruturação que evitarão com sucesso a monotonia. E um dia as mudanças que são caracterizados por novos sistemas de TI, novos processos organizacionais, novos funcionários e, acima de tudo, novos chefes serão suficientes para você.

Se agora me perguntam se uma empresa com mais jovens ou mais velhos (especialmente na gestão) é melhor, então estou convencido de que tem de haver uma mistura equilibrada de todas as faixas etárias, só que tem futuro. Eles precisam dos jovens sky-stormers, acreditando no progresso e idealistas, eles também precisam dos experientes, que diminuem muito a tempestade e o estresse. Se os dois grupos, apoiados por um amplo grupo "intermediário" intermediário, encontrarem uma maneira de trabalhar juntos harmoniosamente, um ótimo será alcançado.

2.3.3.2 Tambémuma namorada tem seus problemas

Pergun

Por muitos anos, tenho lido seus artigos no VDI nachrichten com cuidado e com grande benefício pessoal. Como gestor, considero suas atitudes ali formuladas altamente práticas e relevantes.

Na minha atual entidade patronal, um grupo de média dimensão, inicialmente criei e geri um departamento central muito próximo do negócio operativo durante vários anos. Há cerca de dois anos, fui nomeado diretor administrativo de um grupo de empresas desse grupo. O gerente de divisão responsável por mim na holding está muito satisfeito com meu desempenho, pois consegui fazer com que meu departamento passasse pela crise muito mais forte e obtivesse aumentos significativos de vendas, faturamento, produtividade etc. , relacionamento de confiança com ele e meus colegas.

Além (provavelmente mais "acima"; H. Mell) dos gerentes de divisão, é claro que há um CEO na holding que ocupou seu cargo por alguns anos. Ele passou toda a sua carreira quase exclusivamente em finanças, costumava trabalhar em corporações, operações como vendas e produção permaneceram estranhas para ele. A princípio teve pouco efeito. Pelo contrário, ele nos guiou na crise de maneira agradável, prudente e inteligente.

A empresa volta a crescer fortemente e ele começa a reorganizar o grupo para atender às suas necessidades. Por ter pouca ligação com o negócio operativo, trata a equipa de gestão com uma certa desconfiança, que se traduz em excesso de burocracia e condescendência.

Como resultado, eu (e muitos colegas da GF) estraguei a alegria do meu trabalho.

Não estou em posição de criticar suas ações e atitudes, o acionista deve ter algo em mente. Meu trabalho como diretor-gerente empregado não é ser feliz, mas agir no interesse da holding e, portanto, do CEO. Eu também e continuarei a fazê-lo por um tempo.

Mas mantenho o lema "ame, mude ou deixe". Não posso amar ou mudar as circunstâncias, então saco a "espada invisível" de Mell e planejo minha partida.

No entanto, estou no cargo de diretor administrativo há quase dois anos e temo que um candidato agora assuma instintivamente que não estou me candidatando como um empreendedor de sucesso, mas como um gerente fracassado. Portanto, pretendo lançar apenas alguns balões de teste no ano que vem, mas depois me inscrever muito seriamente no ano seguinte (com três anos de serviço como MD).

1. É correta a tese de que depois de apenas dois (três?) anos como MD você não é atraente para uma empresa de primeira linha? Conheço alguns diretores administrativos que mudam de empresa a cada 2 ou 3 anos, mas sempre fui cético.

2. Em caso afirmativo, como você vende isso sem falar mal do empregador atual? Como são incluídos aspectos secundários como B. Transporte de longa distância?

Responde

Isto não é a América! Eu sinto, depois de pensar um pouco, literalmente
empurra a partir desta realização fundamental. Agora, a

única questão que resta é se alguém pensou tão longe antes de mim ou se posso reivindicar um prêmio de originalidade por isso.

Cheguei a essa conclusão porque seu lema "adoro..." soa fortemente americano aos meus ouvidos. A internet não me ajudou com uma pequena tentativa. O Google mostra vários milhões de acessos, não consigo processá-los tão rapidamente. Portanto, para mim, o criador permanece no escuro, suponho que seja "sabedoria comercial americana" ou uma fonte com nome semelhante. E isso pode muito bem ser bom para a América.

Se também fosse verdade para nós aqui, milhares de funcionários superiores ou pelo menos com formação acadêmica teriam que estar constantemente fugindo. Porque essa é a única coisa que eles teriam se não amassem uma situação ou constelação em seu ambiente, mas também não pudessem mudá-la.

Não, nós dizemos isso de forma diferente aqui - e temos feito isso por um tempo surpreendentemente longo: "Dê-me a serenidade para aceitar as coisas que não posso mudar. Dê-me a coragem para mudar as coisas que posso mudar. E dê-me a sabedoria para distinguir um do outro". (FC Oetinger, teólogo protestante alemão, 1702–1782) Não se fala em fugir, mas em perseverar, tentando chegar a um acordo.

E também – com toda a modéstia – a espada de JOSH DOUGLAS énão uma arma de ataque, mas a "única possibilidade com que um empregado pode se defender na luta pela existência". Se ele for atacado, se sua existência profissional for ameaçada, veja bem.

Vamos deixar as aspas de lado, afinal você não pode

provar nada com elas. Mas é um bom truque intelectual usar as palavras de outras pessoas para expressar o que você está pensando. E caso o leitor não tenha certeza sobre o CEO: para os propósitos deste artigo, basta comparar o CEO com um presidente do conselho.

Agora a sua situação: O acionista determina a direção e estabelece metas. A principal direção estratégica no seu caso: "Números", ou seja, resultados de negócios, análises e planejamento. Para o acionista e seu CEO, as atividades operacionais são mais um meio para um fim do que um assunto do coração. Seus chefes podem ver dessa maneira. Agora você deve se mover dentro da estrutura desses requisitos ("Os números ditam o procedimento, não as necessidades do negócio operacional"). Felizmente, há um parágrafo no meio de suas observações, que você viu corretamente ("Não estou na posição..."). Eu não poderia ter formulado isso de forma mais clara.

Você não gosta dessa nova orientação da empresa, perde a alegria de trabalhar. Isso é tudo! Isso o ameaça tanto em sua luta pela existência que você tem que desembainhar a "espada" que diz "demissão"? Tenho certeza: Não, isso não é suficiente! Porque não dizemos "deixa" aqui se você não ama algo que não pode mudar. Antes de tudo, lutamos pela compostura para poder suportar algo assim - e só desembainhamos nossa "espada" quando temos que nos defender. Contra uma séria ameaça ao nosso status.

Mas eles não existem! Claro que te entendo: para você e seus colegas gestores, a atitude do CEO é chata, desmotivadora, você se sente desconsiderado. Mas, em última análise, apenas porque você define "de baixo para cima" o que seria melhor para a empresa de uma forma que você realmente não tem direito, pode-se quase chamar de presunçoso. No entanto, cabe apenas ao acionista decidir isso. Como você já pode imaginar, o CEO apenas implementa sua vontade.

Ele ainda não está atacando você, mas o fará se você continuar a afirmar sua visão de "bom e certo". Só então você teria um motivo para se retirar para "deixá-lo".

Agora eu gostaria de apresentar mais três argumentos para você:

1. Conheço meu Pappenheimer (depois da morte de Schiller, Wallenstein), ou seja, os gerentes de subdivisão como você. O grupo ganha um novo CEO, que o acionista tira do departamento financeiro por um bom motivo, porque espera ali as batalhas decisivas. É assim que realmente acontece na crise. E a decisão a favor deste CEO foi acertada, porque "nos conduziu pela crise de forma prudente e inteligente de uma forma agradável". Quase soa como gratidão, mas em qualquer caso, reconhecimento. Mas então a crise acabou e as coisas começaram a melhorar novamente. Agora, se você aplicar padrões mais elevados, o acionista deveria ter substituído o CEO ("reorganizador com experiência financeira"). Mas não o fez, não é comum, teria parecido ingrato. Na verdade, concordo com você, agora é a hora dos operativos.

Isso foi um preâmbulo, agora vem o ponto crucial: quem "começou" a ver o outro lado como desalinhado e disruptivo? Não poderia ser – e eu não perguntaria se não achasse que fosse possível – que você e seus colegas primeiro deixassem o CEO saber o quão pouco você pensa da atitude dele? Não quero dizer confronto direto, basta resistir à sua "burocracia excessiva" etc., ele mesmo

A "falta de entusiasmo" de sua parte já pode desencadear reações nele. Um CEO é cerca de dez vezes mais sensível ao desrespeito ou mesmo à falta de acompanhamento vindo de baixo do que um subgerente de negócios a "problemas" vindos de cima. Com base nisso, é possível que ele pense que você "começou" (um argumento extremamente importante até mesmo para crianças na caixa de areia)? Ou do ponto de vista dele você não está envolvido o suficiente? Peço que pensem com muito cuidado sobre isso. Pois se o comportamento dele é uma reação ao seu desacordo com o curso de ação dele, então você está duplamente errado.

2. Independentemente de 1: Com sua opinião divergente sobre o peso certo e errado da prioridade certa e errada (finanças vs

   Operativos) você não pode estar certo, cabe a ele decidir. Se você se deixar levar por passos imprudentes, será uma pena.

   Tente entender o ponto de vista dele – e imagine que no lugar dele você teria que liderar pessoas como você e seus colegas. O que você sentiria, o que você faria?

3. Sobre "alegria de trabalhar" éna verdade, você disse isso, nada no seu contrato de trabalho. É importante se tornar e permanecer um GF, é menos importante o que você faz como um. E, no entanto, o que deve ser seu principal objetivo de permanecer um GF não é comprometido - e seu segundo objetivo principal de fazer seus chefes felizes ainda é alcançável.

   Outlook: Claro que você pode e deve sair em algum momento se não puder mais trabalhar lá. Mas o tempo para uma mudança é realmente desfavorável. Tente obter cinco anos de GF bem-sucedidos. Precisamente porque você estava anteriormente na função central mais semelhante a um staff e este é o seu grande teste operacional. Você não os "joga" sem necessidade. E a falta de alegria não conta como necessidade. Como consolo: seus conhecidos de GF que mudam frequentemente estão caminhando sobre um gelo muito fino, que se romperá com o próximo choque. E certamente nem todos são namoradas pela primeira vez.

Não há uma boa resposta para sua pergunta 2. A verdade viriamuito ruim – sempre um sinal preocupante E o deslocamento entre casa e trabalho? Você sabia tudo de antemão. Mas agora estou desconfiado: o que é realmente um argumento central está aparentemente inofensivamente escondido na última frase? Algo assim é convincente em aplicativos para escriturários, mas não para diretores administrativos. Espere mais três anos. Com uma atitude diferente, você pode aproveitar sua ótima posição novamente. Entendo seus sentimentos, mas desaconselho as conclusões que você tira deles.

2.3.3.3 "Até namorada tem seus problemas"/reação do leitor

Pergun

Tenho lido seus artigos no VDI nachrichten há quase 20 anos. Acho que a grande maioria está certa. Você também pode se orgulhar de ter conduzido grande parte dos leitores para a carreira certa. No entanto, vejo o conteúdo do artigo "Até uma namorada tem seus problemas" de forma crítica. O processo de tomada de decisão a nível de GF é muito mais complicado. Uma redução para "o proprietário ou presidente é decisivo e todos os outros devem se conformar a isso" é muito simplista.

1. Nesse ínterim, também por causa das opiniões que você propaga, estamos experimentando muitos altos e médios gerentes adaptados em nossa economia que, em última análise, são apenas unidades executivas e politicamente ativas. De acordo com o lema: "De onde está soprando o vento mais forte, então eu aponto minha bandeira ... e principalmente estou preocupado em determinar a direção certa do vento" – muito pouco trabalho está sendo feito na questão factual real. Sua contribuição é mais um prego no caixão que se encaixa neste quadro.

2. Estou convencido de que, com essa atitude, as empresas perderão gradativamente sua competitividade. Deve ser tarefa dos proprietários de sucesso e seus representantes lidar com opiniões conflitantes de gerentes e funcionários responsáveis, desde que sejam justificadas. No final, cabe ao proprietário ou CEO

avaliar se essas opiniões são realmente úteis ou se vêm de outras pessoas, por exemplo, B. resultado de interesses pessoais. A médio e longo prazo, afetará também esse gestor de "busca da direção do vento". Se a empresa for vendida ou se ele obtiver novos gerentes, ele perdeu entretanto a conexão e, portanto, a competência para sua área de responsabilidade real. Eu encontro esses destinos cada vez mais.

3. Gerentes responsáveis por várias centenas de funcionários e um orçamento considerável na casa dos milhões relatam e reportam a mim. Na verdade, anseio por suas opiniões e avaliações quando se trata de importantes decisões corporativas. Se eu puder combinar essa opinião com minha própria avaliação e até com a avaliação dos proprietários, já cumpri minha tarefa em uma parte importante. Para fazer isso, trabalho semelhanças e contradições, abordo as contradições e as resolvo em um grande número de discussões. Esta fase termina após um período de tempo definido. As contradições remanescentes muitas vezes ainda existem e não podem ser resolvidas no curto prazo, mas são transparentes devido ao processo anterior. A decisão final é compreensível para todos.

4. Reconhecidamente, se você não conseguir a confiança de longo prazo dos proprietários e/ou superiores, você corre o risco de falhar antes mesmo de suas próprias crenças.

surtir efeito. Eu posso dizer por minha própria experiência2.3 Perguntas e respostas sobre carreiras e afins...127

reportar. A médio prazo, porém, essa experiência ajudará a ousar um novo começo, ainda mais bem-sucedido.

5. Conclusão: A aceitação ativa e produtiva da responsabilidade e do cargo atribuído, em contraste com os superiores e/ou proprietários, pode certamente conduzir ao (grande) sucesso profissional, ainda que o caminho possa ser um pouco pedregoso (e arriscado).

Responde

Extraí esse aspecto da submissão (ainda) mais longa, nos dá material suficiente para um post semanal.

Com toda a discrição: O remetente desta reação do leitor ao artigo anterior de mesmo título trabalha há pouco tempo como Diretor XY no segundo nível gerencial de uma grande empresa e, de acordo com seu currículo, deve ter passado por algo que corresponde às minhas advertências no artigo original (ver também 6. Sua pergunta, com referência especial às palavras "pode", "mais difícil" e "mais arriscado"). Eu ficaria mais tranqüilo se ele já pudesse relembrar três a cinco anos de serviço bem-sucedido (conforme definido pelos supervisores e proprietários) no novo cargo.

Caro remetente, você também não acha um pouco ousado apresentar seu estilo de trabalho atual - que não critico de forma alguma - como uma receita de sucesso quando o novo tempo de trabalho praticamente ainda é medido em semanas? Não menciono sua área de atuação, sua formação e sua idade, portanto você não pode ser identificado por terceiros. Tenho uma leve suspeita de que você também está processando experiências especiais com empregadores anteriores, especialmente o último. Então, essa foi a minha reação provocada pelo seu "prego de caixão", agora direto ao

ponto:
Não estamos tão distantes assim:

6.

7. Sobre o 1 (a numeração dos seus parágrafos é minha, simplifica a resposta): Existe uma base legal segundo a qual os proprietários podem fazer quase "tudo" com a sua empresa (decidir a política comercial, dividir a empresa, vendê-la, fechar desmontar, reestruturar, mudar a gama de produtos, mudar tudo para o estrangeiro, etc.). Comparado a isso, a administração empregada praticamente "não tem permissão para fazer nada". Como sempre nesta série, os fatos dominam, não as discussões teóricas de como deveria ser.

8. E: O proprietário (ou seu representante) contrata a administração subordinada. Se ele quiser, ele vai demiti-lo novamente (ou não renovar um contrato GF); nesta questão, que é existencial para um GF subordinado, ele também é quase absolutamente soberano.

9. Não, receio que seja a situação em primeiro lugar

10. "simples" como eu disse. Até subscrevo o teu exagero: "O donoou presidente é crucial e todo mundo tem que julgar por isso." Não é uma questão de saber se isso é bom, mas é. E é a intenção dos criadores das "regras do sistema".

Deve ser uma legião o número de gerentes que depois descobriram com muita dor que esse era o caso. Então, tenho muitos deles como parceiros em outplacement, em novas colocações ou em aconselhamento de carreira. E de seu destino pode-se deduzir: É realmente "simples". Esses eram os básicos.

Para 2: Você diz: "Estamos experimentando ... em nossa economia muitos gerentes de nível superior e médio adaptados ...". Correto, infelizmente é esse o caso – se assumirmos que "as empresas" são uma espécie de "terceira força" com direitos iguais, ao lado dos proprietários e funcionários, que desempenham um papel precisamente definido e têm direitos definidos. A "Empresa", no entanto, não possui esses direitos – ela não possui interesses e reivindicações exequíveis. Se os proprietários (acionistas) quiserem vender uma grande corporação para alguém que certamente fará mais mal à "empresa" do que bem, então eles podem e irão fazê-lo. Se isso também é do interesse desta empresa, não é nem uma questão relevante.

"Na realidade realquestão é trabalhada muito pouco"
– Concordo com isso em princípio, mas o diabo está nos detalhes: Qual é a "pergunta factual real"? Estes são novamente os "interesses da empresa", que não existem de forma exequível.

Veja bem, mesmo uma casa que pertence a você, por exemplo, poderia definitivamente ter "interesses objetivos reais". Neste contexto, poderia sem dúvida fazer sentido recobrir o telhado para manter o seu valor. O proprietário teria que ganhar dinheiro para isso. Mas ele não quer isso, derruba a casa e vende o imóvel para uma rede de supermercados.

11.

12. Meu exemplo pode demorar um pouco, mas o princípio é comparável. Tenho um (pequeno) negócio e uma casa. Ambos não têm direitos a reivindicar em relação ao bem-estar ideal. Quem iria querer formular isso? Assim, o ordenamento jurídico deixou a definição dos interesses das empresas e das casas nas mãos dos proprietários - nem os gerentes assalariados, nem os zeladores assalariados (embora ambos certamente

soubessem muito melhor o que seria do interesse da empresa ou a casa).

a. Isso continuaria sendo meu "prego no caixão", que representa minha contribuição para um ótimo concebível (embora se o proprietário não pudesse mais atuar sem restrições na empresa, dificilmente haveria compradores, fundadores ou investidores, mas vamos deixar isso de fora por um momento). É isso mesmo, minha apresentação esclarecedora é, dentro de uma certa estrutura, bastante capaz de cimentar as circunstâncias existentes. E é claro que você pode se arrepender disso. Mas: a) Com a minha reportagem ("é assim mesmo, prepare-se para isso"), posso sustentar as condições desejadas no e pelo sistema, pela lei e jurisdição. Então, "prego de caixão" de quem? Uma revolução nas circunstâncias, uma mudança concebível que de forma alguma provou que seria melhor depois?

b. A legislatura poderia (teoricamente) estar perto de implementar uma mudança em seu interesse (desempoderar os proprietários, capacitar novos grupos ou pelo menos trazer os proprietários de volta à razão), mas depois de ler minha contribuição, eles se abstêm de fazê-lo. Probabilidade?

c. Os proprietários podem ter caído em si, lido minha resposta e deixado as coisas como estavam. Infelizmente, não consigo entrar em contato com os proprietários e CEOs que atualmente são os únicos autorizados. Portanto, também não posso fazer mal a esse respeito.

d. Talvez muitos gerentes de nível médio pensem como você. E talvez alguns fossemdeterminados a enfrentar seus CEOs e proprietários "no interesse da empresa" (para o qual não têm mandato). E talvez eu tenha impedido alguns de fazê-lo. Então estou orgulhoso disso. Porque não costumo deixar as pessoas correrem contra metralhadoras com tacos de madeira, por exemplo.

Para 3: É muito concebível que as condições reais, como as descrevo, sejam contrárias aos interesses da empresa (e, portanto, também aos dos proprietários, bem como aos dos gerentes e funcionários). Mas: veja a 2, esses interesses de forma definida não existem oficialmente.

"Deve ser tarefa de proprietários de sucesso... especialmente com opiniões opostas..." Sim, deveria. E: Todos os proprietários que conheço só querem o melhor – para si próprios, para a sua empresa, etc. Muitos também ouvem uma opinião divergente apresentada de forma apropriada. A meu ver, apresentá-lo pelo menos uma vez é um dos deveres claros do gestor empregado. Mas se ele não se afirmar, pode-se esperar que ele implemente a especificação/instrução completamente oposta de seus superiores com comprometimento e total comprometimento. Isso também inclui, se necessário, inspirar seus próprios funcionários para algo que eles não estão convencidos.

13. Compartilho seu choque com a competência profissional de alguns

14. gerentes de empresas - e encontro ampla aprovação. Em qualquer lugar em uma sociedade livre

por exemplo, B. na política, o sistema coloca os incompetentes no topo. Especialmente em uma sociedade sem liberdade. O gerente intermediário contratado que vê algo assim saca sua "espada", pede demissão e vai embora. Mas atenção: na avaliação técnica existe um tipo especial de arrogância na forma como os altos executivos e acionistas são tratados pelos subordinados – alguém não está automaticamente certo só porque está em um escalão inferior.

A 5: Exatamente, exatamente, "corre o risco". Mas tenho que duvidar se a experiência de um fracasso nesse sentido ajudará a todos a "ousar um novo começo, ainda mais bem-sucedido". Bem, a experiência é a soma dos erros cometidos por você mesmo. Mas: "Do fracasso ao sucesso" me parece uma estratégia muito ousada. Vejo gerentes que falharam tanto que nunca se recuperaram.

Em relação ao 6: Você também estará na sua posição atual, na qual você tem toda a razãoorgulham-se, em última análise, menos por causa, mas sim apesar do contraste com os superiores em cargos anteriores. Fico feliz em acreditar que tais contrastes e sua superação lhe fizeram bem e que, como resultado, você amadureceu pessoalmente. Mas o seguinte ainda se aplica: Quando se trata de solicitações de gerentes, desaconselho dar motivos para deixar o antigo empregador, como "Não pude e não queria seguir as ideias de meu chefe sobre a política de negócios" em caso de dúvida. O possível novo chefe basicamente se sente mais próximo do antigo. Exceções são concebíveis, mas raras. Não conte com isso.

15.

Mudança interna durante o período probatório

Como iniciante na carreira, sou engenheiro de projetos durante meu período de estágio em uma grande empresa química (Bacharelado em Engenharia Mecânica). Atualmente estou empregado na área de planejamento e construção de usinas. Eu gosto do trabalho. Sou uma espécie de intermediário entre as empresas e o departamento de planejamento, o que também me possibilita ter contato com a prática.

Agora está planejado me transferir para outro local (dentro da Alemanha) porque há uma falta absoluta de pessoal lá. Eu deveria trabalhar lá no controle de custos do projeto. A alegria do novo emprego é limitada, pois a relevância prática que tenho atualmente e que é muito importante para mim ficaria muito reduzida.

Agora notei um anúncio de emprego interno de outra divisão. Lá eles procuram um funcionário técnico para um tipo específico de máquina. A relevância prática seria ainda maior do que hoje. A posição também se adequaria ao meu perfil de treinamento.

Vejo várias possibilidades:

1. Estou a candidatar-me da forma "normal" (presumo: como candidato externo na minha própria empresa; H. Mell). Devo mencionar o tempo atual (vários meses) em que trabalho como engenheiro de projetos na empresa? Como é tratada a minha candidatura na empresa? Os executivos certamente vão conversar entre si.
2. Falo com meu chefe atual e digo a ele o que pretendo fazer.

3. Entro em contato com o chefe de departamento do cargo anunciado e pergunto sobre minhas chances, informando o que estou fazendo hoje.
4. Não me inscrevo e me transferi para o novo local conforme planejado. Levarei meu novo emprego em controle de custos comigo como experiência e me candidatarei posteriormente a um cargo semelhante ao atualmente anunciado.

Responde

Os chefes geralmente sabem o que estão fazendo quando estão fazendo. Seus superiores atuais também sabem muito bem que a transferência neste momento é um "tapa no escritório" para você. Seus primeiros meses estão praticamente "mortos" para o seu currículo, não há planos de voltar atrás, e a transferência após tão pouco tempo ainda levantará dúvidas em cinco anos se você se candidatar externamente. Seus chefes também perceberam que você não quer trabalhar no controle de custos ou em outro local. No entanto, eles tomaram essa decisão. Isso pode ser por um destes motivos:

a. A história toda é principalmente contra você. No final do período probatório, seus chefes terão reconhecido que você não "se sairá bem" no trabalho de hoje. Por questões sociais e porque não se gosta de dispensar essas pessoas em tempos de escassez de engenheiros, procurou-se internamente, encontrou-se o departamento de controladoria de custos que estava "abençoado" com vagas e colocou-as lá
– quanto mais longe, melhor.
Nesse caso, seu chefe atual foi o "motor da ideia de

transferência" e quer se livrar de você, não importa como. Ele não se importa onde você fica.

b. Você faz um bom trabalho, inspira esperança, seu desempenho e sua personalidade agradam seu chefe. Mas com seus poucos meses de serviço, como iniciante no "1º ano de aprendizagem" é claro que ainda não é um profissional de alto desempenho indispensável.

Agora vem um desesperadoSolicitação de um departamento externo que simplesmente não consegue encontrar nenhum candidato em seu local, seu chefe ajuda. Se esse departamento pertence à mesma área que seu chefe, então o superior comum. Os superiores de ambos os chefes de departamento pressionam o seu - ele não queria desistir de você, mas tinha que fazer.

Se os dois chefes de departamento não tivessem um chefe comum, dificilmente o seu seria um homem promissor voluntariamente. E certamente não uma vaga! Neste caso, a evidência apoiaria a.

É imperativo que você descubra se a ou b se aplica. Se necessário, pergunte ao seu chefe atual com muito cuidado. E é claro que todos os colegas sabem há muito tempo o que está acontecendo.

Esqueça a propaganda interna. Se a estiver correta, ninguém o levará internamente (exceto para controle de custos, que é desesperador – talvez também por causa de sua localização).

Sua ideia de se comportar como um candidato "normal" (externo) e até mesmo esconder seu emprego atual é ridícula. Você teria que indicar onde você está hoje. Portanto, aplica-se a, caso em que este terceiro departamento não o aceitará, ou aplica-se b, caso em que sua nomeação não será aprovada para esse chefe de departamento – porque "interesses superiores da empresa" estão em jogo. Esqueça também 2., exceto para descobrir se a ou b é verdadeiro. Aja de acordo com a variante 4 e veja-a como uma oportunidade. Qualquer outra coisa é irreal

2.3.3.4   problemas comprovedor de serviço

Pergun

Sou empregado de um prestador de serviços de engenharia há quase dois anos,
cujos funcionários – inclusive eu – são contratados por uma grande corporação. Quando assinei o contrato na época, não conhecia o setor de serviços.

O projeto em que estou trabalhando atualmente é muito interessante e aprendi muito. No final das contas, porém, trabalho como balconista no grupo, mas não tenho como assumir a responsabilidade técnica mais cedo ou mais tarde,
por exemplo, B. para assumir o gerenciamento de um projeto. Posso ver que estou ficando cada vez melhor no meu trabalho, mas não tenho perspectivas. Apenas abastecer alguém e não poder tomar decisões sozinho, não quero isso por muito tempo. Estou pensando em mudar de empregador, mas estou indeciso sobre onde e o que exatamente quero fazer.

Faz sentido candidatar-me à empresa para a qual trabalho. Construí uma rede lá e conheço os processos, mesmo que não todos. Você tem responsabilidade imediata nesta casa no nível de funcionário. Em geral, o avanço nesta empresa deve ser muito difícil. Por um lado, conheço muitas pessoas nesta grande empresa e aproveito seu conhecimento, por outro lado, não gosto da cultura corporativa da empresa. Se você expressar sua opinião livremente, isso não necessariamente o levará a lugar nenhum. Também não me sinto confortável na empresa.

Devo tentar e ainda me inscrever no grupo? Parece melhor de dentro, dentro da empresa, do que o que vejo de fora?

Minha experiência profissional anterior ainda não é o mundo. Mas quando eu mudo, começo tudo de novo para construir novos conhecimentos e uma nova rede. No entanto, se eu ficar com o prestador de serviços por um período de tempo mais longo, não posso alegar que concluí uma tarefa ou um projeto quando me inscrever posteriormente. O balconista colhe os louros.

Eu gostaria de continuar minha educação, por exemplo, B. através de estudos de pós-graduação na área de tecnologia + negócios. Devo começar agora?

Responde

Agora sempre bem e devagar com os cavalos jovens!

Você ainda é muito jovem, muito inexperiente e – mesmo na sua opinião – está em uma situação profissional extremamente insatisfatória. E sem nenhuma perspectiva.

Considerando a sua situação, o emprego "certo" na empresa para a qual você está emprestado já seria um grande avanço em várias etapas. Então esta empresa é um dos principais endereços mundiais para certos produtos de alta qualidade, pelos quais as pessoas lambem os dedos na China, bem como em Hamburgo ou Nova York. Meu Deus, "a loja" é apenas de classe mundial, nada mais. Deve ser um sonho para você trabalhar lá. Estou falando de três a cinco anos, não necessariamente a vida inteira. E você acha que a cultura corporativa não agrada a você, que a promoção lá deve ser difícil

- e você nem está nele ainda.

Ah, sim, e "se você expressar sua opinião livremente, isso não necessariamente o levará a lugar nenhum". Isso, caro remetente, é um padrão válido globalmente para funcionários, nada mais. Sua piada foi boa, honestamente.

Para você, um trabalho neste grupo seria uma grande "promoção" – também no seu efeito posterior no seu currículo (!). Simplesmente visto dentro desta constelação geral. E três anos depois você "pode" pensar se a cultura corporativa é capaz de atender às suas necessidades.

.

PS: Claro que lá só cozinham com água, tem problemas, chefes incompetentes e funcionários preguiçosos. Você apenas: Você não vai achar muito melhor no país, o mundo profissional não é melhor do que as pessoas que o moldam e que vivem nele. E se você não der o salto, alguém que olhar seu currículo depois dirá: "Por que a empresa não contratou esse funcionário depois de conhecê-lo há vários anos? Bem, eu sei: pesei e achei querendo."

Conclusão: A loja lá é de primeira, mas o mundo é imperfeito (o que vocêvocê saberia, por exemplo, B. leia esta série desde o início do curso).

Ficar com seu empregador atual por mais de dois anos não lhe trará nenhum benefício. Assim: a) Iniciar imediatamente esforços para ser assumido pelo grupo. b) Se você falhar, você deve mudar, por exemplo, B. para um grande fornecedor.

Esclareça sua carreira primeiro. Você nem mesmo tem um emprego clássico em uma empresa onde pode e tem permissão para moldar algo. Se você tiver esse cargo e o período de estágio terminar, poderá pensar em treinamento adicional em meio período. Esse não é o seu problema central.

2.3.3.5 Reaplicando após sua própria rejeição?

Pergun

Vamos supor que o engenheiro A se candidate a cada uma das empresas hoje
B, C e D. As entrevistas estão indo bem, todas as três empresas estão interessadas e oferecem emprego ao candidato A. A escolhe a empresa C. Depois de cinco anos, o engenheiro A quer mudar de empregador para subir na carreira. A empresa B ainda parece atraente para ele, então A se candidata lá novamente.

Como a empresa B reage a esta candidatura de um engenheiro que já havia recusado uma oferta de emprego desta empresa alguns anos antes? Com o mesmo interesse de então? Com relutância (porque esse candidato "poderia fazer isso de novo e de novo", como diz uma de suas citações)?

Estou ciente de que a situação do mercado de trabalho também influencia na resposta - mas tenho certeza de que você ainda tem boas indicações sobre o assunto.

Responde

Então, vamos supor que A se candidate a um emprego depois de trabalhar para C por cinco anos
agora com a empresa B. Em primeiro lugar, isso não aumenta nenhum gene em particular. O homem está com o empregador atual por um período de tempo suficientemente longo – se ele conseguir pensar em uma justificativa razoável para o projeto de mudança, está tudo bem até agora.

Agora, há cinco anos, o candidato não só enviou uma candidatura a B, como também deu muito trabalho lá.

Para uma entrevista, talvez até para preparar uma oferta de contrato. E ele recusou, preferiu outra oferta e - pode-se pensar - decepcionou, ofendeu ou até irritou B. As pessoas de lá podem se lembrar desse candidato, ainda se ressentir de sua rejeição na época – e suspeitar que ele está apenas provocando muito esforço agora, talvez apenas testando seu valor de mercado e depois rejeitando-o novamente. Os seguintes argumentos:

1. Aquele candidato A é um homem inteligente. Ele sabe que nunca se deixa "terra arrasada" quando se trata de potenciais empregadores, mas espera desde o início que se "encontre sempre duas vezes" na vida. Então ele escreveu uma carta de rejeição com este conteúdo na época:
"... Fiquei muito satisfeito com a sua oferta de contrato. Gostaria de expressar os meus sinceros agradecimentos pela confiança que deposita em mim.
Durante nossos contatos, sua empresa revelou-se um potencial empregador muito interessante para mim e para o qual eu gostaria de trabalhar.
Infelizmente, após uma consideração muito cuidadosa, decidi por outra oferta por motivos especiais. É claro para mim que esta decisão também pode estar errada, só o tempo dirá. Se você me permitir, gostaria de me reservar o direito de me candidatar novamente em uma data posterior.
Obrigado novamente pelas informações que você me deu e pela discussão interessante.
Atenciosamente...."
Ou algo assim. Não é como se as pessoas em B memorizassem algo assim e imediatamente se

lembrassem quando o nome de A aparecesse novamente depois de vários anos. Mas A se sente melhor com isso se mais tarde quiser algo de B novamente.

E ele não se sentiria nada bem se tivesse escrito naquela época: "Você pode manter sua oferta de segunda categoria. Felizmente, ainda existem empresas que podem avaliar corretamente o valor de um candidato. Boa sorte para o futuro."

2. Cinco anos é muito tempo em uma empresa moderna. Provavelmente "não há pedra sobre pedra" lá – as estruturas são diferentes, as pessoas mudaram ou têm responsabilidades diferentes. E mesmo que não: Depois de tanto tempo, ninguém se lembra de um candidato que "só" não aceitou uma oferta.

3. Os candidatos não são mais associados a seus nomes logo após se familiarizarem - muitos deles simplesmente vêm e vão para isso. Se você se lembra de alguma coisa, então os nomes de empregadores conhecidos de onde eles vêm. Mas hoje A vem de um empregador que nem apareceu em seu formulário na época.

4. Mesmo que uma empresa se dê ao trabalho de registrar todos os contatos dos candidatos com todos os detalhes em um arquivo, o que dificilmente é esperado, o seguinte ainda se aplica: novo jogo, nova sorte. Anos depois, a posição é diferente, o gerente de linha tem padrões diferentes (ou é uma pessoa diferente), uma situação alterada no mercado de trabalho obriga você a pensar de forma diferente. A empresa lê o aplicativo "neutramente" e geralmente está interessada.

Além disso, você não vai mais se importar com o

mesmoCandidate-se a uma posição como cinco anos atrás, você queria "subir o próximo degrau na escada da carreira" (o que, a propósito, não funciona dessa maneira; você "dá" o próximo degrau" na escada ou , melhor ainda, você "sobe" o próximo "degrau".o mesmo - mas não sobe degraus).

Conclusão: você pode se candidatar lá novamente sem nenhuma preocupação. Eu não mencionaria o caso antigo no requerimento por escrito. Se você faz ou não isso na entrevista depende do curso da entrevista.

Mas: Não há a menor certeza de que agora você receberá uma oferta novamente. Como você sabe: novo jogo, nova sorte – e novos competidores.

5.

"Mudar de empregador a cada 4 anos?

Pergun

Eles recomendam aos ambiciosos de carreiraengenheiro para mudar de empregador a cada quatro ou cinco anos.

Responde

Eu não faço isso - e não fiz isso!

Para estar no lado seguro, aqui estão as recomendações que escrevi muitas vezes:

1. O "tempo mínimo de permanência" por empregador deve ficar em torno de cinco anos em média. Se as coisas estão indo bem, é melhor ficar pelo menos de sete a oito anos – é assim que você cria uma "almofada de tempo de serviço" para quaisquer mudanças "rápidas" que podem se tornar repentinamente necessárias mais tarde em sua carreira.

   "Pelo menos" significa: um pouco mais. E nunca se falou em recomendação de mudança de qualquer forma depois de cinco anos.

2. Uma exceção se aplica aos iniciantes na carreira após a formatura. Eles até toleram dois anos de serviço neste primeiro emprego. O mesmo se aplica aqui: mais tempo é melhor, com uma "almofada de tempo de serviço" você faz provisões para vários desastres possíveis.

3. Como tudo o que é basicamente bom e útil para ser urgentemente aconselhável também pode ser prejudicial acima de uma certa quantidade (como o sal na sopa), existem limites superiores que também são fluidos e não devem ser tomados servilmente estreitos: Depois de dez anos de serviço por empregador, você

deve começar a pensar se uma mudança não é aconselhável.

4. Essa recomendação de mudança é reforçada por uma atividade/cargo semelhante e inalterado nesses dez anos ou mais. É mitigado por muitas mudanças internas (que se refletem no CV) e sobretudo por progressos internos reais (promoções). Decorridos mais de dez anos, deverão portanto surgir alterações reconhecíveis no CV: quer por alterações internas de funções/promoções, quer por mudança de entidade patronal. Em geral, as pessoas tendem a mudar muito e não muito pouco no país. Existem currículos com dez empregadores em vinte anos.

Em tempos de boa atividade econômica, os empregadores facilmente ignoram limites desse tipo, bem como quando o candidato se especializa em um campo raro e urgentemente procurado: Se uma posição for absolutamente necessária, a camisa está mais próxima do empregador do que o calças (caso contrário, não chegaria a essas carreiras de trocadores extremos). Mas na próxima crise ou quando certos limites de idade são excedidos, o mesmo empregador repentinamente puxa a corda e rejeita tais candidatos. E aí estão eles...

Portanto, como uma espécie de "seguro de vida" (isso é factualmente errado, mas memorável), é recomendável ficar do lado seguro. Mas não diga que eu pediria uma mudança "a cada quatro ou cinco anos".

E com isso dito: ficar com um empregador por 25 anos é perfeitamente aceitável - contanto que você tenha certeza de que nunca

quer ou precisa mudar mais. você pode ter certeza? Infelizmente você não pode. A propósito (para que você esteja avisado): A fase crítica em que algo de repente acontece contra todas as expectativas é entre cerca de 48 e 52 anos.

2.3.3.6 Noo período de aviso falhou

Pergun

Tenho quase 40 anos e chefio um departamento em um grupo internacional.

Recentemente, candidatei-me externamente e fiz uma entrevista. A posição oferecida, a localização, o tamanho da empresa e o setor estavam muito de acordo com minhas expectativas. Mais tarde, recebi a notícia de que era o terceiro na seleção de candidatos. A razão para minha classificação mais fraca foi meu longo período de aviso prévio de seis meses até o final do mês.

Essa decisão me deu muito em que pensar. Afinal, nem no anúncio nem na entrevista eu tinha uma data-alvo para começar. Não me interpretem mal, não esperava que o período de aviso prévio pudesse ser uma desvantagem para mim. Quando fui contratado pelo meu atual empregador na época, esse período não era negociável.

Esse prazo é excessivamente alto em meu nível hierárquico ou respondi ao anúncio errado? Tal prazo não é também uma valorização da minha função? Não é verdade que, depois de mais de cinco anos de serviço, o legislador prevê períodos de aviso prévio adequados para proteger o empregado?
Como isso será tratado no futuro?

Responde

Os seguintes aspectos desempenham um papel:

1. O prazo de pré-aviso efetivamente existente/aplicável, quer esteja individualmente escrito no contrato, quer seja influenciado pela convenção coletiva e/ou pela lei, é um problema para o requerente. Ele deve conhecê-los e ser capaz de nomeá-los de forma correta e vinculativa no aplicativo ou na entrevista. As desvantagens que podem resultar disso também afetam apenas a ele.

   Os destinatários das candidaturas (futuros empregadores) dependem, entre outros, da sua decisão de contratação, por parte do candidato, os seguintes critérios: qualificação profissional, carisma pessoal, "formato" adequado ao cargo, simpatia do futuro gestor, especial conhecimento, idade, sexo, certificados, carreira, salário - e também "disponibilidade".

   E é claro que eles jogamconcorrentes desempenham um papel. Claro, o caolho é o rei entre os cegos - mas mesmo o melhor dos vinte candidatos não consegue se encaixar bem o suficiente e é rejeitado. Você pode (!) falhar em cada um dos pontos mencionados. Ou a foto. Ou um uso incorreto de uma palavra estrangeira que parece "sem educação" (em casos extremos). Ou um período de aviso prévio que é percebido subjetivamente como muito longo.

2. Existem diferentes do lado do empregadorSituações de exigência (que o candidato geralmente não conhece) e que levam a diferentes prioridades na seleção. Todo o processo de seleção, que até agora tem ocorrido de maneira ordenada, pode de repente cair devido à ausência inesperada de um funcionário devidamente ativo da empresa que procura (demissão, doença, morte) e uma busca calma por um sucessor para o cargo

dos resultados do departamento na busca frenética por um candidato disponível o mais rápido possível.

3. Por precaução, deve-se dizer: Não há nada neste processo que não exista. Felizmente, esses são casos isolados - mas o seu pode ser um deles.

4. De volta ao período de aviso prévio: Normalmente, procura-se um candidato que esteja em uma relação de trabalho não encerrada, tenha um período de aviso prévio sólido que corresponda ao seu cargo atual (o que torna realmente crível a relação não encerrada) – e quem pode começar em um prazo muito curto.

   Você acha que isso se contradiz? E daí?Onde está escrito que as empresas de todas as coisas só podem pensar logicamente?

5. A velocidade da mudança em todo o processo econômico está aumentando constantemente. Em uma grande empresa bem organizada, quase ninguém ainda está sentado em sua cadeira atual depois de dois anos, e quase ninguém está planejando pessoal concreto por um período de tempo mais longo.

   "Temos que reagir com extrema rapidez, os mercados exigem isso, elesOs concorrentes também o fazem. O que era competência essencial ontem é jogado fora hoje – e vice-versa (volta para dentro)."

   E nesse ambiente está sendo preenchida uma posição de chefe de departamento. Por qualquer motivo. Anteontem uma decisão foi tomada, ontem você anunciou, hoje você está conversando com um candidato. A posição é importante (na-

   claro, caso contrário, teriam sido excluídos), as expectativas do novo proprietário são altas: a alta administração quer os resultados da nova estrutura e/ou do novo quadro de funcionários. Ou tudo deveria permanecer como estava, mas o gerente do departamento se foi e a loja de lá não funciona com eficiência há tanto tempo. Só que os funcionários sempre acham que daria certo sem patrão, a direção vê de forma completamente diferente.

Seja qual for o caso - o novo chefe de departamento tem que vir. De preferência ontem, pior amanhã; tudo o espera.

Por favor, não diga que, se for esse o caso, pelo menos o processo de tomada de decisão de "elenco" pode ser significativamente reduzido. Mas de alguma forma isso não funciona. Você acha isso estranho? E daí? (Veja acima.)

Então: O novo chefe de departamento tem que sentar lá rapidamente etrazer resultados. Mas é claro que ele também não deveria estar desempregado. Agora você pensa algo assim:

"Ainda precisamos de dois meses para o processo seletivo. Em seguida, o candidato assina seu contrato. Então ele se demite. Então seu período de aviso expira. Faltando seis meses para o fim do mês, com um pouco de azar, são quase sete. Agora é novembro, então este vem em 1º de agosto. nJ em. Então é o período de férias principal e nada acontece aqui. Então ele começa seu período de indução por volta de 15.09. Para isso, ele precisa de pelo menos três meses. Então é Natal. Portanto, não veremos nenhum resultado do novo durante todo o ano que vem. Talvez suas ideias nem valham nada. Então perdemos o ano inteiro. Mas a diretoria quer resultados, e eles querem agora! Portanto, não funciona assim - não existe um candidato que não tenha um período de aviso tão estúpido? Você sabe o resto.

PS: Uma análise das circunstâncias desta empresa de pesquisa pode mostrar que, sem exceção, todos os chefes de departamento também têm seis meses até o final do mês, alguns até o final do trimestre. Mas isso geralmente é descartado com um encolher de ombros: "E daí?"

6. Os contratos de trabalho são elaborados e pré-formulados pelos empregadores, incluindo períodos de aviso prévio.

Com um período de tempo relativamente longo, a empresa se protege contra a saída repentina de funcionários em cargos-chave. Ao mesmo tempo, é preciso reconhecer que isso também protege o funcionário contra uma perda repentina de renda.

Mas é como o sal na sopa: muito faz histórianão comestível. Para o empregado. E funciona assim: se você der aos chefes de departamento nove meses para o trimestre, eles não encontrarão um novo emprego "fora" se o empregador atual não concordar generosamente com uma redução - o que você não pode esperar de antemão .

Isso é "original" para a empresa até que alguém calcule que cada demissão custará muito dinheiro – e até você perceber que não encontrará ninguém no mercado de trabalho que assine tal oferta de contrato. Mas com os funcionários que você tem sob contrato dessa forma, cabe apenas ao empregador atual determinar se eles sairão (porque eles só conseguirão um novo emprego se sua saída antecipada for aprovada).

7. Meu apelo aos empregadores: os funcionários,

especialmente os gerentes, devemficam na empresa porque querem. Só assim estarão motivados, comprometidos, felizes e dispostos a fazer hora extra. Quem apenas fica ao lado da bandeira" porque os prazos de aviso excessivos impedem a sua partida há muito planeada é "capital morto", nada mais.

8. Isso também se aplica aos detentores de posições-chave. Liderá-los corretamente significa também cuidar deles de forma que você saiba o que os move, quais ambições e desejos eles ainda têm, onde estão seus objetivos. Então você pode reagir a tempo e neutralizar as tendências de migração. " E quando um gerente finalmente se demite e tem que ficar por mais nove meses – o que você ainda ganha dele durante esse tempo? Ele pensa à frente, seu futuro está na nova empresa que o espera com urgência. O que ele ainda deve decidir aqui se não tiver mais que arcar com as consequências, o que ele deve planejar se não "experimentar" mais a realização? Não é sem razão que algumas empresas basicamente liberam gerentes em certos níveis se eles renunciarem.

9. sugestões para funcionários,como lidar com o problema:

a. Cuidado ao assinar o contrato. Algumas empresas agem como se não fossem ceder um milímetro - mas, após a enésima rejeição de aplicativos por esse motivo, elas se movem. E, queridos candidatos, vocês não têm problemas em rejeitar ofertas por causa do local errado, porque o salário é muito baixo ou porque não há oportunidades de promoção. Ficar preso um dia por causa de um prazo muito longo também não é desejável (veja o caso específico do remetente).

b. Na carta de candidatura, você deve expressar a

esperança de que um encurtamento seja possível (a esperança morre por último), isso realmente não o obriga.

Você não pode falar com seu empregador atual de antemão "de forma totalmente não vinculativa" sobre uma "redução concebível do período em caso de rescisão", isso está fora de questão. Tudo o que você pode fazer é cancelar e depois pedir um corte. Você precisa de uma data de início no novo contrato de trabalho em um momento após o término do período de aviso prévio regular (possivelmente com a adição: "Sr. antes da última data de entrada mencionada").
Isso é tudo que você pode fazer.

10. O candidato não está particularmente entusiasmado com o "respeito" que você desfruta (aos olhos dele) com seu longo prazo: isso perturba seus círculos, provavelmente se aplica a todos os gerentes de seu nível em sua empresa, independentemente de sua pessoa e pesa a possível entrada tardia data não ocorre.

11. Vou tentar recomendações uma vez. Por exemplo, o seguinte pode ser considerado habitual no mercado e relativamente sem problemas (incluindo pequenos desvios): balconista:
4 semanas para o final do mês/4 ou 6 semanas para o final do trimestre Colaboradores da AT, líderes de equipa/grupo:
3 meses até o final do mês/3 meses até o final do trimestre Chefe de Departamento:
3 meses para o final do mês/3 meses para o final do trimestre/6 meses para o final do mês
O seguinte se aplica em cada caso: Se você se inscrever, os prazos mais curtos são geralmente maistigre. No entanto,

se você estiver ameaçado de rescisão, o período mais longo promete mais segurança financeira.

E só para você não pensar que este foi um tratamento exaustivo do tema: Continuam a surgir candidaturas que dizem "6 meses para o semestre" ou "6 meses para o final do ano". Quem assinou esse contrato de trabalho está praticamente desempregado.

O que for possível: Você tem um longo período de aviso prévio, primeiro você notifica e depois aplica. Mas isso é altamente arriscado e não recomendado. O ideal pelo qual lutar é e continua sendo a candidatura de um cargo que não foi encerrado.

2.3.3.7 "Em um pedaçoou em fatias?"

Pergun

No meu empregador atual, as mudanças de pessoal são bastante frequentes por vários motivos. Nesse contexto, recebi referências provisórias em intervalos regulares. Isso se refere a isso

o testemunho mais recente aos anteriores. No caso de um requerimento, isso significaria que o destinatário teria que ler de cinco a seis páginas de referências para apreender todo o conteúdo. Até que ponto isso é um problema na sua opinião? Essa estrutura de certificado também seria mantida para o certificado final em caso de retirada?

Responde

Com este método, os documentos anteriores passam a fazer parte dos posteriores. Na verdade, você teria que incluir todos eles em um aplicativo, mas sua referência ao fluxo de dados é justificada.

Solução sugerida: Anexe as duas últimas referências provisórias do vínculo empregatício atual ao seu aplicativo, isso é o suficiente. No entanto, ao mencionar os "anexos", escreva muito claramente: "anexos estão as duas últimas referências provisórias do meu atual empregador; documentos mais antigos desta empresa estão disponíveis mediante solicitação."

No caso de um certificado definitivo, todos os certificados provisórios e o resto do período de serviço são geralmente resumidos em apenas um documento. Ocasionalmente, alguém vê uma referência provisória específica mencionada nele, mais seria desagradável. No seu caso, deve pedir apenas um documento completo.

Bem-sucedido internamente, não externamente

Pergun

Recentemente, alcancei meu próximo objetivo de carreira e estou ansioso por isso
meunova área de responsabilidade.

Na fase de candidatura anterior, pude observar reacções extremamente diferentes às minhas candidaturas, que não consigo classificar. Para todas as três candidaturas internas, fui convidado para uma entrevista com meu empregador de longa data, um grande fornecedor, e decidi pela primeira posição que me foi oferecida.

Minhas candidaturas a empregadores externos tiveram muito menos sucesso. Candidatei-me dez vezes e fui chamado apenas uma vez para uma entrevista. Recebi uma rejeição, mas eu mesmo teria recusado porque a oferta de emprego na Internet diferia da área de responsabilidade apresentada verbalmente.
Minhas suposições sobre por que fui tão malsucedido externamente:

1. Em comparação com meus concorrentes, menos experiência profissional como engenheiro (você tem dez anos, isso é basicamente o suficiente "para tudo"; H. Mell).
2. Estou com meu empregador atual há muito tempoempregado (você só está lá há dez anos, isso é absolutamente sem problemas; H. Mell).
3. O meu tempo de serviço no último departamento foi muito curto (pouco menos de um ano; mas isso não importa do ponto de vista de "frequência de mudanças / tempo de serviço", está coberto pelos dez anos com esta

mesma empresa; H. Mell).

4. O mais novo (interno)Mudança de produção para gerenciamento de projetos (técnicos)a comunicação com os clientes é incomum ou crítica.

5. Uma mudança (externa) de tipo de empresa, indústria, gama de produtos pode ser considerada difícil.

6. A grande maioria das candidaturas externas veio de consultorias de recursos humanos. Esses candidatos tendem a ser prejudicados pela empresa de pesquisa porque uma colocação bem-sucedida envolve custos consideráveis?

7. Meu nome incomum (nome e sobrenome).
Para mim, a próxima fase de candidatura certamente só chegará dentro de alguns anos. No entanto, gostaria de saber os motivos do mau desempenho de meus aplicativos externos e gostaria de pedir sua ajuda. Os documentos estão anexados.

Responde

Eu já fui capaz de lidar com perguntas não. 1 a 3 com comentários curtos,
O resto fica para nós. E para matar a curiosidade dos demais leitores ("como se chama então?"), começo pelo final:

Em relação a 7.: Não há nada incomum em seu nome (tanto quanto eu posso dizer), você é claramente de origem turca. "Turco" é a classificação coloquial que você descobrirá de praticamente todos os candidatos. Você nasceu na Turquia, ao lado da cidade ou região você dá uma abreviação adicional que soa misteriosa, mas diz "Turquia" depois dela.

na matéria é issoEstritamente do ponto de vista da cidadania, é completamente diferente: sua cidadania agora é "alemã" – aparentemente há muito tempo, pelo menos você já estudou na Alemanha, completou sua formação e seu diploma universitário aqui (com resultados apresentáveis após um 2° percurso formativo). Oficialmente, isso provavelmente significa "alemão de origem turca", mas ninguém diz isso, as pessoas dizem "turco" – assim como você

"Ostfriese" ou "saxão" diria, mesmo que ele tenha morado na Baviera por muitos anos.

Nesse caso, isso não significa absolutamente nada de negativo! Legal, sempre há pessoas que rejeitam os outros em geral, também por motivos relacionados ao seu país de origem – isso também pode acontecer com europeus na Europa ou alemães na Alemanha. Mas, dada a sua formação especial com escola, estudos e dez anos de prática na Alemanha, o alto nível de aceitação que você desfruta de seu atual empregador deve ser mais típico. A recusa de seus aplicativos externos nesta forma massiva não pode ser devido ao nome que você inseriu como uma suposição (na verdade, você quer dizer status).

Para 6.: Eu não entendo muito bem isso. Eu sei

a. Anúncios de empresas que procuram consultores e às quais se candidatam. Não há problemas com isso.

b. Anúncios de consultores nos quais a empresa realmente pesquisada é nomeada (às vezes) ou não (geralmente). Aqui o consultor tem a tarefa de procurar candidatos adequados. A empresa sabe de antemão que o honorário de um consultor é devido e em que valor. Também aqui não há problemas para o requerente e também não há desvantagens (já que é o único caminho).

Agora tenho que ser especulativo: você obviamente confiou seus documentos a consultores. Pelo que entendi, esses consultores não têm um pedido de aquisição específico, mas leem anúncios de emprego publicados de empresas e, em seguida, colocam, por exemplo, B. Seus documentos - e esperam uma taxa de colocação ou comissão da empresa que procura. Sim, por que você está fazendo isso? Você também pode ler as vagas publicadas e escrever você mesmo. Portanto, se as empresas que estão procurando abrirem o capital com suas necessidades e conseguirem dois grupos de candidatos com qualificações semelhantes, um dos quais custa uma taxa de colocação e o outro não, também temo que o grupo, que não custa nada, tenha uma clara vantagem.

Em 5.: Vamos dar uma olhada em um de seus casos anexados: Primeiro você escreve "Prezada Sra. Müller"; Não faça isso! No endereço, isso pode ser bom, mas também não é sábio. Na forma direta de tratamento, escreve-se sempre "Frau" – é o tempo que demora. Isso também se aplica a
"Senhor".
Mas então estamos bem no tópico da sua pergunta específica:
O trabalho previsto é um "Gerente de Projetos em Gerenciamento de Projetos" (não escrevi o título), trata-se de "liderar projetos de clientes", trata-se de "estabelecer uma estrutura de projeto" e "planejar, supervisionar, monitorar e controlar o processo do projeto " em um fornecedor conhecido. Procuramos "familiaridade com as ferramentas e métodos de gestão de projetos", inglês fluente e outras línguas – bem como "experiência na liderança de equipas interdisciplinares".

Em seu currículo, você declara que o cargo atual é "Engenheiro de Projetos", o trabalho anterior era "Engenheiro de Processos". Antes disso, havia também uma função de gerenciamento de projetos, mas tratava-se do planejamento "errado" da produção. O problema disso: todo o seu desenvolvimento parece ao leitor como se você tivesse sido rebaixado: primeiro como gerente de projetos (no departamento errado), depois duas vezes como "engenheiro" sem gerente. Esta não é uma boa base para um aplicativo de promoção.

Então o candidato também quer experiência prática na área de chassis, sua experiência vem de "regiões mais altas" (de carro). Afinal, você só quer revelar sua "motivação para mudar em uma reunião pessoal" - e definir sua remuneração-alvo específica como uma espécie de desejo "razoável". Isso não é ideal.

Ao ler o seu currículo, outra suposição vem à mente: você apresentou tudo de forma clara, correta e clara a título de exemplo, e certamente está usando as designações internas usuais para a apresentação das atividades individuais. Todo leitor os entende internamente. Esta é também a razão do alto nível de aceitação interna.

Mas: As empresas são organizadas de maneira diferente e usam designações diferentes (variando pomposas) para determinadas tarefas e atividades. O leitor externo – por exemplo, B. I – tem grande dificuldade em responder à pergunta simples, mas fundamental: o que esse candidato está realmente fazendo? Isso levanta a questão: o que ele pode fazer? Porque você só pode provar o que fez. Todo o resto é especulativo. Você também deve pensar nos palestrantes de leitura do departamento de recursos humanos. Eles são graduados em negócios ou economistas de negócios, talvez até ("mesmo" no sentido de "ainda mais longe da tecnologia") psicólogos graduados. E eles não entendem tudo, mas rapidamente veem: Em suas duas últimas – importantes – posições, os termos centrais do anúncio ("gerente de projeto" e "gerenciamento de projeto") não aparecem de jeito nenhum.

Em 4.: Você escreve acima: "A recente mudança de produção para gerenciamento (técnico) de projetos com contato com o cliente é incomum..." É. Mas onde está "gerenciamento de projetos" em seu currículo hoje e onde está?

"Contato do cliente" (na descrição dos dois últimos cargos)? Não consigo encontrar nada disso.

A referência provisória mais recente afirma: "Ele cumpriu suas tarefas de maneira muito adequada, rápida e conscienciosa". Isto é – bastante decente, mas ainda não descreve um potencial convincente para uma carreira futura.

Conclusão: você é conhecido internamente, dificilmente alguém lê seu aplicativo em detalhes - e se o fizer, você entenderá tudo imediatamente. Na hora de se apresentar "por fora", você falhou por causa dos fatos (ex-líderes, não mais) e por causa de suas habilidades de apresentação. Não deve haver dúvidas ou perguntas sem resposta quando se trata de aplicações externas, especialmente ao dar o salto para o nível de gestão. Internamente, suas qualificações estavam abertamente sobre a mesa, externamente estariam - com documentos idênticos

– também um "Max Müller,nascido em Munique" falhou.
PS: Não deixe que a história do "só porque eu tenho esse nome" se torne uma obsessão

c.

2.3.3.8   Se os problemas da placanão quero ouvir

Pergun

Estou em uma posição gerencial em uma empresa maior - e emuma idade em que você não muda mais de empregador.

Após uma mudança na diretoria, a organização também foi alterada. As divisões de vendas, às quais as vendas eram atribuídas diretamente, foram colocadas diretamente sob o conselho de administração.

Eu sei há muito tempo – assim como meus colegas – que dois dos gerentes de vendas não conseguem realizar suas tarefas. Isso prejudica as unidades de vendas, o que fica claro nos números de vendas e no resultado. Os vendedores responsáveis são os principais responsáveis por isso. Eles têm medo de aumentos de preços necessários, mostram pouca atividade em termos de novas aquisições e não estão promovendo novos artigos.

Quando perguntado sobre o problemao Conselho de Administração apenas respondeu dizendo que os colegas deveriam trabalhar em paz. Isso é difícil de aceitar, pois já estão sendo discutidas "medidas necessárias de pessoal nos escalões inferiores". Esses níveis pouco podem fazer para mudar a situação. Como devemos/podemos nos posicionar aqui?

Responde

A história clama por uma resposta para a pergunta: quem é você?
onde você está nesta constelação? Eu tiro minhas conclusões a partir das seguintes evidências:

1. Você deve estar bem longe da venda que está sendo abordada - caso contrário, saberia que nunca (em nenhum idioma relevante) escreveria "Aquise". Você tem que assumir esse conhecimento como padrão mínimo para um vendedor (aliás, a palavra significa aquisição).
2. Sua compaixão pelos "escalões inferiores" é mais facilmente compreendida quando você pertence a eles. Há também uma regra da empresa muito testada e comprovada: não se preocupe com problemas que não lhe dizem respeito (a menos que você participe do sistema de sugestões da empresa ou CIP).
3. Sua pergunta impressa no final de sua apresentação de repente salta da descrição neutra do problema para o "nós" dos afetados.

Conclusão I (situação inicial): Você é um gerente intermediário em uma divisão de vendas recém-estruturada, mas não vende a si mesmo. A divisão prospera com as vendas e o conselho nomeou alguém que você considera incompetente. Devido aos baixos números de vendas, a área está ameaçada com as temidas medidas de corte de custos. A diretoria não quer saber nada do seu ponto de vista, eles ainda acham que economizar é a solução.

Agora, para a "evidência"você cita a culpa:

a. Em última análise, apenas os supervisores têm o direito de classificar os funcionários como incompetentes. Colegas do mesmo nível ou mesmo de níveis subordinados não têm o direito de fazê-lo nem - de acordo com a opinião geral
- a "perspectiva" necessária para isso.
b. Especialmente para as pessoas que não se vendem, a

solução para os problemas de vendas ou lucro é aparentemente tão óbvia: basta vender mais, cobrar preços mais altos ou anunciar novos produtos considerados voltados para o futuro, então todos serão ajudados.

No entanto, é extremamente difícil, muitas vezes impossível, conseguir preços mais elevados em mercados altamente competitivos, havendo mesmo o risco de perder totalmente os clientes. É disso que seus vendedores repreendidos têm medo (de impor aumentos de preços, não dos próprios aumentos de preços). Então: A menos que você tenha motivado cuidadosa e intensivamente cada vendedor, ele evita vender novos produtos dentro de um programa maior: Você tem que se familiarizar laboriosamente com a nova tecnologia, o cliente não a quer espontaneamente, dá muito trabalho para convencê-lo disso - e isso com todos os clientes desde o início.

Os vendedores gostam de seguir o caminho mais fácil se tiverem alternativas. Seus superiores precisam saber disso, ver em detalhes e agir contra isso. Mas: Você não pode forçar os superiores (membros do conselho!) A fazer isso "de baixo".

c. Suas "evidências" da incompetência dos fornecedores são frágeis e não são "admissíveis no tribunal". Essas pessoas podem simplesmente ter sido mal administradas e insuficientemente motivadas.

Conclusão II: Você não pensa tanto no pessoal de vendas, você acha que o conselho de administração é incompetente. Isso poderia muito bem ser o caso, mas desaconselho prosseguir com essa ideia. Você simplesmente não pode sobreviver a algo assim.

Tendo já sido 'sensibilizado' para o assunto pela diretoria e dizendo que você deveria ficar de fora, já está em 'alerta âmbar', então cuidado.

Pelo dinheiro que lhe paga, a Diretoria Executiva pode esperar que você esteja comprometido e quase entusiasmado com a implementação de suas (!) ideias, independentemente de sua qualidade. Portanto, tente agir de acordo. Ajude os vendedores o máximo que puder, converse com eles. Acima de tudo, não oponha nenhuma resistência prolongada ao Conselho de Administração. Isso é uma ameaça à vida. E você não é responsável pelo bem-estar da empresa, os proprietários colocaram isso nas mãos do Conselho de Administração. Se foram as mãos erradas, os proprietários tiveram azar, isso é tudo. "A empresa" não tem direito à orientação estratégica correta, decisões factuais ou pessoais ótimas. Quem o possui pode pisoteá-lo impunemente...

2.3.3.9 Notas da prática

Respostas que foram importantes para mim, mesmo que não houvesse uma pergunta adequada no momento

Sobre o desenvolvimento gratuito a personalidade

Sei que às vezes estou me repetindo, mas não tem jeito: o empregado é empregado. Qualquer um que se ofender com qualquer detalhe ou ficar chateado com os detalhes do sistema profissional deve deixar esta frase central derreter na boca (não é minha, ela percorre todas as definições oficiais, livros didáticos, etc.). Portanto, se você deseja se tornar um empregado ou já o é, deve aceitar esse conceito de dependência como indispensável. Todo o resto é vitrine.

Mas também há pessoas para quem o livre desenvolvimento de sua personalidade é muito importante. Você pode entender isso - mas todos verão que a dependência, por um lado, e o desejo de livre desenvolvimento (de qualquer coisa), por outro lado, infelizmente levam a conflitos. Concreto:

durante o meu dia a dia O tempo de serviço como empregado dependente logicamente não pode estar tão longe do meu livre desenvolvimento, para dizer o mínimo.

Ainda mais especificamente: "Quero garantir minha existência como funcionário e estou me esforçando para desenvolver ao máximo minha personalidade" - isso simplesmente não pode funcionar. A tentativa está fadada ao fracasso, exemplos podem ser encontrados em número suficiente no mercado de trabalho.

Tanto quanto os leitores regulares suficientemente conhecidos. Mas essa introdução tinha que ser feita, senão você não faria jus ao tema.

Agora a novidade: não é tão ruim assim em muitas áreas da vida profissional (deixemos de fora os casos excepcionais trágicos e/ou dramáticos que todos conhecemos). São 25 anos valiosos entre os 25 (concursos) e os 50 (início de uma redução significativa do "valor de mercado" no mercado de trabalho), nos quais, com um pouco de boa vontade e muita habilidade, um balanço satisfatório pode ser atingido entre dependência e desenvolvimento livre - ção é possível Eu fui funcionário por 28 anos, então tenho o suficiente e ainda muitas experiências externas armazenadas de currículos, entrevistas de emprego, conselhos de carreira, etc. como as barreiras anti-colisão à esquerda e à direita da rodovia: assim que chegar ao próximo trecho da estrada (por minha própria vontade, poderia tê-lo deixado), então só posso escolher entre duas ou três faixas - se o tráfego me permitir. Mas as barreiras de segurança estabelecem limites estreitos para a direita e para a esquerda, de modo que não é possível desviar repentinamente da estrada. Somente na próxima descida poderei tomar minhas próprias decisões novamente. Isso é razoável, alguém ainda está chateado com isso, é por isso que dirigir na rodovia é desencorajado? Sim, não, não.

Legal, tem dias que você já sente a dependência do funcionário. Há sempre e em toda parte esses dias, mesmo em relacionamentos privados. Mas ainda há alguma liberdade que você pode usar. E mesmo que a vida profissional não tenha sido criada principalmente para se divertir, ainda há oportunidades suficientes para aproveitar caso a caso, para se desenvolver e não perceber os "guard rails" como uma verdadeira desvantagem.

Eu vejo esses requisitos básicosEu tenho estas recomendações neste contexto:

Você tem que ser muito bom no seu trabalho – isso é um requisito mínimo. O que você está fazendo lá pode exigir apenas cerca de 80% de suas habilidades técnicas e até 95% nos horários de pico. Mas venha o que vier, fique tranquilo ainda tem reservas. Isso o torna "altamente valorizado" e geralmente considerado difícil de gastar.

Então você tem que ser soberano quando se trata das tarefas que lhe são atribuídas. Isso significa ser capaz de lidar com uma situação ou tarefa a qualquer momento, até mesmo para ser superior.

(definição de palavra estrangeira Duden para "soberano"). A propósito, qualquer um pode em qualquer lugar

ser "assim" - mesmo que seja "empilhamento de caixotes". Se você não tem esse sentimento hoje, não está no melhor emprego.

Quanto melhor você estiver em seu lugar, menos dependente você se sentirá. Não se preocupe se esta exigência é estatisticamente executável para todos e se é possível para todos cumpri-la - é sobre você, trabalhe sua base pessoal aqui.

1. Então você precisa de uma autoconfiança saudável (além do limite da arrogância), uma disposição saudável de correr riscos e nenhum "medo da própria coragem". Por exemplo, recebo perguntas de candidatos que receberam uma oferta de emprego. Eles então perguntam algo como: "Diz que o salário é revisto anualmente. Isso significa que também pode ser alterado para baixo? Estas são perguntas de perdedores.

2. Uma persistência mesquinha e tacanha nos detalhes é incompatível com a soberania exigida.

aí está você em umVocê ficou preso em uma passagem de bonde em uma viagem de negócios e não foi pago por duas horas extras. E daí? Você sobrevive a isso – e você realmente tem objetivos profissionais exigentes, então o que significam essas ervilhas que você está contando? Isso também se aplica à área técnica/factual do trabalho diário. A sensibilidade do tipo mimosa e a preocupação pessoal constante só prejudicam.

3.

Diz-se que os regulamentos são muito importantes ao gerenciar organizações complexas. Você também precisa conhecê-los, mas muitas vezes as soluções só podem ser encontradas se você tirar o melhor proveito delas. Quem, por segurança, só dirige a 65 km/h quando a velocidade máxima é de 70 km/h, vai puxar uma fila atrás de si. E quando há filas de carros, o mais lento sai na frente

— este não é um título honorário. Simbolicamente, você deve dirigir 80 se estiver escrito 70 nas placas (não, não, não realmente na estrada, apenas pictoricamente).

4. Você precisa entender o que está acontecendo ao seu redor. Por que esse (por exemplo, meu) chefe reage dessa maneira nessa situação, com o que ele está com raiva e com o que está feliz? Por que a administração está agora dando instruções tão gerais e por que os colegas não gostam quando...? Você não pode dominar um sistema que não entende.

Você deve conhecer as regras pelas quais este jogo é executado. No futebol também é assim - se você não sabe porque isso ou aquilo está acontecendo agora, dificilmente vai curtir como espectador, e muito menos como "jogador". campo profissional – se possível, você precisa conhecê-lo. Um pequeno exemplo: seu chefe é um homem razoável. Se você der um bom motivo pelo qual perdeu um prazo, ele geralmente responde com compreensão ou, pelo menos, ouve seus argumentos. Mas se o chefe dele também estiver presente, ele fica irreconhecível e pode repreendê-lo ao menor contratempo. Por que? Porque faz diferença se ele é "justo" com você ou se ele aparece para o chefe como alguém que pode ser "muito brando" na liderança, que não t passar com seu povo - e porque ele pode ser exatamente isso A acusação só teve que ser ouvida três dias atrás. A longo prazo, só pode haver respostas para a pergunta "Por que as coisas funcionam/funcionam assim na empresa nesses casos?", não um encolher de ombros. Você não pode jogar golfe, pôquer ou mesmo bridge sem conhecer as regras escritas e não escritas. E especialmente os profissionais de primeira classe (assim como seus superiores) de todas as disciplinas não fazem nada em seu "esporte" sem motivo.

5. Agora o ensino médio de tudo: você precisainformações, você deve saber alguma coisa! Algo? É muito pouco, "tudo" seria impossível de alcançar, mas as coisas caminham nessa direção. Estou sentado diante de engenheiros graduados que expressam a suposição de que seu chefe não gosta deles e tem algo contra eles. Então o questionador é um graduado universitário - e ele não sabe quem é o chefe. Ele não sabe! Isso não precisa necessariamente ser a solução, mas se você não sabe disso, não sabe o suficiente.

Conhecimento é poder, muito dele (de conhecimento) édificilmente concebível. Para realmente entender pessoas como chefes, patrões, colegas, etc., tenho que me interessar por eles. E pelo menos ouça com atenção quando eles disserem alguma coisa. É então necessário fazer uma ou outra pergunta adicional hábil de tempos em tempos (escutar é desaprovado!).

Não me pergunte como fazer isso, depende de seus chefes, de seus colegas e de sua própria personalidade. O principal é que você veja a necessidade de conhecer o máximo possível sobre o seu ambiente profissional. Como os chefes geralmente são bons atores e gostam de conversar sobre si mesmos, há muitas oportunidades de obter informações.

Exemplo: você temum diploma do ensino médio 1.x e um diploma universitário adequado. A regra oficial é: quanto melhor, mais valioso. Então você pode pensar: Ele é meu chefe, então provavelmente ainda melhor do que eu. Assim, quando surge o tema das qualidades ou notas do treinamento em uma viagem de negócios ou tomando uma cerveja à noite, indico claramente – de forma indireta, mas mesmo assim – que minhas notas são muito boas. No entanto, existem chefes que têm resultados muito piores em seus papéis.
Não seria tão bom para você então. Mas há até patrões que têm filhos que acabaram de reprovar na Abitur. Então, sua referência repetida a como você se destacou no ensino médio teria sido um erro grave.

Então você tem que saber "algo assim". E se ele não lhe disser voluntariamente, pergunte a ele quando tiver uma chance. Não: "Que notas você tirou?", mas algo como:
"Você tem muita experiência em recrutamento. Recentemente, discutimos isso em um círculo de

amigos: Qual o papel que você realmente atribui ao Abitur e às notas dos exames?" Das suas respostas, pode-se tirar conclusões (todas as pessoas com notas ruins tendem a pensar que "algo assim" não significa nada). .

Essas informações não são apenas sobre o chefe, mas também sobre planos, gostos e desgostos do conselho de administração, sobre conceitos corporativos de longo prazo, etc. Na empresa, você conhece pessoas que, por sua vez, conhecem pessoas que ...

Seja como for que você queira ver, não saber depois de cinco anos de trabalho se seu chefe é graduado em TH ou FH deve ser visto como criminalmente descuidado. Porque você só pode tratar alguém adequadamente se puder classificá-lo e atribuí-lo.

6. Então idealmente você é
- muito bom na sua área,
- autoconfiante, confiante e – dentro dos limites – disposto a assumir riscos,
- generoso em detalhes e não sensível como mimosa; não um contador de feijões, mas um funcionário atento às conexões, ao essencial,
- alguém que entende seu ambiente, conhece as regras,
- fornecido com informações suficientes sobre seu ambiente - para que você possa evitar armadilhas e aproveitar as oportunidades de maneira direcionada.

Eles sempre são emboraainda um empregado, mas chega bem perto de um livre desenvolvimento de sua personalidade. Ou: Só é divertido tocar piano se você dominar o instrumento até certo ponto, todo o resto é um tilintar.

7. A questão das possíveis possibilidades de desenvolvimento agora permanece:
a. Olhe além da filosofia de "cozinha" ou "álbum de poesia"

deste ditado e julgue apenas o conteúdo:

Se a dura palavra 'você tem que' atormentar seu coração, então use a orgulhosa palavra 'EU QUERO' para substituí-la, forte e silenciosa.

Você não está aborrecido com um prazo que foi definido para você, você quer (!) terminá-lo até então. Se você se abrir para isso, funciona (espaços livres também são uma questão de percepção e definição).

b. Em todo trabalho há uma liberdade que você abre e expandepode. A tática do salame ("fatia por fatia") funciona melhor. E como diz o ditado em todas as organizações maiores: "Se você não tem voz aqui, a culpa é sua" (isso não é lingüisticamente limpo, mas memorável).

c. Quem, como chefe, restringiria desnecessariamente a liberdade de um funcionário tecnicamente muito bom, muito comprometido, que entende seus superiores, conhece as regras e se interessa por tudo? Claro, os pontos exigidos de 1 a 4 também incluem que você mostre aos seus superiores o respeito necessário, que não dê a impressão de serrar a cadeira deles e outras coisas desse tipo.

Quanto mais medoo patrão tem, esse "grande" funcionário pode pedir demissão, melhor para ele - e para sua liberdade.

d. Eu também já fui jovem.E analiticamente forte, retoricamente ágil, autoconfiante - uma combinação totalmente nojenta do ponto de vista do meu chefe sênior. E eu estive certo muitas vezes. Eu gostava de discutir e sempre tive um objetivo: o meu era vencer. Até que sua experiente secretária me disse que não estava indo bem - e "ele também quer ganhar algum dia". Essa foi a minha experiência chave. Então eu deixo ele (ganhar) muito. Foi um investimento, valeu muito a pena. Em geral, a melhor maneira de evitar ficar com raiva do chefe é muito "simples": torne-se você mesmo o chefe. Isso é divertido. E então você não fica com raiva apenas de seu chefe, mas também de seus funcionários. Ou metade dos dois.

O trabalho que você tem é apenas "metade da batalha"
Existem alguns fatos e insights que você pode ignorar, mas realmente não pode negá-los. E, no entanto, a tentativa é sempre feita com prazer:

- O funcionário - e principalmente o gerente contratado - precisaemprego por um empregador. Sem eles, ele está em algum lugar entre "fora de função" e "dependendo de pagamentos de transferência".
- Ele pode perder o emprego que tem atualmente. A qualquer hora, sem avisoe também sem culpa sua. Ele nunca pode ter certeza de que uma relação de trabalho existente durará "para sempre".
- A perda involuntária do respectivo emprego é uma ameaça à vidaCatástrofe. Existe apenas uma solução sensata: um novo emprego em uma posição comparável ou melhor com um novo empregador.
- Qualquer pessoa que esteja em uma relação de trabalho não rescindida e "não ameaçadora" também é
na realização de atividades profissionais (ex.Ascent) dependem de um para encontrar um novo emprego em uma posição bem melhor com um novo empregador. Este caso de necessidade também pode ocorrer a qualquer momento.
- A regra a ser derivada disso é: Você sempre precisa de a) um livreterminando o trabalho e b)a certeza de encontrar

um emprego tão bom ou melhor se necessário (!) a qualquer momento (de preferência vários, as pessoas querem ter escolha). E isso também o mais rápido possível.

Para resumir: a) está na cabeça dos funcionários, b) não está. É assustador ver que os funcionários de longa data prestam tão pouca atenção a isso quanto os gerentes de alto escalão. O seguinte se aplica a todos:

- O trabalho que você está fazendo agora é apenas metadeentão "ótimo" se você não tem osabendo que você pode encontrar um substituto adequado a qualquer momento. Para isso, você precisa de dois pontos de partida:

1. Esses empregos devem existir com frequência suficiente (setor, atividade, tipo e tamanho da empresa, remuneração, etc.). Ocupar o único cargo de certo tipo no país não deveria deixá-lo orgulhoso - é bastante estúpido.
2. Suas qualificações especiais em termos profissionais e pessoais devem corresponder aos requisitos padrão de empregos existentes e comparáveis.

Felizmente, esta informação está agora "na rua". Os anúncios de emprego contêm muito do que você precisa saber - a cada três a seis meses, você deve consultar os quadros de empregos e ver se consegue encontrar alternativas. E a cada poucos anos, uma ou duas aplicações concretas não podem causar danos. Talvez esta campanha até lhe dê impulso em seu planejamento de carreira.

Assim, o "ensino médio" do planejamento de carreira consiste em aceitar apenas empregos para os quais haja um número suficiente de substitutos em caso de emergência. Portanto, o seguinte também se aplica: "Não despreze o padrão para mim" (livremente adaptado de "Die Meistersinger von Nürnberg" de Richard Wagner).

2.3.4 Procure alternativas, tome decisões, assuma riscoscarregar

Nos vinte e cinco a trinta anos entre o início da carreira e o fim da mobilidade no mercado de trabalho, você continua encontrando "cruzamentos" e "cruzamentos" onde não há sinalização. E agora?

2.3.4.1   Mudar depois de mais de 20 anos?

Há mais de 20 anos sou gerente de vendas de uma empresa alemã
grupo industrial ativo.

Há algum tempo houve uma mudança de propriedade e devido a outras circunstâncias desfavoráveis de natureza interna, a empresa não está em uma situação econômica muito boa hoje. Áreas de negócio deficitárias já foram encerradas, colaboradores com mais de 57 anos estão a ser encaminhados para "reforma antecipada", outros colaboradores (particularmente mais jovens) com potencial saíram da empresa por falta de perspetivas.

Nesta situação, estou considerando a ideia de uma mudança, para a qual obviamente teria que me candidatar externamente.

Você recomenda uma mudança nas circunstâncias apresentadas? Quão promissora é uma candidatura agora, considerando minha idade (início dos 50 anos), o tempo de serviço e a condição futura do mercado de trabalho? E a empregabilidade dos executivos mais velhos?

Sua frase introdutóriaisso não é verdade! Pode ser uma coisa pequena, mas revide
o começo" (depois de Ovídio, "Remédio para o amor"). Eu pego isso porqueos candidatos também lidam com os fatos de forma tão "confiante" nas candidaturas. E você trabalha com vendas, então a desconfiança é sempre apropriada quando se trata de detalhes (experiência de

vida).

Trabalhas para um grupo de empresas que está sujeito às vicissitudes da vida empresarial há "mais de 20 anos", isso mesmo, o teu currículo mostra-o claramente. Mas no começo você era um iniciante de carreira e nos primeiros anos seguintes – claro – não um gerente. Você foi o último por menos de 20 anos. Os aplicativos, que sempre tenho "no fundo da minha mente" aqui, são sempre uma amostra de trabalho, portanto, esteja avisado e tenha cuidado.

Em primeiro lugar, para tranquilizar os leitores que muitas vezes me classificam como "julgamento muito duro" (no meu mundo profissional isso seria muito melhor do que "muito brando, muito indulgente, um benfeitor"): Você, querido remetente, tem uma educação no seu melhor: engenheiro TU, doutorado, treinamento adicional em administração de empresas, portanto, também não precisa de nenhuma clemência especial.

E então você inventa algo como o terceiro parágrafo: Para mim, a primeira parte da frase grita algo para o mundo – só temos que descobrir o que é. Suspeito que seu subconsciente, moldado por esses mais de 20 anos sem uma mudança externa, nos mostra aqui o quão "impensável" uma separação desse único cenário patronal que você conhece ainda lhe parece.

Caso alguém não consiga entender meus pensamentos espontaneamente: Em primeiro lugar, alguém diria "nesta situação" como uma introdução, não "em". Mas isso é um pouco. Mas aí "considero a ideia de mudar". Em primeiro lugar, isso não é legal: "Pensamentos de mudança" não são bons, então deveria

ser chamado de "Pensamentos de mudança". Mas apenas "eu pondero o pensamento" é algo enorme. Algum de nossos grandes e velhos filósofos já pensou nisso? Um homem de ação pensa e pondera ações, isso é o suficiente. Um engenheiro de pensamento legal e prático teria formulado aqui, por exemplo: "Nesta situação, estou considerando uma mudança" ou "... estou considerando uma mudança". Não, com você acredita-se que se pode literalmente sentir a explosão emocional,
mer acionado.

No entanto, aplica-se o seguinte: Os funcionários têm contratos de trabalho com opções de rescisão mútua. É de se esperar a qualquer momento que um lado ou outro faça uso dela. Portanto, é um processo completamente normal quando um funcionário (incluindo um gerente) muda várias vezes durante sua vida profissional. Hoje, pessoas como eu até recomendam mudar após cerca de dez a quinze anos de serviço com um empregador, mesmo que não haja motivo urgente. Isso também é feito para que, se você tiver que ir um dia depois, estará em prática e não ficará sobrecarregado. O último pode acontecer a qualquer momento, como você pode ler de mim de novo e de novo. Então, porém, a busca por um novo empregador não deve ser uma monstruosidade quase impensável, mas uma rotina razoavelmente familiar. Posso ajudá-lo em certas áreas, mas não posso resolver seu problema central.
Vamos abordar as áreas problemáticas relevantes:

Sua carreira até agora: Do ponto de vista de quem está de fora, atingiu o pico há alguns anos. Antes disso, você foi diretor administrativo de uma empresa de vendas com xxx milhões de vendas e responsável por um grande número de funcionários em um grande número de países. Desde então, você está em uma função diferente, não é mais MD, sua responsabilidade pelas vendas agora é de cerca de um terço, seu escopo de gerenciamento é inferior a um décimo

"Tamanho". Pode haver explicações para o insider, mas todos os três indicadores (posição, rotatividade, funcionários) estão apontando para baixo e não é tão fácil desvendar uma promoção. Não é sobre se você é "culpado" por aquela mudança, se ela está relacionada ao seu desempenho ou não.

Por outro lado, a pergunta é simples: por que você aguentou o corte ocorrido há alguns anos? Eles eram mais jovens e tinham um bom motivo para sair! Se esse momento coincidisse com a mudança de propriedade acima mencionada, você teria dois motivos muito bons.

a. Suas chances no mercado de trabalho, especialmente considerando sua idade: Acho que posso ver por alguns detalhes em sua apresentação que esta questão é particularmente premente para você. Isso, por sua vez, é absolutamente injustificado. Porque você pode obter a resposta para esta parte da pergunta sem muito esforço e sem nenhum risco particular: basta escrever cerca de dez aplicativos e ver se você é interessante.

Como você deixa o diretor administrativo e a altíssima responsabilidade de vendas e funcionários serem tirados de você sem luta (é assim que parece), é melhor aplicar para gerenciamentos de vendas (parciais) que correspondam à sua área de responsabilidade atual . A indústria e os clientes devem estar o mais próximo possível do ambiente atual.

O princípio: Os candidatos com cerca de 50 anos e acima de tudo comercializam o que podem provar, ou seja, o que fizeram até agora. Em contraste, aqueles com quase trinta anos comercializam seu potencial presumido para o que poderiam ser capazes de fazer. A suposição é que o homem de 50 anos já tirou de si tudo o que havia nele; ele pode fazer o que está fazendo hoje (ou o que fez da última vez), ele oferece essa qualificação. Isso, por sua vez, é sua vantagem sobre o alpinista mais jovem, que nunca trabalhou exatamente na responsabilidade que agora está em discussão.

E você precisa de uma razão compreensível para a mudança pela qual está lutando agora. Com a referência já na carta de candidatura a

"Incertezas econômicas" e "Incertezas quanto à continuação da existência da empresa em sua forma atual" você tem essas – boas – razões. Se eles estiverem faltando, você dá margem à suposição de que seus chefes estão insatisfeitos com seu desempenho.

O que você deve fazer agora? Experimente as suas chances no mercado de trabalho, você só precisa tomar a decisão final quando tiver ofertas de emprego prontas para serem assinadas. Só para garantir: você se inscreve "secretamente" pelas costas do seu empregador anterior e só avisa quando assina um novo contrato de trabalho. O mercado de trabalho oferece aos executivos cerca de 50 boas oportunidades, principalmente em empresas de médio porte.

b. Riscos de ficar com o hojeEmpregador:
- a situação pode ficar ainda pior;
- o GAU é a rescisão pelo empregador se você for três anos mais velho (e ainda longe de se aposentar);

- ninguém pode lhe dar segurança, nem mesmo seu chefe; ele deveria ter preocupações semelhantes às suas; se alguém sabe alguma coisa, são os proprietários, mas eles não farão nenhuma declaração vinculativa.
c. Riscos de mudar (ou tentar):
- o fato de você não conseguir encontrar um novo emprego não é um dos problemas; então você só tem que ficar, você não tem escolha e realmente não fez nada de errado por ficar;
- Você está sintonizado com um determinado ambiente de empresa há vinte anos, seus pensamentos e ações instintivos são voltados para isso; Você ficará surpreso com o quão "diferentes" outras empresas podem ser em todas as áreas; o risco de cometer erros graves, principalmente no início, é grande;
- Você não tem rotina para selecionar cargos adequados a partir de anúncios e descrições de cargos, para reconhecer o caráter de um chefe na entrevista de emprego; Eles não sabem que perguntas fazer, como distinguir boas ofertas de más, etc.; Estatisticamente falando, você corre grande risco de precisar ou querer se candidatar novamente depois de um ou dois anos (mas então você estaria em uma posição muito pior do que está hoje);
- Você pode ir de mal a pior sem chance de saber de antemão – os problemas podem ser maiores com um novo empregador do que com o antigo (empresas foram vendidas três dias após a entrada de um novo gerente). Conclusão: Seu principal problema, "Quão popular sou em minha situação especial no mercado de trabalho?" é fácil de resolver - basta experimentá-lo. Enquanto você

não assinar um contrato, nada acontece. Se ninguém te quer (o que eu não acredito), você não precisa tomar nenhuma decisão. Então, o seguinte se aplica: confie em cumpri-lo. Mas então você finalmente teria descartado sua única arma na luta pela existência, aquela espada invisível ao seu lado que diz "Resignação".

2.3.4.2 **meu chefe não me quer**como sucessor

Pergun

Eu sou "cerca de 40", Dipl.-Ing. (FH), originárias do Service e start-up da filial X, que, em uma inspeção superficial, definitivamente poderia ser considerada algo especial (pelo menos do ponto de vista do meu ambiente atual).

Durante cerca de quatro anos fui responsável por uma área técnica (manutenção, entre outras) numa unidade fabril de um grande grupo da indústria química. Tenho responsabilidades pessoais significativas. Eu realmente gosto da tarefa e (quase) todas as condições de contorno são boas.

Em dois ou três anos, gostaria de assumir o cargo de meu gerente como técnicogerente técnico e vice-gerente da fábrica assumirão quando meu chefe se aposentar.

Trabalho em estreita colaboração com o gerente de RH responsável. Fiquei sabendo por ele que meu gerente deveria indicar um possível sucessor. Como resultado, recentemente abordei meu chefe e perguntei sobre um possível desenvolvimento de carreira. Após cerca de cinco anos no meu cargo atual, ele recomendou que eu procurasse o próximo passo na carreira dentro do nosso grupo. Ele não apontou uma possibilidade concreta em nosso trabalho, não falou de seu sucessor.

Como esperado, ele então me perguntou sobre minhas ideias e conceitos. Eu imediatamente mencionei seu sucessor como o próximo passo.

Infelizmente, sua resposta não foi muito específica. Se perguntado, ele poderia dar três nomes, um dos quais seria o meu. No entanto, o Conselho de Administração do nosso subgrupo também desempenha um papel fundamental na decisão de quem preencher o cargo. Ele teria pouco controle sobre isso. Não estou satisfeito com este resultado aberto.

Esse gerente de RH casualmente me enviou a informação de que eu teria que me envolver mais na conversa "em outra posição (superior?)" para progredir Minha ideia é marcar uma reunião com o próximo supervisor superior (gerente de fábrica) em nos próximos meses para que eu possa ser considerado um sucessor. Esta é uma maneira viável, posso me queimar fazendo isso? Tenho um relacionamento muito bom com meu empresário e não quero arriscar isso.

Uma fábrica estrangeira da minha indústria na área está procurando um novo gerente técnico. Uma empresa de consultoria de pessoal comissionada solicitou meus documentos. Uma conversa está pendente.

Acho que uma mudança de curto prazo seria um pouco cedo demais para mim. Qual a sua opinião?

Responde

Eu tenho que explicar uma característica especial da sua indústria aqui para os outros leitores:
Na engenharia mecânica e áreas afins, o gerente técnico está um nível abaixo do GF e é o chefe de desenvolvimento/construção e produção, entre outras coisas. Ele também tem manutenção, etc. Em química e áreas afins, o gerente técnico é, em princípio, responsável pelas instalações de produção, seu design e bom funcionamento. Ele não é responsável pela

produção contínua e certamente não pelo desenvolvimento do produto.

Por que isso é importante? Porque os gerentes técnicos de química que se candidatam a gestão técnica em engenharia mecânica muitas vezes não entendem que estão comparando maçãs com laranjas e não têm a menor chance. E vice versa.

Seu chefe, claro, não quer você como sucessor dele, o comportamento dele étípico disso. Primeiro ele nem fala do conhecido caso do sucessor dele, depois ele coloca você entre vários candidatos, por fim ele põe a diretoria em jogo – o que for decidido, ele não quer que tenha sido.

BasicamenteAplica-se o seguinte: manter um gerente empregado (exemplo oposto: proprietário) fora da busca por seu sucessor ou, pelo menos, fora da decisão sobre seu sucessor. Existem várias boas razões para isso. No entanto, se o seu gerente de RH estiver certo, seu chefe está realmente envolvido na busca de um sucessor crucial.

Mas: Seja com ou sem influência direta no preenchimento de seu próprio cargo: Seu chefe nunca poderá garantir que você conseguirá o emprego, pois os chefes dele são os responsáveis diretos por isso. Mas em qualquer caso, seu poder é suficiente para impedi-lo. Então:

.

As pessoas querem ver coisas boas comprovadas sobre os outros, mas imediatamente acreditam em coisas ruins.

Se o seu supervisor é o responsável final ou continua responsável pela questão da sucessão ou não: Se ele explicar "lá em cima" que você não pode fazer isso, você está "morto" para essas considerações.

A propósito: não acredito no relacionamento muito bom que você afirma ter com seu chefe!

De acordo com a crença popular, 'muito bom' implicaria mais compreensão por parte de seu chefe sobre seu desejo de sucedê-lo - e sua colocação no topo de sua lista de candidatos. No entanto, ele parece estar pensando em você:

"Muito bom homem, mas nada mais..." Conclusão: Nos últimos anos você não conseguiu convencê-lo de seu potencial para seguir seus passos. E é claro que há muito ele comunicou internamente essa atitude reservada em relação a você.

No que diz respeito ao encontro com o gerente da fábrica: o projeto também pode prejudicá-lo. Se esse chefe próximo informar seu superior direto sobre sua iniciativa correspondente (50% de probabilidade), este último ficará aborrecido.

Mas o gerente de RH nem quis dizer esse único compromisso! Você não deve falar com este homem, você deve "falar sobre" com o nível de gerenciamento mais alto, eles devem conhecê-lo, apreciá-lo, falar sobre você e "automaticamente" levá-lo em consideração ao falar sobre cargos interessantes. Este é um projeto de anos de intenso esforço, não se ganha nada com um único compromisso. Aplica-se (deveria ter-se aplicado) para atrair a atenção de "escalões superiores" com conquistas, sugestões, iniciativas - passando por seu chefe, sem despertar seu descontentamento. Isso é possível, mas requer um alto nível de energia, habilidade tática e instinto. Ou vamos colocar desta forma: se você não pode fazer isso, você não pode facilmente se tornar o sucessor do chefe.

Lembro-me de um exemplo:Era uma vez um menino cuja escola ganhou um novo diretor. E os pais interessados perguntaram durante a refeição como seria o novo diretor. Segundo o pequeno, ele estava bem. E acrescentou calmamente: "Conhece-me, cumprimenta-me." Isso foi - transferido para aquele ambiente - o que se quer dizer aqui. Como o sujeito conseguiu isso nunca foi explicado.

Uma carreira dificilmente pode ser feita apenas com boas qualificações especializadas. O que vai além disso é crucial para o sucesso. Receio que, da perspectiva de hoje, suas chances de suceder seu chefe sejam muito pequenas. Nesse contexto, é um alívio para você trabalhar em um grupo em que muitos funcionários têm períodos de serviço muito mais longos do que seus poucos anos e que você, como entrante no Side, veio de um ramo completamente diferente com estruturas certamente diferentes. Nesse ambiente, você não era "tingido na lã" a princípio.

Com o "trabalho estrangeiro" da sua indústria, existe uma possibilidade, mas a princípio é só isso. E o consultor de pessoal coleta potenciais candidatos, mas não decide sobre o preenchimento do cargo.

Você tem "cerca de 40 anos", a idade é boa para quase

qualquer posição. Você tem mais de dez anos de experiência profissional, o que é suficiente para qualquer cargo de gerência intermediária. Por oito anos você foi encarregado de tarefas gerenciais e por quase quatro anos você foi responsável por um grande número de pessoas. Seu tempo de serviço com seu empregador atual é muito curto, seu chefe não o quer como seu sucessor, você mesmo deseja subir na hierarquia, mas teria considerado um ponto no tempo em dois anos como ideal. esta é a posição inicial.

O pedido, porém, vem agora. Internamente provavelmente não haverá chance em dois anos; não sabemos qual será a situação no mercado de trabalho. Se você espera mais dois anos pelo cargo atual, mas não é promovido internamente, fica um pouco mais frustrado a cada dia. Eu tentaria externamente a partir de agora. Este pedido do consultor é um primeiro passo no caminho, talvez o decisivo para você. Nunca há certeza absoluta, nem na hora de escolher a hora, o novo emprego, o novo empregador ou o novo patrão. Responder com coragem quando uma oportunidade se apresenta ao longo do caminho é definitivamente um dos segredos do sucesso. Ou você segue as intenções de seu chefe e chega à conclusão de que não é adequado para tal posição.

2.3.4.3 Bicicleta versus status gerencial

Pergun
Eu tenho um histórico de migração, meus pais são da Turquia. Fiz o ensino médio e continuei a desenvolver: aprendizado, diploma do ensino médio, pós-graduação em engenharia. A tese recebeu um prêmio.

Mudei para o meu segundo emprego há cerca de quatro anos. Gostei muito de trabalhar lá, meus colegas eram ótimos. Tudo foi muito harmonioso e muito bom. Gostei muito de ir para o trabalho, foram cerca de 15 minutos de bicicleta. Se eu tivesse algo para fazer pela manhã, poderia fazê-lo facilmente ou sair no início da tarde. Eu tinha um relacionamento com meu supervisor que era ótimo, ótimo, ótimo. Para mim ele era mais que um chefe, eu podia falar com ele sem hesitar. Eu sinto falta dele agora. No entanto, nesta posição houve pouca mudança. Eu também queria expandir minha orientação internacional, mas não encontrei uma oportunidade para isso.

Encontrei um anúncio de emprego interessante na intranet do meu grande empregador e candidatei-me com sucesso (mais rendimentos, classificação como gestor, mais responsabilidade pelo projeto, também trabalho internacional). Eu estava realmente ansioso pelo trabalho e estava e estou altamente motivado para isso. São novos desafios, estou conhecendo novos processos e também tenho oportunidades de me desenvolver mais aqui. Na área anterior, teria que esperar mais três anos para chegar ao atual patamar salarial. Os novos colegas também parecem estar bem; o novo supervisor é uma pessoa boa e legal, pelo que posso julgar até agora.

O que está errado? No meu antigo emprego, eu morava "na esquina" e andava de bicicleta - sem engarrafamentos, sem viagens de carro. O novo local fica a 65 km de distância. Estou dirigindo nesta rota há cinco dias (você dirá que não é nada - na verdade, eu diria que sim). Eu havia me preparado mentalmente para a viagem com antecedência e conhecia a rota de viagens de negócios e seminários ocasionais. Agora eu percebi com um sobressalto que não fui feito para aqueles deslocamentos de carro, incluindo os engarrafamentos. Também não vou me mudar (a família se instalou no local de residência anterior, estou cuidando dos meus pais idosos).

Falei abertamente com meu ex-superior que me aceitaria de volta imediatamente (mas não como gerente e por um salário menor). Ele indicou oportunidades de desenvolvimento – eu seria atualizado em cerca de três anos, mas teria que esperar mais pelo próximo upgrade. O que posso fazer? Como posso saber o que é melhor para mim?

Responde

Quem lida diariamente com candidatos também acha que isso é bem possível,
com tanta antecedência. Vamos apenas esperar que nossos amigos chineses - ou qualquer outra pessoa contra a qual tenhamos que competir no mercado mundial - tenham os mesmos problemas. Quer dizer: para compensar, por causa da igualdade de oportunidades e tal.

Direto ao ponto: se o burro estiver muito confortável,

ele vai para o gelo. Este é um provérbio alemão, descreve sua situação na posição "antiga" e contém, digo isso para garantir, nenhum elemento condescendente em relação a você. Mas é assim – quando as pessoas estão indo muito bem, elas saem do paraíso (Adão praticou algo parecido, ele provavelmente ficou um pouco entediado também). Mas: Basicamente, sua decisão foi a mesma de antes, apesar das boas circunstâncias de Job sair e para fins de desenvolvimento pessoal

abrir novos caminhos,absolutamente certo. Algo assim acabará se tornando fácil

"devido".

A propósito: Em hipótese alguma volte para a posição anterior! Eles estavam entediados lá então - e estariam novamente em alguns dias. Olhe para frente, não para trás!

Ninguém gosta de longas viagens diárias, e apenas as pessoas mais opinativas adoram engarrafamentos. Mas ambos são o preço que se paga por um bom emprego neste país. 65 km é um pouco longe, você não deve fazer isso até se aposentar. Mas três a quatro anos é basicamente razoável em sua tenra idade. Você tem algo para isso. Você descobrirá que paga um preço por alcançar metas com mais frequência. Não existem circunstâncias ideais para a ascensão, certamente não. Mostre que você tem o que é preciso para ser um líder e apenas persevere! Fugir do primeiro problema não é solução

2.3.4.4 ficar ou ir

Pergun

Estou em meus 40 e poucos anos e estou no meu trabalho há mais de quinze anos-
geber, uma empresa americana.

Como você pode ver pelos documentos anexos, ocupei vários cargos no decorrer desta relação de trabalho. Além do próprio conteúdo do trabalho, meu foco sempre foi expandir minhas tarefas, idealmente acompanhado de uma promoção. Eu realmente aprecio oportunidades como esta em empresas americanas.

Conheço suas preocupações sobre mais de dez anos de serviço. Uma vez que algumas das minhas funções tinham conteúdos muito diferentes, gostaria de saber a sua opinião sobre até que ponto mantém as suas preocupações fundamentais sobre uma possível cegueira operacional. As seções individuais poderiam ser contadas como estações individuais, o que estaria novamente dentro da estrutura, ou sua recomendação se relaciona mais com o aspecto de "pertencer a uma empresa individual" do que com as atividades individuais?

Responde

A recomendação derivada do pensamento de candidatos a empregos típicos é: depois de estar com o empregador por cerca de dez anos, comece a pensar se uma mudança pode não ser comum, considerações podem ser aconselháveis. A razão para isso é a relutância que muitas vezes pode ser vista em relação aos candidatos com períodos de serviço muito longos. Isso, por sua vez, não se baseia apenas no instinto, mas também na experiência: muitas vezes você pode ver que em tais currículos após, por exemplo, B. quatorze ou vinte e um anos de serviço seguidos por um período muito curto de emprego, então um novo a mudança era devida.

a. O homem é uma "criatura de hábitos": os hábitos se aprofundam em nossa consciência; Em algum momento, não percebemos mais as características especiais de nosso ambiente como tal; há muito paramos de nos comportar de forma contrária ao código que prevalece em nosso empregador de longa data. E logo nos falta a capacidade de distinguir o que está no

Os "rituais de casa" do nosso patrão de longa data são padrão no mercado, o que deve ser considerado uma particularidade e que pode até representar uma exceção "exótica".

Suspeita-se que um novo funcionário com um tempo de formação tão longo na empresa anterior não consiga mais se ajustar ao novo ambiente ou até mesmo se recuse. Este aspecto também inclui os métodos de trabalho.

b. Por outro lado, se você mudou seu primeiro emprego depois de talvez três anos, o segundo depois de oito anos e agora deseja mudar seu terceiro emprego depois de talvez quatro anos, você tem experiência de como os novos empregadores podem ser "diferentes" – e já repetidas tais alterações aprovadas com sucesso. Acima de tudo: ele sabe que precisa se adaptar e é sensível aos problemas que surgirão em seu caminho.

Um pequeno exemplo (realista): Após dezoito anos de

serviço na empresa A, o gerente de departamento Müller chega à B. Eleimediatamente oferece ao "seu povo" o primeiro nome, porque isso era comum com A e ele não sabe de mais nada. B não gostou nada disso - a primeira mancha grossa no colete de Müller está lá, seus chefes estão olhando com desconfiança "o que mais ele provavelmente está fazendo". E: Na próxima mudança, Müller será mais inteligente e cuidadoso (assim espero); ele sabe onde as "armadilhas" podem estar à espreita.

c.

d. aquele mencionadoAs provisões contra longos períodos de serviço significativamente superiores a dez anos referem-se basicamente à filiação em um único empregador, ou seja, o "faixa" central.

e. It is intensified when these many years have been spent with largely the same activity, always in the same organizational unit at the same hierarchical level. It is clearly(!) weakened if several of these criteria have changed several times. Promotions are particularly helpful There is no fixed formula for weighting here. The applicant is at the mercy of or subjected to the very different feelings of different decision-makers. Among them are people who have been doing their job for twenty years and those who are new to the company. The respective situation on the labor market (many or few competitors) also reinforces or mitigates such concerns.

Mas: Qualquer pessoa que não tenha muito mais de dez anos de serviço com um empregador está mais bem preparada no caso de uma rescisão repentina do empregador. Por outro lado, se você tem certeza de que nunca mais quer sair de lá e que nunca precisa sair de lá, não precisa se preocupar com esse aspecto. Mas também teria talento para a clarividência.

.Depois do segundo grauproblemas de orientação

Eu sou Dipl.-Ing. (Uni), 30 e poucos anos, quatro anos de trabalho. No começo eu estava
engenheiro contábil, hoje - após mudança de empregador - trabalho no desenvolvimento de software de uma empresa de renome.

Quando eu estava com meu primeiro empregador, iniciei um curso de administração de empresas em meio período com foco em gerenciamento de marketing, que será concluído em breve. Essa decisão foi desencadeada pelo trabalho de curta duração na época. Eu queria usar isso para estabelecer as bases para tarefas posteriores de liderança/gerenciamento. Pela especialização em meu segundo grau, vejo meu futuro na interface entre mercado e tecnologia, ou seja, em vendas técnicas ou gestão de produtos.

Eu gosto do meu trabalho de desenvolvimento atual, me adaptei bem nos últimos dois anos e sou capaz de lidar com as tarefas que me são dadas. Um novo projeto de desenvolvimento será iniciado no próximo ano. Recebi o sinal (sem compromisso) de que poderia liderar uma pequena equipe durante esse período: a duração do projeto é de aproximadamente dois a três anos.

Em nosso local, quase não há oportunidade de obter uma posição em vendas/gerenciamento de produtos. Mudar para a sede da empresa está fora de questão para mim. Uma reorientação profissional para
A "candidatura de segundo grau" estaria, portanto, associada a uma mudança de empregador, que eu

certamente consideraria.

A minha pergunta: O que faz mais sentido, a tarefa de gestão ou a reorientação profissional?

Preocupa-me que, ao aceitar o papel de liderança, esteja definindo o curso na direção errada. No caso de uma reorientação posterior, já haveria um intervalo de dois a três anos entre a conclusão do segundo grau e uma aplicação em vendas/gestão de produto. Durante esse tempo, perdi a oportunidade de ganhar experiência de trabalho relevante neste novo campo.

Por outro lado, a mudança de empregador não deve acontecer muito rapidamente, e ter cumprido sua primeira tarefa gerencial provavelmente não prejudicará meu currículo ou meu desenvolvimento pessoal.

Responde

Não, provavelmente não vai. Mas eu vou o seu desenvolvimento pessoal
mal se eu não me conter fortemente. Vou listar as áreas problemáticas:

1. Eu diria que os graduados em administração de empresas são muito superiores aos engenheiros em termos de qualificações gerais. Evidência: você tem seu pequeno diploma no bolso, vá e tenha uma carreira. Sem qualquer sentimento de inferioridade, sem a menor vontade de fazer primeiro um curso complementar de engenharia para – passo a citar – "lançar as bases para tarefas posteriores de chefia/gestão".
Que tipo de caras eles devem ser!
Sério: basta uma sólida graduação em engenharia

(TU/FH) – como qualquer outra graduação individual – para fazer carreira até os mais altos níveis hierárquicos. No caso do engenheiro até o diretor técnico ou conselheiro. É claro que, no caminho, você deve estar disposto a pensar fora da caixa, a se interessar por circunstâncias fora da tecnologia pura, mas, em princípio, você também pode adquirir todo o conhecimento necessário enquanto cresce em áreas de responsabilidade cada vez maiores - o que inevitavelmente ser um processo gradual adquirir. Como milhares praticaram com sucesso antes.

2. Um curso complementar de estudo nunca faz mal – visto em princípio – e até adorna imensamente seu portador. Acima de tudo, o conhecimento que se adquire pode (e 5% dele será) extremamente útil em algum momento para e no exercício da "velha" profissão.

– Só pode ser que o esforço – considerável – exceda o benefício em casos individuais.

E pode ser que então tente a pessoa em questão a considerar e planejar coisas que não são boas para ela. E aqui estamos no meio do nosso caso. A história é assim: A - por exemplo - Dipl.-Ing. A tecnologia eletrônica será um dia um trabalho. Digamos que tudo o que ele adquiriu no curso de conhecimento básico e detalhado perfaz 100 "pontos". Então ele aceita facilmente que pode usar talvez 5% disso em seu futuro campo de atividade. Ele pode nunca precisar dos 95 "pontos de conhecimento" restantes, talvez possa usar frações deles em algum lugar ao concluir uma atividade importante. Seu amplo conhecimento nunca o prejudicará, e ele não apenas acumulou conhecimento durante seus estudos, mas também adquiriu e treinou habilidades. Mas todo mundo vive com essa cota de 5% (se você é cético, leve 10).

E nenhum e-engenheiro que hoje desenvolve software para celulares, mas que também sabe algo sobre a geração de energia elétrica e o funcionamento dos e-motores a partir de seus estudos, agora exige que seus celulares também lhe respondam em questões de rotação eletromotriz e demanda para produção de energia. Não, ele vive usando esses 5%. Mas deixe nosso engenheiro eletricista fazer um curso adicional de administração de empresas com especialização X: Então não há nada com 5% de aproveitamento do conhecimento desse treinamento adicional, mas deve ser encontrado um novo emprego em que você (estimado) use cerca de 75% do conhecimento adicional pode. E imediatamente.

– Portanto, acredito firmemente nas seguintes conexões: Do conhecimento adquirido adicionalmente, nenhum estudo adicional prejudicará fundamentalmente. Na verdade, sempre será útil se você armazenar com calma o conhecimento recém-adquirido, atualizá-lo ocasionalmente em detalhes e mantê-lo pronto para o dia em que precisar de partes dele (5%) em seu trabalho principal original.

Exemplo: Um engenheiro elétrico acabará se tornando um gerente de desenvolvimento. E, em seguida, lida com orçamentos de desenvolvimento (administração de negócios), custo-alvo (administração de negócios), mercado e desenvolvimento de produtos orientados para grupos-alvo (marketing) e as demonstrações financeiras anuais de uma pequena subsidiária recém-adquirida (administração de negócios), onde também é nomeado ao conselho de administração. Então ele precisa desse conhecimento adicional, seja ele adquirido durante seus estudos ou autodidata.

Estudos adicionais são bons para isso. Eles só se tornam perigosos se um novo emprego for procurado imediatamente (!) após a formatura, para o qual o novo conhecimento seria absolutamente necessário. Eu acho que é possível que em muitos casos isso faça mais mal do que bem.

A regra é: os estudos complementares servem sobretudo para poder resolver as tarefas que surgem no "trabalho principal", que por sua vez se baseiam no conhecimento especializado do estudo principal, ainda melhor, de forma mais convincente e eficaz para a própria carreira .

Este aspecto é sublinhado quando o estudo principal é de nível universitário e o estudo complementar é de nível SF.

3. Você, caro remetente, iniciou seus estudos complementares durante seu primeiro emprego e depois mudou para a empresa de hoje. Você sabia de antemão que não havia empregos do tipo que procurava no local que procurava e que não queria se mudar – o que quase sempre é um erro quando você tem altas demandas de trabalho. Você também sabia que teria que mudar de empregador imediatamente após concluir seus estudos adicionais para atingir seus objetivos profissionais. Sa 4.

4. No entanto, você não pode e não deve mudar de empregador agora. Seria então o terceiro em uns bons quatro anos - isso não é responsável. Para orientação:

Você deveria ter ficado com o primeiro empregador por pelo menos dois anos e com o segundo por volta de cinco anos. Então você estaria do lado seguro. Também no caso de algo "acontecer" no terceiro empregador. Além disso, dados seus dois curtos períodos de serviço (até agora), você também tem dois cargos que soam muito diferentes, se você pegar os títulos que você mesmo formulou em seu currículo. Em hipótese alguma você deve iniciar uma terceira área (vendas/marketing), pois perderia completamente o fio condutor.

5. A minha recomendação: Está tudo bem - desde que fiques onde estás, agarra com as duas mãos a oportunidade que te é oferecida e continua profissionalmente o que "gosta". Você só precisa dar ao estudo adicional a classificação – subordinada – que ele merece.

E não é certo que bons desenvolvedorestambém se tornem bons vendedores ou gerentes de produto. As áreas não são particularmente próximas na escala de talento humano, para dizer o mínimo.

6. A "função de interface" que você colocou em jogo merece um capítulo especial.

Admito que basicamente soa bem: Aqui, o foco do dia-a-dia não é a direção profana do cotidiano A ou B ou C, aqui você não se senta em uma cadeira padrão – mas de alguma forma mais entre várias cadeiras (porque em vários ao mesmo tempo, sim não funciona). Eu tenho que tentar explicar:

– Não há nada, absolutamente nada, que fale contra as posições padrão completamente normais sem nenhum componente de interface especial. Exemplos:

engenheiro de desenvolvimento, engenheiro de produção, engenheiro de vendas. Sua vantagem é dupla:

– Existem muitos deles no mercado de trabalho. Quem tem esse trabalho e não tem deficiências pessoais sempre encontra novas oportunidades.

– Essas posições fazem parte de uma carreira existente que leva direto ao topo. A partir daqui, você pode declarar qualquer posição final (MD) ou intermediária (gerente de desenvolvimento/produção/vendas) como meta de carreira e geralmente também alcançá-la.

Sua desvantagem: as funções padrão geralmente soam apenas medianamente "excitantes" ou "fascinantes" para o iniciante. Ao mesmo tempo, o topo da escada de carreira parece muito comum: "Diretor Geral" é um "trabalho normal do dia a dia", toda empresa grande tem pelo menos um. No entanto, este é o culminar de uma carreira.

– As vantagens e desvantagens das funções de interface são exatamente opostas, as últimas são:

– Existem apenas alguns deles no mercado. Muitas vezes é difícil, quando forçado a mudar, encontrar posições suficientemente novas do tipo que se perdeu ou está prestes a desistir.

Muitas dessas posições são independentes, pois não fazem parte de uma carreira predeterminada. Muitas vezes não existe um caminho pré-determinado para o topo, quem quiser subir de lá tem que lutar, explicar, fazer desvios e aceitar perdas. Como consolo: as tentações sempre parecem atraentes – caso contrário, não seriam. Mas para muitos (como diz o ditado) "o grande fim vem depois".

2.3.4.5 TerEu o "coisas para mais"?

Pergun

Tenho 40 e poucos anos e fui engenheiro de desenvolvimento em uma por muitos anos
empresa de médio porte com um departamento de desenvolvimento muito grande. Nos últimos dois anos, trabalhei com sucesso como líder de grupo. Depois houve uma ampla reestruturação, o departamento foi dissolvido, os funcionários foram distribuídos em outros departamentos.

Embora, aos olhos do meu gerente anterior, eu sempre tivesse feito um excelente trabalho e desfrutado de uma confiança especial, assim como muitos colegas, era um mentor valioso, eu pretendia apenas ser um escriturário na nova estrutura. Nos vários departamentos, outros funcionários foram destacados como líderes de departamento ou grupo.

Quando assinei um contrato de trabalho com uma nova empresa e me demiti, houve poucas tentativas de mudar de ideia. Agora estou trabalhando na nova empresa em uma posição de escritório. As funções como chefe de grupo ou departamento só ficam ao alcance depois de alguns anos, se é que chegam.

Estou pensando se nunca poderei ser outra coisa senão um balconista. Existe uma maneira realista de descobrir.

Responde

Quem gosta de ser o portador de más notícias? Mas posso
apenas diga o que eu gosto?
– Então, eu acho que há uma maneira de formular sua frase final

pergunta-responder. Duas notasEm primeiro lugar: o que estou listando aqui é evidência circunstancial, não prova. Não é possível fazer um prognóstico definitivo e confiável sobre o desenvolvimento de uma pessoa. E: Nenhuma dessas indicações é adequada por si só para justificar uma declaração bem fundamentada - mas em combinação elas são sérias:

1. Devido a circunstâncias especiais na Alemanha, que ainda estava dividida na época, você passou anos valiosos de sua juventude como uma espécie de motorista de ônibus e trabalhador qualificado. Quando você terminou seus estudos de FH, é claro que você estava bem velho. Como resultado, você perdeu os anos da juventude acadêmica em que se aprende com facilidade, absorve as condições ambientais sem problemas e permite que a personalidade seja moldada e moldada por esse novo ambiente com efeito duradouro.

Não estou dizendo que a situação em que você estava na época sempre foi desvantajosa ou que você poderia ser uma pessoa má por causa disso. Mas um iniciante de carreira aos 32 anos é "diferente", menos adequado ao padrão (ao qual todas as circunstâncias são adaptadas) do que alguém com, por exemplo, B. 25 anos. E ser "diferente", "não se adequar ao padrão", é sempre mais perigoso do que benéfico. Você também se desenvolve "de maneira diferente", muitas vezes não correspondendo às expectativas habituais de seus chefes. Uma base para um desenvolvimento muito especial poderia ter sido lançada aqui.

Do seu curriculum vitae em anexo, sou olhado por alguém que parece não sorrir e, portanto, é muito sério e também muito jovem. Ele está vestido com uma "camisa de lenhador" aberta. Esta não é, nunca, de forma alguma a aparência de candidatura de um homem que sonha com cargos de gestão.

Você simplesmente não faz algo assim, qualquer pessoa com talento para uma carreira teria um instinto para isso.

2. Claro, estou me concentrando no testemunho de seu empregador de longa data.

Isso descreve você como um engenheiro de desenvolvimento muito talentoso, muito capaz e bem-sucedido - sem quaisquer limitações. Todas as declarações são as melhores a esse respeito. Diz "... sempre e em todos os aspectos para nossa extraordinária satisfação". Isso pode ser equiparado a "muito bom". A renúncia a pedido próprio é certificada, o que muito lamentamos. Finalmente, o "desempenho sempre muito bom" é expressamente mencionado novamente.

Então você é um excelente engenheiro de desenvolvimento, sem dúvida. Mas, na verdade, estou procurando o menor indício de qualidades de gerenciamento/liderança - e não consigo encontrar nada. Embora seu status de líder de grupo esteja listado por último na lista de atividades, a liderança não é mais mencionada.

Então seu antigo chefe não (de propósito?) disse nada sobre isso - e você não percebeu.

3.

Com toda a probabilidade, toda a sua descrição sugere que eles o viam internamente como um desenvolvedor muito capaz e não como um líder talentoso.

4. Você era líder de grupo, foi rebaixado pela transferência, voltou a ser balconista e saiu. Isso mesmo, é assim que as pessoas geralmente reagem a isso. Mas havia apenas um bom motivo para mudar de empresa: você deveria ter lutado por um cargo de gerente de grupo na nova empresa com toda a energia de que é capaz. Ou você poderia ter dado a si mesmo toda a mudança. De alguma forma, você também sabe disso. Em um ponto de sua carta, diz: "Também trabalhei em um ambiente semelhante (como hoje) na antiga empresa. A única diferença é que eu... sou considerado iniciante na nova empresa." Isso é um grande progresso!

Agora você também fez algo em seu currículo que é pior do que o rebaixamento no antigo empregador (que não é visível no certificado): De acordo com o currículo e com o certificado, você era um líder de grupo na empresa A. Então você sai de lá voluntariamente - e vai para B como balconista (!) Aos 40 anos. lá também? Quem não avançou nesta idade só o faz em casos excepcionais.

Conclusão: Você é um ótimo profissional; Como sua excelente qualificação técnica para ingresso na faculdade já sugeriu, você pode lidar muito bem com todos os problemas técnicos. Mas o talento e a vontade de liderar são pouco desenvolvidos, provavelmente você não tem instinto de poder.

E enquanto folheio seus documentos repetidas vezes, encontro outra pista. Nada sério no assunto, mas crítico aos olhos do especialista, mostra que você realmente não "vive" neste mundo profissional com seus vários meandros. Você escreve, entre outras coisas:

"Eu me candidatei com o currículo anexo e depois de pouco menos de uma semana consegui uma segunda entrevista e o emprego. E isso, embora eu não tivesse uma referência de emprego na época." Este último, caro remetente, é sempre assim, completamente normal, nada de especial - e nem vale a pena mencionar!

Você estava em um relacionamento de trabalho contínuo quando se inscreveu. Você não tem certificado, é assim mesmo, aceita sem problemas. Às vezes você tem um certificado provisório, mas na maioria das vezes não. E você não recebe seu certificado final até o último dia útil, no mínimo - mas então você já teve todo o processo de inscrição para trás.

Portanto, acredito que haja uma resposta para a pergunta que você fez. Como consolo: não há declarações absolutas nesta profissão. Apesar de minhas dúvidas, você pode se deparar com a oportunidade de uma vida amanhã. Quão provável é isso?

2.3.4.6 Fique, troque com indenização,aumentando?

Pergun

Tenho 40 e poucos anos e trabalho como gerente de projetos em engenharia interna
das instalações de produção de uma grande empresa química. Não tenho nenhuma liderança fora da respectiva equipe de projeto.

Trabalho nesta empresa há mais de quinze anos e estou bastante satisfeito. Infelizmente, tenho sido desencorajado por minha administração por um longo tempo quando se trata de promoção. Eu estaria interessado principalmente em uma posição de líder de grupo sem responsabilidade de gerenciamento disciplinar. Sei bem que, como engenheiro de faculdade técnica na indústria química, gosto dos cargos mais altos
por exemplo, B. o de um chefe de departamento praticamentepermanecem fechados.
Minhas últimas esperanças de aumentar minha carreira foram frustradas recentemente porque o grupo quer reduzir significativamente seu pessoal. O processo já começou, haverá demissões e terceirizações de áreas individuais.

Bônus elevados de rescisão também são oferecidos se você deixar a empresa voluntariamente.

Atualmente, estou pensando em deixar o grupo e buscar um cargo de gestão de pessoas em outra empresa de porte semelhante, possivelmente menor, com o efeito prático de "levar junto" a indenização.

a. Faz sentido desistir nesta situação e ter a oportunidade de gerenciar a equipe em outro lugar?

Há uma promessa verbal de começar como gerente de projetos em outra empresa sem gerenciar funcionários, mas esse não é meu objetivo principal.

b. É melhor manter os pés parados e esperar a "tempestade" de demissões? Há sinais claros de que não serei afetado.
c. Faz sentido mudar na minha idade? Se houver problemas em um novo cargo, eu tenho 50 anos e depois tenho que voltar ao mercado de trabalho.
d. Se eu mudar, é claro que gostaria de levar a indenização comigo. Isso seria visto negativamente pelo antigo ou novo empregador?
e. Como você avalia os riscos e as chances de ir ou ficar? Como um pai sólido, devo ficar ou é "última chance de começar"?

Responde

A peculiaridade descrita na última frase do seu segundo parágrafo não precisa se aplicar a todas as empresas químicas, mas a indústria tem essa imagem que logicamente precisa ser sustentada. Baseia-se no fato de que – fácil de entender – a indústria química é moldada por químicos e também é dominada em muitas áreas. O químico clássico agora tem um diploma universitário e – uma característica especial deste campo – quase sempre um doutorado.

Por esta razão, os muitos químicos da empresa que possuem doutorado são tradicionalmente colocados como sócios nos departamentos técnicos com engenheiros (doutorandos) TH/TU/universitários.

Isso não precisa mais ser o caso em todos os lugares,

mas, como explica nosso remetente, ainda é o caso neste grupo (vendas na faixa de onze dígitos do euro).

Com as ofertas de compensação temos o núcleo poodle (livremente baseado em Fausto, Goethe). E a respeito do aparecimento do poodle, que pouco depois se revela ser Mefisto, Fausto diz de antemão: "E se não me engano, então um redemoinho de fogo/ seguirá em seus caminhos."

Voltaremos aos detalhes mais tarde. Vamos ao núcleo:

- Vamos resumir o que temos até agora em termos de tópicos maiores. Acima, escreva: "Infelizmente, minha gestão em termos de avanço." Justamente porque sua empresa é tão grande, temos que levar isso muito a sério: Depois de mais de quinze anos, seus superiores ainda não querem que você se torne "apenas" um líder de grupo. Seus chefes realmente não podem desculpar a falta de oportunidades para tal uma promoção. Encare a verdade: seus superiores não o consideram adequado. Então:

"Put it off" significa que foi falado. Isso, por sua vez, significa que seus chefes sabem perfeitamente que você tem ambições nessa direção. Então esses superiores também sabem (garantido!): "Se não dermos ao homem o que ele tanto quer, corremos o risco de ele ir embora." Mas eles decidiram: ele deveria ir, mas não vai se tornar um líder de grupo aqui.

Nas grandes empresas, em particular, aplica-se o seguinte: não foi um chefe mal-humorado e incompetente que descartou sua promoção, mas "o sistema" tomou uma decisão negativa. No caso dos grandes empregadores em particular, os superiores são indivíduos que pensam e agem individualmente, mas em grande parte representam "o setor desse ramo e o porte da empresa".

Portanto, tenha cuidado: essas pessoas podem estar certas, então você também pode falhar em outra casa com estrutura semelhante. Acho que é um perigo real. A minha opinião é suportada pela seguinte consideração:

O homem que é feito do tecido do qual são feitos os líderes de grupo ou mesmo os executivos de alto escalão faz um trabalho muito bom em algum lugar por cinco anos e se distingue. Sejamos generosos, deixe-o trabalhar assim por sete anos. Então, se tudo correr bem, seus chefes o promovem por conta própria. Se eles:

arrisquei, não este grande artista. Por ter sido "recompensado" de acordo, a afirmação é feita de maneira educada, mas inconfundível. Então ele dá a seus chefes no máximo um ano – e então ele se foi.

As conclusões a serem tiradas para você não são: não sou adequado como "líder de grupo e mais", mas, para ser mais eloquente: "Provavelmente não cumpro os padrões ideais de gerenciamento de uma corporação tão grande; que por sua vez pode ser visto em todos os lugares. Então estou mudando o tipo de empresa, visando especificamente ser líder de grupo em empresas de médio porte, então também tenho o 'bônus' de vir de uma empresa maior e mais renomada, o que vai impressionar meu novo empregador." Ou você pode deixar este projeto sozinho. Você tem que decidir.

- A compensação: segure um copo de mostarda para um grupo de pessoasde volta e incentivá-los a colher-lo. Ninguém vai "morder". Agora ofereça 100 euros, alguém se verá fazendo algo por causa desse "prêmio" que de outra forma não faria. Aí está o princípio da indenização: você é tentado a agir no interesse do outro lado, o que traz desvantagens para você e que você não consideraria seriamente sem esse bônus.

O risco é que, tentado pelo dinheiro "fácil", você se deixe levar por algo cujas desvantagens você mesmo "caia". A coisa é comparável àqueles cifrões que bloqueiam a visão do Tio Patinhas de tudo ao seu redor quando ele sente cheiro de dinheiro em algum lugar. Além disso, as ofertas de rescisão geralmente são limitadas no tempo, então você tem que encontrar um novo emprego sob pressão de tempo. Isso não é bom para o assunto de qualquer maneira.

Then it may be (ask beforehand) that you will receive a reference from which the intention of the employer to get rid of you (while keeping others) becomes evident for the rest of your working life. Depending on the further course of your career, this can cause serious damage to you.

Mas não podes aproveitar e levar contigo a indemnização se estás prestes a mudar e já tens em cima da mesa a minuta do novo contrato de trabalho? Leia o parágrafo anterior com o testemunho novamente - e pense na probabilidade de toda a constelação. Não, a empresa deseja transferir funcionários que, de outra forma, ficariam. E mesmo que as circunstâncias fossem tão favoráveis (uma nova oferta acontece), ainda há uma chance de você assinar onde não teria assinado de outra forma. O dinheiro é uma das grandes tentações. seja você mesmo, pelo menos, ciente dos perigos. O resultado "Dinheiro na conta, carreira arruinada" também não ajuda em nada.

Nunca se esqueça de quem são os interesses que dominam aqui: queEmpresa quer se livrar de funcionários e atrai com dinheiro. É menos sobre te fazer feliz.

Observação: posso parecer que estou atrapalhando os planos da empresa de reduzir o tamanho, alertando os funcionários para não aceitarem ofertas de demissão. Não há razão para tais dúvidas: o dinheiro que alguém acena é uma tentação tão forte que sempre há pessoas que vão "dar um copo de mostarda" para ele.

Basicamente, há muito você fez as pazes com sua situação atual - apenas a indenização está lhe dando "ideias".

Aconselho-o, tendo em conta todos os aspectos:

- Insira o objetivo de gerenciamento de pessoal a caminho de um aplicativo externoquerer obter (se algo mais surgir internamente, agarre-o). Esforçar-se pela gestão de pessoal porque uma oferta de rescisão desencadeou a ideia é um absurdo de qualquer maneira. Eles teriam que atingir um objetivo duplo (aceitar a indenização, ganhar um cargo de gerência) sob a pressão do tempo de uma campanha limitada de indenização por demissão, o que leva ao caos.

- De acordo com o princípio testado e comprovado "toda aplicação deve ser um (!) progressoalcançado", agora você pode mudar para o mesmo nível (sem gerenciamento) com pouco risco e levar a maldita indenização com você. É aqui que estaria o progresso - você também pode se convencer de que não tem chance de mais desenvolvimento no ambiente de chefe atual, mas esse pode ser o caso no novo. Essa mudança para uma posição que você dominou em seu trabalho atual e onde o risco de fracasso seria baixo poderia ser defendida. Você teria o pagamento da indenização para amortecer o risco sempre remanescente.

- Por uma questão de boa ordem: aviso só é dado após a assinaturasob um novo contrato de trabalho, e pense na questão mencionada sobre o que aparecerá na referência (quem avisou a quem?).

- O antigo (hoje) empregador quer se livrar dos funcionários, então ele paga por issofinalmente mesmo. Assim ele ficará feliz quando você for embora. Seu chefe pode estar triste, mas tem que contar com essas demissões.

Você não precisa e não deve dizer ao novo empregador nada sobre o pagamento da indenização. Se ele descobrir, o momento da mudança e a indenização foram apenas coincidência. Como você está no mesmo nível hierárquico

mudança e não como gerente, as exigências da "história" que você tem para contar não são extremamente altas.

- Se vocêSe ainda estiver inseguro, faça o que puder sem teria feito uma oferta de rescisão.

Não se esqueça: o dinheiro está sendo usado para induzi-lo a fazer algo que provavelmente énão é bom para você (caso contrário, você não teria que pagar um "bônus de saída da empresa"). A história com "Eu queria sair de qualquer maneira, para poder pagar a indenização ..." é extremamente improvável: Se os funcionários tivessem saído de qualquer maneira, nenhum bônus deveria ter sido oferecido.

2.3.4.7 Flexível, móvele para sempre para alugar?

Pergun

Como Dipl.-Ing. engenharia mecânica por muitos anos na área de
energias activas, durante vários anos como chefe de equipa. eu irei em breve
40. Minha esposa se dedica inteiramente à criação de nossos filhos.

Durante anos, você tem propagado conselhos de carreira de que um engenheiro faria bem em não ficar preso a um único local. Eu sigo essa regra até hoje e devo dizer que melhorei substancialmente desde a minha última jogada, que já faz alguns anos. Isso não teria sido possível com uma mudança local, especialmente porque minha indústria é – ainda – bastante restrita.

No momento moramos em uma casa geminada para alugar e nos sentimos em casa no meio rural. Agora estamos planejando nos mudar para uma cidade pequena. Por um lado, gostaríamos de ver escolas secundárias para os nossos filhos localmente, por outro lado, gostaríamos de finalmente projetar a casa e o jardim de acordo com nossas próprias ideias. Portanto, gostaríamos de construir ou comprar uma casa no novo local. Isso nos ligaria regionalmente a longo prazo. Você não constrói para sair imediatamente. Nesse caso, realisticamente falando, você perderia os custos adicionais de construção ou compra i. hv 15-20% cheio, o valor dos jardins paisagísticos etc. cerca de metade.

Agora, em muitos guias sobre provisões para idosos e acumulação de bens, o lema "sem aluguel na aposentadoria" é publicado. Essa meta também pode se aplicar a engenheiros preocupados com a carreira? Ou tenho que alugar pelos próximos 27 anos para permanecer flexível?

Responde

É basicamente parte do velho problema central da "profissão versus vida privada",
que você descreve claramente. De acordo com a pergunta, vamos nos concentrar no problema da casa. Não existe uma solução única que possa ser implementada em qualquer lugar e a qualquer hora! No final, a única coisa que resta é encontrar um compromisso em cada caso individual depois de ponderar todos os aspectos. O seguinte pode ser usado para ajudar:

1. Esta série enfoca aspectos profissionais. O seguinte se aplica claramente aqui: Qualquer pessoa que tenha ambições de carreira e queira explorar plenamente seu potencial deve estar sempre preparada para aceitar um cargo baseado em qualquer lugar da Alemanha. Isso se aplica tanto a transferências externas quanto a transferências internas.
   Princípio: Você não recusa a presidência da VW porque o escritório seria em Wolfsburg (isso é apenas um exemplo, não quero ofender os moradores que amam o lar desta cidade).
2. Mesmo um empregado que está disposto a fazer carreira em benefício de sua casaprescindindo, não pode evitar o princípio de acordo com 1.: Um dia ele perde o emprego – com ou sem culpa – e não consegue encontrar nada

nas imediações. Então ele se depara novamente com uma escolha: desempregado na velha casa ou pronto para se mudar.

3. Uma mudança de local de trabalho, da qual apenas algumas pessoas são poupadas durante uma carreira, pode ser "processada espacialmente" da seguinte forma:

– Eles percorrem distâncias muito longas (por exemplo, mais de 50-80 km) diariamente. Isso custa tempo, nervos, custos de funcionamento do carro e desagrada alguns chefes. A longo prazo, isso é um "horror sem fim" e insatisfatório.

– Você aluga um pequeno apartamento no novo local de trabalho, a família fica com a antiga residência, você se desloca no fim de semana. Isso lhe dá muito tempo em quatro dias da semana à noite que você pode usar profissionalmente, mas no fim de semana traz consigo muito estresse devido à direção e pode (!) afastar você de sua família. Além disso, alguns chefes também não gostam disso. Em particular, as empresas de médio porte "nas províncias" costumam gostar de ver (ou insistir) que o funcionário (mais antigo) more no local de trabalho. Esta solução de pêndulo também tem algo do "terror sem fim".

Sobre 3.1 e 3.2: Quase todos os empregadores tiveram experiências ruins com essas variantes: Depois de um tempo, o estresse resultante é frequentemente sentido pelo funcionário e/ou sua família como insuportável - é necessária uma solução melhor! Praticamente nunca se deve à mudança da família para o local de trabalho, mas leva a atividades do empregado em questão para procurar um novo emprego no local de residência familiar ("antigo"). Então o trabalho atual perde-

devolver o novo funcionário - sem nenhuma chance de poder fazer algo a respeito.

– A solução "mais limpa" é vender ou alugar o imóvel em conexão com uma mudança.

Isso certamente pode estar associado a perdas financeiras, sem dúvida. Mas: Você sempre muda de emprego (geralmente também de empregador e depois de local também) porque o novo compromisso está associado a vantagens – inclusive financeiras. Então você tem que contar um contra o outro. E: se eu sou um escriturário e quero ser gerente de departamento um dia, devo ter sido gerente de departamento em algum momento no caminho para minha meta individual, sem dúvida. Se agora eu tiver que aceitar desvantagens em uma área ao passar de grupo para chefe de departamento, isso pode ser perfeitamente aceitável no geral! No:

no final, um balanço é feito

4. Por alguma razão, somos um povo que dá muito espaço ao medo do possível, até mesmo do improvável. Antes queríamos conquistar o mundo – megalomaníacos – agora exportamos "Angst alemã". Não devemos exagerar. Uma vida sem riscos não é possível, mas você não precisa perder um jogo de futebol só porque um avião de passageiros totalmente abastecido pode cair no estádio.

5. Portanto, se temos que e podemos (!) viver com um risco limitado, o seguinte se aplica aos planos de construção de sua casa:

– Se você está com seu empregador há pelo menos 1-2 anos, se seu planejamento de carreira não fala contra poder permanecer lá por pelo menos mais cinco anos, melhor ainda dez anos, se você tem todas as informações que você tem sobre o empresa e patrões, não apresenta nenhum risco particular, então construa ou compre a sua casa. Funciona 80 vezes em 100. Confie que você é um desses 80.

– No entanto, planeje que provavelmente você não construirá "para a eternidade". Não projete seu objeto de sonho individual em todos os detalhes - de acordo com seu gosto, que é incomparável, com materiais ou um layout de sala nunca antes visto. Construa uma casa padrão em uma área com objetos semelhantes
– procure facilidade de revenda (ou oportunidades de aluguel). Não pergunte isso a um arquiteto, mas (de preferência a ela) a um corretor – que sabe o que o mercado local quer. A propósito, os corretores dizem que a localização é tudo para uma casa, o resto não é tão importante.

– Ninguém gosta de sair de uma casa para a qual acabou de se mudar. Dez anos depois, as coisas são diferentes: as famílias estão mudando, as casas são rígidas. E assim cabem apenas um momento na história da família. Filhos recém-chegados ou pais idosos que foram levados levam a problemas de espaço, e filhos que se mudam cedo levam a vagas antieconômicas. O que lhe pareceria insuportável logo após a construção (mudança/venda) um dia será concebível novamente, mesmo para sócios.

– Por fim, recomendo mais uma vez a lista de prioridades de Mell, que me é muito querida: anote tudo o que é importante para você, organize por prioridades - e obrigue-se a ocupar cada lugar dessa lista com apenas um aspecto. No número 1, escreva "quero uma casa" ou "quero ser líder de grupo" - mas apenas um deles, o outro vai no número 2 ou abaixo. Você também pode escrever "paz mundial" ou "uma vida sem usinas nucleares" lá, o principal é observar o princípio básico: decisões claras em todas as ocupações. Você pode alterar a lista em breve, mas não dilua o princípio. A propósito, você aprende a tomar decisões e pratica uma virtude gerencial clássica. O dono de uma empresa não pode dizer: Quero obter um lucro alto em minha conta particular e investir muito dinheiro na empresa. Ele também só pode ocupar o número 1 uma vez. Mas ele também pode mudar suas prioridades no ano que vem.

2.3.4.8   procurou uma alternativa

Pergun

Trabalho como engenheiro de desenvolvimento em meu primeiro emprego há nove anos.
empregador em uma indústria tecnicamente muito exigente. O produto é tecnicamente atraente, o salário é justo e o ambiente de trabalho em meu departamento é tudo o que você poderia desejar. Mudanças internas sem promoção ampliaram meus horizontes e minha rede na empresa.

No entanto, agora tenho uma certa sensação de falta de perspectivas profissionais. Além disso, dado o conselho desta série, estremeço com a ideia de permanecer em meu cargo até a aposentadoria e estou preocupado em como moldar ativamente minha carreira de maneira significativa.

Não quero apenas poder olhar para o futuro sem preocupações quando tiver cinquenta anos, quero ser acompanhada pela sensação de que fiz algo da minha vida profissional.

Considero-me comprometido profissionalmente e também ocupo cargos privados em conselhos de clubes e afins, embora em nenhum caso como presidente ou líder. Não estou lutando por responsabilidade pessoal e sou particularmente cético sobre tal passo em vista de minha experiência de vida até o momento. Correr esse risco sem necessidade parece tolice para mim, embora eu deduza de sua série repetidas vezes que não há alternativa a longo prazo para uma carreira sem qualquer tipo de mobilidade ascendente.
Na minha situação específica, vejo três possibilidades:

I. Permanecer no meu cargo atual, desenvolver minha qualificação profissional e esperar não ser demitido nos próximos 30 anos. Existem numerosos e valiosos colegas mais velhos que encontraram seu nicho em algum lugar; flutuação também é baixa.

II. Expandir meu currículo e experiência e mudar de empregador. A inevitável mudança de local com todas as consequências e os riscos que toda mudança de empresa acarreta já foram suficientemente discutidos nesta série. A questão é quais são as chances se a mudança não envolve nenhum avanço perceptível, ou seja, acabo fazendo o mesmo trabalho em outro lugar pelo mesmo salário e mais cedo ou mais tarde vou enfrentar o mesmo problema.

III. Reconhecer que não estou no lugar certo no mundo (você escreveria "no sistema") do setor privado e fazer algo completamente diferente. Seria concebível uma mudança para o serviço público, para uma autoridade supervisora, para a indústria de consultoria ou algo mais exótico, como um trabalho como trabalhador de desenvolvimento.

A variante III é certamente a mais atraente. No entanto, suspeito que você seja particularmente cético sobre isso e aguardo sua análise e seu conselho.

Responde

Nos três primeiros parágrafos da sua pergunta, estamos lidando com pontos de partida interessantes:

a. Posso prometer a você que sua "certa sensação de falta de perspectivas profissionais" permanecerá e crescerá – a menos que você faça algo ativamente a respeito.

b. Para um funcionário do setor privado, não há garantia de uma visão do futuro sem preocupações. Isso faz parte do princípio do sistema. Despreocupado funciona, despreocupado não.

Imagine que há alguns anos você era especialista em um determinadoagora em discussão pública diáriatecnologia de usinas existentes. O que originalmente poderia ter sido uma ideia muito sensata. Então, no nível político, diz "sair desta tecnologia", novamente diz "prolongar a vida útil" (isso poderia ter estendido muitos especialistas à aposentadoria) e, de repente, "sair imediatamente" – até a próxima mudança de opinião. Você também pode ter um tamanho menor: da falência sempre possível às brigas com os chefes.

Não, este de seus desejos é quase impossível de realizar. Isso não significa que as preocupações existenciais correspondentes sejam garantidas, mas significa que você é chamado a ter táticas vigilantes e cautelosas ao longo de sua vida profissional.

c. Um dia eles querem ter certeza "... que eles fizeram algo da minha vida profissional". Este é um empreendimento muito humano, é antigo e pode ser resumido por duas citações bastante conhecidas:

"O vestígio de meus dias na terra não pode perecer em

eras", diz o Fausto II de Goethe. O que se expressa é o desejo humano de criar algo duradouro, de "ter feito algo da vida". Nesta forma exigente (trata-se de uma espécie de barragem), apenas alguns conseguem, mas o princípio torna-se claro.

"Ele viveu, casou-se e morreu" (de "O Velho" de Ch. F. Gellert) descreve a vida de um homem sobre o qual não há nada de importante a dizer no final.

No meio nos orientamos. De alguma forma. Agora, nem todos podem deixar um legado. É por isso que reajo a considerações desse tipo ("fez algo da minha vida profissional...") com a recomendação: tire de você o que você pode fazer, desenvolva suas habilidades individuais. Aqui está um pequeno exemplo: pense em como é impopular um jogador de skat que nunca esgota sua mão e que, por pura cautela, sempre fica aquém do que poderia ter feito.

Você redigiu a última frase do seu quarto parágrafo de maneira enganosa. Deve ler "com qualquer aumento". Aliás, eu nunca disse que não havia alternativa. A prática também mostra que existem pelo menos duas alternativas à promoção clássica com responsabilidade pessoal:

– Você simplesmente permanece um escriturário até se aposentar. Se você olhar em volta, verá: os departamentos de muitas empresas estão repletos desses funcionários, que também dão uma valiosa contribuição para o sucesso do todo, que acima de tudo possuem um know-how técnico especial e uma ampla gama de experiências; Dificilmente qualquer empresa pode fazer sem ambos.

– Você inicia uma carreira de especialista interno – se o

seu empregador o oferecer. Lá você pode ascender ao nível de especialista, assumir responsabilidade técnica e alcançar dimensões salariais comparáveis às carreiras de gestão.

As limitações: Essas carreiras especializadas destinam-se principalmente a vincular os funcionários relevantes à respectiva empresa e a expandir as qualificações especializadas internas. O instrumento existe há muito tempo, também tem vantagens muito convincentes para a empresa e também para os funcionários. se é, por exemplo, Por exemplo, não posso dizer em termos gerais que ainda seja possível para você, com seus nove anos de experiência profissional, ingressar em uma carreira de especialista como candidato externo em outra empresa. Este caminho é particularmente adequado para especialistas que estão ativos na respectiva empresa desde o início. Um grande problema pode surgir se você estiver nos estágios mais altos de sua carreira de especialista e quiser ou precisar mudar. A sua orientação profissional é então altamente especializada, o número de novos empregadores adequados é extremamente pequeno - e se eles não tiverem uma carreira especializada além disso, eles não podem fazer nada com o "escriturário extremamente bem pago sem experiência gerencial". Tudo isso precisa ser cuidadosamente considerado.

Mas: Uma vida profissional com avanço clássico não é sem alternativa. Risque I. Isso não elimina o seu problema, pelo contrário, apenas o torna maior. E se você tivesse que trocar aos 45, dificilmente teria chance.

Para tornar o seu caso mais transparente para os outros leitores, você é Dipl.-Ing. (univ.), 30 e poucos anos, solteiro (por isso iria o fomentador), seu 1.x no Abitur corresponde exatamente ao 1.x no exame. Aceito sua antipatia ou sua suposta falta de talento para liderança. No entanto, eu negaria sua adequação para quarenta anos de trabalho no mesmo nível em um ambiente inalterado.

Você conhece minha regra (muito geral) de 5 anos: promoção a cada 5 anos (se você estiver interessado em uma carreira), pelo menos 5 anos por empregador, tenha cuidado se estiver no mesmo emprego por mais de 5 anos, cuidado de superestimar a curva de crescimento da experiência, que inicialmente sobe abruptamente, mas apenas ligeiramente após 5 anos Exceto para autores de periódicos que consultam RH, é claro). Parece que uma mudança de carreira após esse período faria bem às pessoas.

No seu caso também, seus quase dez anos estão divididos entre duas atividades diferentes – agora você está ficando inquieto. E você está alerta demais para não ficar nervoso ao pensar em mais trinta anos. Ah, tente descobrir quão alta é a proporção de exames 1.x entre os "numerosos e valiosos colegas" que "encontraram seu nicho em algum lugar". Apesar de seus – corretos – argumentos, eu não gosto tanto assim do No. II. Até agora você só conhece esta empresa. Pode ser muito especial. Uma mudança iria forçá-lo a novas atividades profissionalmente relevantes, dar-lhe novos insights e, finalmente, dar-lhe um ambiente de trabalho completamente diferente. Este último irá desafiá-lo em outros campos, aproximá-lo de outros exemplos de carreira e outras personalidades de liderança. Talvez isso faça com que as cordas soem em você que você não

Além disso: até que você tenha realmente digerido esse experimento, outros cinco anos se passaram. Você está mudando nessa época, desejo-lhe uma esposa, três filhos e a hipoteca de uma casa (a vida profissional é adaptada a esse tipo padrão, que também tem mais condições de encontrar as respostas para as perguntas centrais sobre o sentido da vida). (

As chances estão em II. Assim, em perspectivas concebíveis de qualquer tipo - em comparação com o "tédio bocejante" garantido hoje. Minha esperança é que alguém lá lhe dê um grande e exaustivo projeto – e o desafie profissionalmente e pessoalmente(!) até os ossos.

Então você não faria nada de errado com II. e - presumivelmente - abrir novas portas para o grande mundo profissional.

Agora para III.: "Eu gostaria de fazer algo completamente diferente" é um sonho frequentemente sonhado por pessoas insatisfeitas. Se eu fosse um terapeuta da alma, ocasionalmente o aconselharia. Mas agora sou um consultor de carreira em um sistema crivado de campos minados – e costumo desaconselhar isso. Em parte por uma questão de princípio, em parte porque algumas pessoas que procuram conselhos me dão os argumentos "de graça".

Por exemplo você: Quais são as alternativas que você mencionou
"serviço público/autoridade de supervisão", "indústria de consultoria" ou "trabalhador de desenvolvimento" relacionado ao seu trabalho atual como engenheiro de desenvolvimento, que você mesmo escolheu em um país livre? O que conecta essas atividades - além do aspecto muito, muito frágil,

ser diferente"? Como você ou o destinatário de uma aplicação correspondente pretende obter certeza suficiente de que o novo começo é a direção profissional que você finalmente encontrou e que não faria as mesmas perguntas novamente em dez anos? E como
Fim de "Wanderer Between Worlds"?
Eu já disse nesta série que poder lidar com candidatos 1,x também pode ser um cruzamento? E se alguém então se recusa a deixar esgotar seu potencial de desempenho inexplorado pela tarefa exigente, exigente e adequada prevista no sistema (porque diz: Me anima, mas não quero liderar), então também traz -narizes Conselheiro de carreira ainda em fúria.

Conclusão: você não é suficientemente desafiado por seu trabalho atual como engenheiro de desenvolvimento. chefe de departamento, por exemplo, B. reclamam com menos frequência que são pouco desafiados.

E: Claro que pode ser que você seja um grande trabalhador de desenvolvimento, mas como posso saber? Mas se você não pudesse ou não quisesse fazer isso até se aposentar: o que aconteceria depois disso no seu caso?

— Talvez você devesse ter feito o doutorado naquela época com base nos seus bons exames, talvez isso abrisse uma dimensão diferente para você profissionalmente. Experimente agora com o No. II, que certamente lhe trará novos desafios e possivelmente novas perspectivas. Eu me preocupo um pouco com "eu" e um pouco menos com "a empresa" com a qual você está comprometido e com "os acionistas" com os quais você está particularmente comprometido. Você aceitou o cargo – com relutância, mas depois aceitou. Agora você tem que tentar preenchê-lo e listar menos as coisas que você odeia. A menos que você tenha alternativas, que não vejo especificamente.

O funcionário, neste sentido também o diretor administrativo, é contratado como funcionário dependente. Eles são uma espécie de agente vicário para os acionistas – nunca é moleza. Eles são empregados lá principalmente para "aproveitar" os acionistas, não deveriam ser, nenhum desejo de me treinar - apesar de várias reclamações também com a GF. Um período de indução de dois anos foi originalmente planejado; esse plano foi abandonado e o titular do cargo persuadido a continuar trabalhando, fui demitido durante o período de estágio.

Depois de um ano desempregado, consegui um emprego como desenvolvedor (sem responsabilidade pessoal). Fui demitido novamente após o período probatório porque, como soube mais tarde, meu supervisor estava com medo de perder o emprego (ele era muito mais jovem e totalmente inexperiente como supervisor).

Depois de mais seis meses desempregado, tentei trabalhar como engenheiro de projetos - novamente sem sucesso. Minha experiência não foi boa o suficiente para isso (meu palpite), e o proprietário era um ditador dominador, e ocasionalmente brigávamos pessoalmente.

Eu ponderei por muito tempo as razões dos meus problemas e reconheci uma coisa em comum: eu sou muito legal. Em cada uma das últimas três nomeações, eu teria que deixar pessoas incompetentes de alto escalão "pular sobre a lâmina". Mas durante o período probatório?

E agora? Gostaria de trabalhar como chefe de design e desenvolvimento novamente, acho que estou no lugar certo. Mas eu tenho medo de ser muito grande "queimado" que meu aplicativo acaba imediatamente no lixo. O que são asem todas as alternativas?

2.3.5 Casos especiais - a carreira é um "campo amplo"

Quanto mais longa a carreira, mais específicos são os problemas encontrados.

2.3.5.1 Como faço para voltar para baixo?

Pergun

Muitos leitores descartarão meu caso como um problema de luxo. meu mais importante
Data: Bem acima de 50 anos, Dr.-Ing., em uma pequena empresa familiar por mais de dez anos. Primeiro gerente de desenvolvimento lá, depois diretor administrativo e, finalmente, diretor administrativo único.

Os primeiros anos com meu empregador atual foram ótimos. Como gerente de desenvolvimento, liderei uma equipe de funcionários simpáticos, conscienciosos e capazes. O sucesso veio rápido, conseguimos crescer e obter um resultado significativamente melhor. Então os acionistas me pediram para fazer parte da equipe de gestão. Decidi pelo pedido e o contradisse inequivocamente, haveria outras soluções. No entanto, fui tão pressionado que finalmente concordei.

Isso foi um erro! Meu desejo de incluir algum tipo de cláusula de rescisão no contrato que me permitisse retornar ao meu antigo cargo depois de alguns anos caiu em saco roto.

Odeio fazer coisas que não posso fazer. Eu odeio ter que lidar com todas as tarefas que inevitavelmente surgem em uma empresa tão pequena. Mas o que mais odeio é não ter tempo suficiente para cuidar das coisas que são importantes para mim e nas quais sou bom. Um desenvolvimento de produto negligenciado é uma bomba-relógio.

Então, eu quero voltar ao meu antigo emprego, mas como faço isso? Como sou bastante frugal, o dinheiro não é tão importante para mim, nem o carro da empresa e o status. Mas como transmito meu desejo aos acionistas? Quero descer um degrau ou dois, mas não pular.

Responde

2. O lado factual-"técnico" da questão:
- Para os difíceis problemas internos da empresa que um gerente encontra, há antes de mais nada a solução via mercado de trabalho externo. Isso não nos ajuda aqui por dois motivos (na combinação dos dois aspectos, a história é sem esperança):
- Para clássicoMudança de qualquer tipo agora você está muito velho.
- Ninguém gosta de candidatos externos que estão atualmente em uma posição significativamente mais alta do que a desejada. Quem já foi gerente único já tem problemas se quiser "apenas" se tornar gerente de

departamento depois - o ex-"governante único" não serve mais para o nível de chefe de departamento.

– Quer os acionistas concordassem ou não, não funcionaria se você voltasse internamente de acordo. Você perderia a face, correria o risco de se tornar uma figura triste interna e externamente – e ninguém acreditaria que você fez isso voluntariamente. Tal passo é tão raro que ninguém pode fazer nada com ele. A forma usual de lidar com um gerente único que não pode mais (aos olhos dos acionistas) ou não quer mais (o que é difícil de transmitir ao ambiente): o homem sai, ele sai da empresa – às vezes involuntariamente, em parte a meu próprio pedido. O que acontece com ele "fora" já não interessa a ninguém internamente.

– Se alguma coisa é uma "bomba-relógio", então é um chefe de departamento que já foi o único MD desta empresa. Qualquer sucessor sensato na função de MD teria que tentar se livrar desse "santo estranho" que agora está "bancando" o chefe de departamento o mais rápido possível. Ele nunca olharia para a sola

gerente com respeito, mas provavelmente diria à esposa à noite: "O gerente não deve se gabar, afinal eu era o que ele é agora." E nada no mundo te protege de um sucessor na GF que, acima de tudo, tem o desenvolvimento como hobby e cuida de cada detalhe ali.

3. A filosofia profissionallado ("moral") da questão:

– Você certamente não é uma personalidade padrão, como geralmente se encontra em tal cadeira:

– Aqui está sua descrição da equipe no departamento de desenvolvimento:

"Bom, consciencioso e capaz" eram as pessoas. Quem começa com "legal" ao listar as características de uma equipe importantíssima para a existência da empresa?

Você instintivamente coloca o que considera mais importante no topo. Tipo?

– No penúltimo parágrafo de sua apresentação, você realmente se enfurece: "Eu odeio" é escrito três vezes, é sobre coisas que "são importantes para mim". Sem você no desenvolvimento, a empresa corre o risco de falir. Que tipo de solo GF é que eles têm lá? Como ele pode negligenciar o desenvolvimento quando ele é tão indispensável? E por que ele não instalou um novo chefe de departamento lá há muito tempo, que está fazendo as coisas tão bem quanto antes? Ou ele manteve esse trabalho livre por motivos egoístas e contra seus deveres, para que ele mesmo pudesse voltar a ele se necessário?

no entanto, para fazer o que você mais gosta ou menos odeia.

– Agora vamos subir um pouco mais alto e procurar ali uma "ajuda protetora" para o nosso problema:

– Enquanto todos falavam sobre isso, Frederico, o Grande, é o ideal para nós. Ele também odiava todo tipo de coisa que deveria ser e fazer, mas depois se adaptou à sua posição e finalmente formulou: "Eu sou o primeiro servo do estado". Colocando um pouco menor, algo assim também seria bom para um único diretor administrativo decorar.

– O cimier (segundo o dicionário de palavras estrangeiras, adorno do elmo de um cavaleiro) do Príncipe de Gales contém um estandarte com o texto – na verdade escrito em alemão –: "Eu sirvo". Isso também seria um bom alimento para o pensamento. Humildade, modéstia, apesar da autoconfiança saudável.

4. As opções que você tem agora:

– Uma chance relativamente fácil e absolutamente limpa de retornar ao antigo
Não vejo um trabalho "pequeno" (uma vez GF, sempre GF).

– Uma tentativa séria de fazer isso poderia primeiro irritar seus acionistas e, por fim, fracassar - você ficaria pior do que antes.

– Você pode desistir e sair; Mas não vejo nenhuma chance de encontrar o trabalhinho que procuro "lá fora".

– Você pode pensar em tudo, analisar cuidadosamente sua situação geral e fazer as pazes com onde você está hoje. É uma questão de atitude. Se houver algo a fazer, apenas faça, não perca tempo classificando-o em diferentes categorias de ódio. E pense nas alternativas que você tem. Como tantos outros, acho que há coisas piores do que ter que aceitar um cargo gerencial. Alguns dariam o braço esquerdo por isso...

Para imitadores em potencial Nosso remetente não conseguiu rejeitar o trabalho principal, que não era amado na época como agora. Isso foi lamentável em vários aspectos. Não sei como ele argumentou na época, mas suspeito ("odeio") que ele usou principalmente "não quero".

Agora, um chefe de alto escalão (um acionista) que deseja algo para si (!) dificilmente se impressiona com o argumento de que o subordinado não gosta disso. A resistência de baixo está aí para ser superada! Então você tem que oferecer mais do que desafio (não quero), que você também pode quebrar ou superar com boa persuasão. É mais eficaz então

5. :

6. Não há problema em apresentar argumentos factuais sérios (aparentes) dos quais você não consegue se livrar

sob pressão, algo assim: "Muito obrigado, a oferta é uma grande honra para mim. No entanto, no interesse do assunto (interesses dos acionistas, preocupações da empresa) Tenho que recusar educadamente - porque não posso fazer justiça ao cargo. Você acha que sou capaz disso, é uma honra, mas eu me conheço melhor. Muitas vezes me perguntei no se eu gostaria de ser CEO um dia. E então analisei o cargo e seus requisitos por um lado e meus pontos fortes e fracos por outro e cheguei à conclusão: eu não deveria aspirar a tal posição porque não seria responsável, não sou o homem certo para isso, não posso fazer isso, ficaria sobrecarregado. Aceitaria a oferta

7. Qualquer um que o promovesse estaria agindo de forma irresponsável.

2.3.5.2   eu sou muito legal

Eu também pertenço ao grande círculo de seus fãs que há muitos anos devoram "conselhos de carreira" e pelo menos tento aplicar o máximo de dicas possível na vida profissional. Devo admitir, no entanto, que só consegui fazê-lo de forma incompleta; Depois de olhar meu currículo, você certamente concordará comigo.

Por que? Bem, eu não estava nem um pouco interessado em uma carreira, só queria um emprego onde pudesse usar melhor minhas habilidades. Então eu tive má sorte algumas vezes ultimamente. Ou? Você vê algum fundamento ou semelhança nas minhas últimas três tentativas (falhadas) de ganhar uma posição na vida profissional novamente?

Depois de dezessete anos trabalhando para a subsidiária de um grupo internacional muito grande como gerente de teste e gerente técnico de uma área de produto, meu trabalho foi racionalizado. Como um dos muitos, eu poderia ter me atrapalhado em uma empresa maior, mas decidi fazer uma mudança.

Este segundo emprego era o emprego dos meus sonhos. Infelizmente a empresa teve que ser enxugada por dificuldades econômicas, quatro dos oito executivos foram demitidos, e eu estava lá (seleção social). Encontrei meu próximo emprego como futuro gerente de design em outra empresa de médio porte.

Durante meu período de estágio, porém, não recebi um único pedido; recentemente houve 100% de trabalho de curta duração. Além disso, o homem cujo sucessor eu tive

Responde

Duas explicaçõesantecipadamente:

a. Na verdade, não sou muito legal. Isso é bom para o autor de tal série, porque infelizmente muitas vezes tenho que colocar meu dedo nas feridas e depois cavar um pouco nelas. Portanto, esteja preparado, seja qual for.
b. Como somos, o que podemos fazer está refletido em um currículo – especialmente um mais longo. Quando as coisas se acumulam, a suspeita rapidamente se torna certeza. Se os sintomas aumentarem aí, também existe uma "doença" por trás disso.

Comecemos pela análise da base sobre a qual iniciou a sua vida profissional:

Abitur com 3.4. Você pode fazer isso, mas é perigoso. Uma ou duas décimas depois você leva um "tiro", então não fica muito pior do que isso. Tal resultado deve inspirar humildade. Deve-se perceber que as próprias árvores não crescerão até o céu. Não se deve tentar construir uma casa grande sobre uma base fraca. Você agora escolheu pular dessa base fraca para o ar rarefeito da elite: estudar uma matéria particularmente exigente na TU. Seis anos (!) depois você descobriu o que eu sempre espalhei aqui (mesmo que algumas pessoas não gostem de ouvir, por qualquer motivo): Com um 3.x Abitur é melhor evitar a universidade. Caso contrário, existe o risco do que você experimentou: estudar sem diploma.

Mudança para a Universidade de Ciências Aplicadas.

mente com os documentosum diploma, mas nenhuma folha com referências às notas. Bem, a experiência de vida ensina que esse procedimento não seria típico, por exemplo, B. para candidatos diretos.

Aos 29 anos fez os exames de SF, de cuja qualidade nada sabemos. E - você teria que ter a disposição de um cão açougueiro, se não fosse o caso - a derrota de não conseguir o título de TU depois de tantos anos certamente prejudicou sua autoconfiança, algo assim não é assim facilmente descartado.

A descrição no terceiro parágrafo parece convincente em todas as mesas regulares. Mas sou suspeito de profissão e tenho as certidões em mãos. O documento em papel timbrado da grande corporação (você sabe, "cortado em mármore") confirma os dezessete anos. Como engenheiro de teste. Nada líder, nem do experimento, nem de uma área de produto. Nenhuma mudança durante o período extremamente longo de atividade lá.

A "nota escolar" do documento, que é curta pelo longo tempo de serviço, é boa, não muito boa.

Quando as grandes empresas racionalizam o emprego de um funcionário experiente, comprovado e capaz, e assim inocentemente o expulsam, elas geralmente são generosas com a indenização, mas quase sempre generosas com o texto das referências. A nota é embelezada de acordo (o papel não custa nada). Cerca de meia nota para uma nota. O especialista os deduz novamente durante a leitura. Mas onde estou neste caso? 2.5 ou 3 - não aceitável após dezessete anos em tal empresa.

Sua trapaça com o "líder" é inaceitável.

E mais uma coisa: se diz: "O Sr. X continua a matar", então ele já assassinou antes. De acordo com sua descrição, você, caro remetente, poderia ter "se atrapalhado" no outro trabalho que lhe foi oferecido. Então você já murmurou antes. É assim que a empresa pode ter visto, mas você mesmo fez essa suspeita. O depoimento deste grupo e do seu primeiro empregador certifica que você está saindo a seu próprio pedido – agora você deve cumpri-lo por escrito e verbalmente (você era o único que queria sair, nunca houve qualquer justificativa).

Após esses dezessete anos como engenheiro executivo, segundo seus documentos, o senhor assumiu a gestão de tecnologia e construção de uma pequena e média empresa. A relação laboral durou dois anos, os depoimentos são "bons", a demissão foi involuntária devido a "medidas estratégicas de reestruturação empresarial". Você é descrito como um "gerente empreendedor".
Que tal alguma precisão de "engenharia"? No seu terceiro emprego

- escreva "gerente de design" em seu CV
- escreva na carta para mim "gerente de design no futuro",
- escreve o certificado (que é apenas um certificado de emprego sem avaliação
é) "deputadoGerente de design de uma divisão".

O seguinte se aplica às aplicações: o "certificado" está certo se você se desviar dele,mentiu. Na verdade, tudo não tem importância, mas não reflete bem em você. Além disso, esta certidão não é boa, confirma o despedimento, fala de "razões económicas", mas não lamenta nada.

Existe um certificado detalhado do penúltimo empregador (desenvolvedor). Isso confirma a demissão do empregador, lamenta (!), mas não dá nenhuma justificativa. Isto não é bom.

Na carta para mim, você chama o último cargo que já concluiu de "Engenheiro de Projetos", no seu currículo "Gerente de Projetos", não há certificado.

A propósito, como um pequeno funcionário, você não "conflita" com um proprietário (ou diretor administrativo/membro do conselho). Isso soa como lutar em pé de igualdade - o que não existe, de jeito nenhum. Formalmente, você teria que dizer: "Infelizmente, dei ao meu chefe mais alto a oportunidade de ficar extremamente insatisfeito comigo. Então, como era de se esperar, ele me demitiu." Mas não se preocupe.

Não sei se posso mais te ajudar. Além disso, você tem agora 51 anos. Isso ainda é possível até certo ponto na área de gestão, mas em cargos executivos (administrativos) é um grande obstáculo. Mas, de qualquer forma, esta é uma boa lição que posso usar para mostrar a outros leitores o que fazer e o que não fazer.

Então, querido remetente, acho que o núcleo central de seus problemas reside aqui: falta-lhe humildade. Isso se aplica a avaliar suas próprias qualidades, avaliar as opções que você tem, apreciar oportunidades e lidar com informações. Bem como para lidar com chefes Em primeiro lugar, tento listar erros e decisões infelizes, baseadas no julgamento errôneo das próprias possibilidades, etc.:

1. Sua manipulação de informações em seus registros não é absolutamente para seraceitar. Qualquer aplicativo sério para empresas conceituadas deve falhar apenas por causa disso. Você nunca deve (!) fazer "mais" de si mesmo (carta de apresentação e/ou currículo) do que mostra a referência.

2. Passar pela sua formação (estudo) já foi um péssimo começo profissional. O fato de você tentar estudar em uma universidade técnica com um diploma de ensino médio tão ruim e perceber depois de seis anos(!) Com base nisso, "não estar interessado em uma carreira" era realmente razoável.

3. Você então teve um emprego adequado como engenheiro com seu primeiro empregador por muitos anos. Por que você tem que inflar isso contra a redação da referência ao "líder", por que você explica que considerou o trabalho alternativo oferecido, no qual você era "um de muitos" no outro local, abaixo de sua dignidade ? Se você tivesse apenas "confuso" nesta empresa, depois de ter feito seu primeiro trabalho por um tempo tão longo, você estaria em uma posição muito melhor do que está hoje.

4. A posição nº 2 como chefe de construção era o seu sonho. A propósito, você conseguiu com base em um aplicativo com o currículo que você usou como "Cabeça" com empregador não. 1 relatado - o certificado diferente sem

   "Cabeça" só existiu depois que você saiu. Quem quer descartar que seus chefes depois notaram essa discrepância!

   e, portanto, colocá-lo na lista de redundância? E: Você tem um certificado "de sonho" de sua posição de sonho, por exemplo, B. Muito bom (especialmente se você incluir o "desconto" para a demissão "inocente").

E acima de tudo: mesmo que tudo fosse perfeito aqui, ainda é apenas um dos cinco cargos, apenas dois de um total de vinte e dois anos de serviço. Este não é um registro convincente.

5. Você se via como o "líder" na primeira posição, você estava na segunda. As – corajosas – tentativas de trabalhar apenas em cargos executivos/não-lideranças depois disso foram aventuras de alto risco. Já se teve experiências extremamente ruins com o uso de ex-executivos - mesmo aqueles que apenas "sentiam" - em cargos de baixo escalão. Leia suas próprias contas correspondentes: ela está repleta de superiores incompetentes ou relutantes, proprietários maliciosos, etc.

3   Até agora, minha declaração é clara e bem fundamentada. Agora você espera conselhos para o futuro, se possível com garantia de sucesso. Este último nunca pode existir.

4   Um conselho: olhe para dentro de si e veja se não estou certo em minha análise. Então aceite que você não conseguirá mais um cargo gerencial sério com essa "pré-carga" em seu currículo. Revise seu currículo e apresentação oral. Você nunca foi um gerente. O único ponto em que algo assim surge é a posição nº. 2. Puxe para baixo no currículo para "engenheiro de design, responsável por um grupo de produtos" e escreva abaixo no currículo: "(internamente principalmente por causa do efeito nos clientes como chefe de departamento, mas isso não teve importância no dia-a-dia da pequena empresa)", abster-se de qualquer crítica

aos superiores por escrito e verbalmente (entrevista!) –
e aceitar que você causa de
5   "erros cometidos" estão onde você está.
6   Em seguida, aplique amplamente ao nível de
     implementação, comercialize sua/uma qualificação
     especializada, pense também em empresas em locais
     pouco atraentes e trabalhadores temporários.
7   ser

Tiro de advertência no meio da vida profissional

Pergun

Tenho pouco mais de 50 anos, sou gerente intermediário de uma empresa industrial
mens - e satisfeito com minha carreira anterior. Pude implementar projetos exigentes, estimulantes e complexos e gozei do apreço dos meus colaboradores e superiores.

Provavelmente devido a anos de estresse extremo, sofri um leve ataque cardíaco.

Agora percebo inseguranças de meus superiores em relação à minha futura carreira. A atitude ambivalente deles é que, por um lado, eles gostariam que eu voltasse ao trabalho como um conhecido top performer, mas, por outro lado, parece haver um medo (justificado) de que em algum momento eu desmorone completamente. Imagino que, do ponto de vista da gestão, um novo substituto mais jovem (se for encontrado) e minha saída seria a melhor solução para a empresa.
Que estratégias alternativas de soluçãoEu tenho?

Do ponto de vista da saúde, a pensão imediata seria obviamente a variante com maior esperança de vida. Infelizmente também o mais irrealista. Faltam bens, também não existe pensão por invalidez profissional por causa de um leve infarto.

I. Procure um biótopo sem estresse na empresa. Isso não existe na minha empresa; Também não posso voltar ao negócio operacional como um simples funcionário de engenharia, já estive "fora do mercado" lá por muito tempo.

II. Mudar de emprego para uma empresa menos

estressante: impossível na minha idade com os problemas de saúde.

III. A saúdeIgnore o tiro de advertência e continue 100% como antes. Essa seria a preferência do meu chefe. Mas esta variante é a mais arriscada em termos de saúde.

IV. Eu poderia tentar me atrapalhar de alguma forma, introduzir medidas para reduzir o estresse, mas ainda manter o antigo emprego. É uma dança do ovo, uma solução de compromisso "perda deliberada de desempenho versus benefício para a saúde".

Responde

V.

Vamos tratar rapidamente de um detalhe antes que se perca no assunto principal: as pessoas tendem a colocar o que é mais importante para elas primeiro nas listas. Acontece muito instintivamente.

No entanto, um gerente intermediário não está lá principalmente para obter a apreciação de seus funcionários (seu primeiro parágrafo). Isso é útil de vez em quando, mas ela é destacada e paga por seus superiores, de quem ela é agente vicária em sua área de responsabilidade. Não cometa erros na distribuição de prioridades! Nem em pensamento. São concebíveis situações em que os gestores devem e podem prescindir da valorização de seus funcionários (palavra-chave: "Redução de pessoal no departamento"). Mas não há situação concebível em que possam sobreviver sem a apreciação de seus superiores.

Primeiro, algumas afirmações básicas (embora não saibamos nada sobre o prognóstico médico ou a recomendação urgente dos médicos; também sou leigo em medicina, mas todos os outros envolvidos também são):

1. o que aconteceu com vocêé geralmente considerado um "tiro de advertência". Isso mostra que seu potencial é finito. Todos assumem que algo assim pode acontecer novamente, embora você não tenha garantia de que será apenas um ataque cardíaco "menor".
Conclusão: Em seu próprio interesse, você não pode continuar como antes. A vida profissional anterior acabou, deve haver uma mudança para você. Essa mudança só pode ir na direção da "luz de carreira":
Menos estresse, menos comprometimento, menos o principal executor, menos o executor (quase) indispensável, mas vontade de voltar. Sua vida profissional anterior tem que morrer para que você possa continuar vivendo. Pense mais em você, seja – além de tudo – também egoísta.
Aceite este ponto - e enfrente as consequências.

2. É sempre útil ser implacável em relação ao seu próprio valor de mercado - supondo que todos saibam toda a verdade. Uma breve consideração mostra: Como um homem com mais de 50 anos que acabou de sobreviver ao seu primeiro ataque cardíaco, você não tem chance como candidato. Não importa o quão competentes e – anteriormente – poderosos eles possam ter sido; agora são vistos como um risco incalculável. Não, a sua (quase) única) chance está dentro da empresa, no ambiente que te conhece, te valoriza e sabe dos teus méritos. Mas: Mesmo isso não o protege para sempre e contra todas as deficiências.
O que é exigido de você é sensibilidade, colocar-se no lugar de seus superiores e disposição para se manter discreto para não se tornar um constante incômodo aos

olhos da empresa.

3. Seus superiores inicialmente mostrarão a você simpatia humana e mostrarão uma compreensão de você e sua situação derivada disso. Afinal, eles também são homens, também têm mais de 50 (ou logo terão) e também executivos. Quando chega a vez deles um dia, eles querem ser tratados com decência. Mas: Seus chefes também são funcionários dependentes que devem ser responsáveis pela gestão sensata dos recursos que lhes são confiados em termos de otimização de lucros. E um tipo clássico de empresa não é um escritório social. Muitas empresas também são sociais, mas nunca primariamente. Assim, seus chefes precisam encontrar um compromisso entre a máxima eficiência de seus subordinados, o dever do supervisor de cuidar de cada funcionário individualmente, o impacto de suas medidas no público dentro e fora da empresa etc. essa incerteza ainda existente aparece para você como ambivalência. Além disso: Para casos como o seu, não há esquema predefinido, aqui você deve abordar uma solução individual satisfatória.

É particularmente problemático que não haja um prognóstico médico claro para você. Ninguém sabe exatamente que fardos você pode suportar, se e quando o próximo ataque cardíaco acontecerá e o que acontecerá depois. Contra-exemplo:

uma perna quebrada complicada (mecânica). Existem principalmente previsões com x semanas no hospital e y meses de reabilitação até a recuperação completa.

Portanto, também não é fácil para seus chefes; teriam como base mais importantecomo planejamento de segurança – que não pode existir aqui. De qualquer forma, eles esperam ajuda: de você; Você é o problema, a solução deve partir de você. E há mais três aspectos que você precisa ver - e que também influenciarão a perspectiva de seus chefes no longo prazo:

a. Não há nenhuma evidência de que seu ataque cardíaco foi devido a qualquer operação especialou mesmo sobrecarga. Os aposentados da praia de Malibu também pegam, algumas pessoas parecem mais suscetíveis do que outras.

b. Em princípio, o desempenho de um funcionário no passado é compensado com o salário de ontem e de anteontem. Praticamente tudo o que conta para o seu futuro na empresa é o valor que ele terá nesta.

c. Deixe-me lembrá-lo de que não há justiça em nosso sistema profissional – também não há justiça nos mercados de produtos. O sistema também não é injusto, simplesmente não pode fazer nada com a demanda por justiça.

4. Portanto, você deve encontrar uma solução com a qual possa conviver (você não pode sair dessa situação sem pagar um preço), que acredite que possa ser aceitável para seus chefes e que possa "funcionar" objetivamente. Não volte a dar prioridade aos seus funcionários, você não tem mais forças para protegê-los de mudanças indesejadas.

Essa proposta precisa reduzir seu comprometimento, aliviar seu estresse, servir a empresa (mantendo suas habilidades e experiência vivas e valiosas). Perda de poder, influência, hierarquia e dinheiro incluídos. Deixe claro que deseja continuar trabalhando e se envolver, que pode fazê-lo dentro do quadro proposto, que não deseja sobrecarregar unilateralmente a empresa com o risco que enfrenta atualmente e que sabe que o assunto também é extremamente difícil para a empresa e seus chefes. Desista de uma parte maior de sua posição anterior. Pare de se preocupar se eles gostariam de se livrar de você. Lembre-se do ponto 1, que diz: Seja egoísta também. Mas seja rápido Não estamos tão distantes quando se trata de estratégias de soluções concretas. I - IV estão fora de questão para nós dois. Eu imploro por um V. apertado, mas sem a ideia central de "manter a antiga área de atividade". Isso não vai funcionar. Sugira dividir o departamento ou entregá-lo a outro líder, ou reverter você mesmo para a liderança do grupo X, ou permanecer como líder do departamento, mas dar o grupo Y a um colega ou se reportar diretamente ao seu chefe. Você terá que aceitar um sacrifício financeiro pelos custos adicionais presumivelmente associados a isso. Sobreviver é mais importante do que ganhar o máximo de dinheiro possível. Você terá que aceitar um sacrifício financeiro pelos custos adicionais presumivelmente associados a isso. Sobreviver é mais importante do que ganhar o máximo de dinheiro possível. Você terá que aceitar um sacrifício financeiro pelos custos adicionais presumivelmente associados a isso. Sobreviver é mais importante do que ganhar o máximo de dinheiro possível.

2.3.5.3 Correto, mas "morto" ou um golpista com um emprego?

Pergun

Na minha vida profissional há um incidente pelo qual sou responsável, o seu
dizer a verdade me custaria o emprego e arruinaria qualquer oportunidade de emprego. Consegui preparar os documentos de forma que isso não seja reconhecível. Agora tenho um chefe que confia em mim e por isso me envergonha. Eu gostaria de dizer a ele a verdade.

Responde

Se seu patrão é dono e tão soberano, uma confissão talvez
faz sentido, continua perigoso. No entanto, ele éFuncionário, ele tem que responder "acima". Ele não pode simplesmente continuar com o conhecimento, ele precisa se recuperar e "levar seu caso" para seus chefes - o que pode significar seu fim aí. Caso contrário, ele compromete sua carreira. Eu dou a você cerca de 30-40% de "chance de sobrevivência" com um chefe, mas não com um assalariado – ou ele tem que pedir demissão para não se tornar desleal. Não faça isso com ele. Eu não tenho uma solução melhor. Aceite seu fardo moral como parte de uma punição merecida.

2.3.5.4 Onde estão os rapazes na cota feminina?

Pergun

Na minha opinião, o tema é altamente explosivo, principalmente para jovens engenheiros com aspirações de carreira: o tratamento preferencial de mulheres em cargos gerenciais exigido pelo Estado. A espada de Dâmocles de uma cota feminina não só para cargos de conselho fiscal ameaça cair sobre nós a qualquer momento; especialmente quando a economia não está melhorando.

A seção a seguir foi copiada dehttp://m.faz.net/aktuell/wirt-schaft/pessoas-economia/cota-de-mulheres-mais-altas-perdidas-homens-11771952. html; Artigo elaborado com Bettina Weiguny.

A citação do Dr. Zetsche resume tudo:

"O que torna as mulheres alfa felizes e defensoras das mulheres desacelera uma geração de homens jovens: aqueles entre 30 e 45 anos. De repente, tudo tem que acontecer na velocidade da luz. Mais rápido do que o possível, como critica o chefe da Daimler, Dieter Zetsche. Seu dilema: 'Onde devo classificar todos os homens? Obrigar todo mundo a se aposentar para que haja vagas suficientes?'

Não, os velhos senhores não precisam se preocupar com seus empregos. Os recém-chegados têm que pagar pela mentalidade só de homens que tem sido praticada por décadas. 'Na dúvida, vá atrás da mulher' é a prioridade máxima na política de recursos humanos, mas também pode significar oficialmente: 'Na dúvida, só por qualificação.'" (Fim da citação).

Minha experiência é que, nos últimos anos, as mulheres têm sido cada vez mais favorecidas e os homens discriminados. Não é o desempenho que conta, mas o gênero; na Daimler AG, onde trabalhei por 20 anos e também em universidades, por exemplo B. ao nomear professores em disciplinas STEM (existem – pelo menos na minha universidade – cotas internas para mulheres).
assinado Prof. Dr.-Ing. ...

Responde

First of all, every quota is inevitably associated with injustice, there is no other way. It's safe to assume that the EU folks who started this knew that. So the injustice towards men that can now be observed is intentional or is consciously accepted. It is unthinkable that this effect surprised people at EU or national level. Anyone who wants more women somewhere "up there" and does not drastically increase the number of corresponding positions by decree wants fewer men - a truism.

É como ter um grande buraco no meio do gramado em seu próprio jardim, mas sem reservas de solo à mão. Então você tira a terra de outro lugar, cava um novo buraco ali - e preenche o antigo com ele. Você não ganhou muito no geral, apenas trocou um buraco por outro. As crianças experimentam isso em jogos de sandbox, apenas supostos fanáticos por justiça e benfeitores se sentem melhor com isso.
Seria um pouco polêmico, mas não errado no assunto.
Chamar uma "cota de promoção para mulheres" de "cota de redução para homens". Porque você não pode ter um sem o outro. O que se queria principalmente não é decisivo – o que "sai no final" é, em última análise, o

que importa.

Além disso, uma injustiça que existiu até agora não será compensada por qualquer reversão das circunstâncias. O domínio sem dúvida existente anteriormente dos homens na área de gestão de certas instituições e empresas - de forma alguma em todos os lugares, do nosso governo para baixo existem inúmeras organizações firmemente nas mãos das mulheres - baseava-se exclusivamente na tradição, no comportamento usual, "automático " continuação da organização de "forma comprovada" (permanência) , pensamento conservador e aversão à mudança muitas vezes pronunciada nas pessoas. Mas antes que as mulheres fossem promovidas, não havia nenhuma lei válida que preferisse os homens e certamente nenhuma cota para homens.

Comparada com a "situação mista" que levou ao predomínio dos homens nessas posições, a preferência pelas mulheres agora decretada de cima é, num certo quadro, um "clube" bastante grande.

Acho totalmente inapropriado. Em uma sociedade livre e totalmente democrática, não há necessidade de encorajar artificialmente um grupo que representa exatamente 50% do eleitorado - tal grupo pode se defender sozinho se quiser. Com a nossa chanceler também deu certo "sem", quase conseguimos uma presidente federal mulher.

Com um grupo tão grande quanto o das mulheres, vale o seguinte: a qualidade, combinada com a vontade de poder, prevalece mesmo sem uma cota populista – desde que ambas as condições acima sejam atendidas.

Por que eu acho que a cota (como qualquer outra desse

tipo) está absolutamente errada? Porque pode ser um instrumento que serra o galho em que todos estamos sentados: não vivemos de nossas matérias-primas ou de outros recursos imerecidos que chegaram ao nosso poder, vivemos exclusivamente das habilidades de nosso povo – isso vale para todos lugar individual nas instituições que sustentam o estado, até porque alimentam e vestem o povo do estado. E em cada um desses lugares vai o melhor candidato que o dinheiro pode comprar. Se você está sujeito a uma cota, isso não pode mais ser garantido em teoria, certamente não na prática. Toda mulher que é promovida só por causa da cota – e vai ter

ser um – é tão ruim quanto seria uma cotista na Chancelaria ou um cotista à frente de uma corporação. Os melhores – reconhecidamente apenas imperfeitamente a serem determinados – devem ser colocados nos lugares relevantes, não aqueles que cumprem uma cota. Considero este princípio indispensável.

Se os melhores em um caso são mulheres, então coloque as mulheres lá. Cerca de 80%, tanto quanto eu estou preocupado. Mas se homens melhores se oferecerem, aceite-os gentilmente.

Não vejo sentido na questão de saber se as mulheres geralmente podem ser melhores gerentes ou, por exemplo, professoras universitárias. Quem pode fazer isso melhor deve se tornar isso.

Sou a favor das mulheres, se necessário até em dupla na chefia do estado. Já trabalhei com diretores administrativos absolutamente convincentes e com escriturários notáveis. Conheço, de um lado, herdeiros de empresas sobrecarregados e, de outro, homens que trabalham felizes sob ordens de mulheres. Claro, também conheço mulheres que estão muito empenhadas em enfatizar: "O que você quiser, mas nunca mais sob uma mulher". Tudo isso também é possível com os homens.

E sou a favor de promover possíveis talentos que ainda não foram descobertos ou que não se destacaram: promover aulas de matemática para meninas, promover estudos femininos em disciplinas que levem à gestão (não, pedagogia é mais assim não), incentiva empresas que oferecem condições de trabalho que atendam às necessidades das mães e as que oferecem cursos de gestão para mulheres (se é que isso faz sentido). E se um CEO tiver que nomear uma pessoa para o conselho: se ele quer o melhor, e esta é uma mulher e seus colegas do conselho devem reclamar, então ele tem que se afirmar.

Mas pare de interferir nas estruturas de um dos países industriais mais bem-sucedidos do mundo com instrumentos primitivos como cotas - nem para mulheres nem para pessoas de uma determinada descendência, raça, pátria e origem, crença, crença religiosa ou política. Esta enumeração corresponde quase exatamente à do art. 3º, nº 3 da Lei Básica. Diz quem não pode ser "desfavorecido ou preferido". Mas toda cota faz isso, não tem como abalar.

Ainda me faltam dois aspectos que não gostaria de deixar de abordar:

1. O anterior domínio masculino na gestão e em outros cargos seniores não se deve apenas à defensiva masculina, mas também ao desinteresse feminino generalizado. Estamos falando principalmente de e para

engenheiros aqui. Existem hoje muitas mulheres licenciadas nesta disciplina, bem como escriturárias correspondentes em empresas em quase todas as áreas operacionais. Mas se, por exemplo, anunciarmos um "Gerente de Design (m/f)" ou um "Gerente de Produção de Peças (m/f)" ou uma equipe técnica, grupo ou líder de projeto, então não há nenhuma candidata ou há apenas uma proporção deles na escassa faixa percentual de um dígito. Onde, por favor, existe uma injustiça que deve ser eliminada por cota?

A mulher também tem que querer, não tem jeito. Claro, você também deve dar a eles a oportunidade por meio de condições de trabalho favoráveis às mulheres e, já comentei sobre isso acima. Mas um "clube" é a medida errada.

Antes da introdução da cota, alguém perguntava às mulheres se elas agora queriam seguir as carreiras que estavam abertas para elas? Essa banalidade ainda te interessa?

2. Então, o que isso significa para os rapazes? É inevitável que certamente ocorram novas injustiças massivas na tentativa de eliminar supostas injustiças anteriores.

Se uma corporação decidir (ou já decidiu) introduzir uma cota de mulheres na gestão, então daqui a vinte anos as consequências serão apenas administráveis: a cota foi alcançada, pode até já ter sido superada, pode até ser resultado de a prática correspondente está desatualizada, caiu no esquecimento ou – que Deus lhes dê juízo – foi abolida novamente. Mas: Todo aluno já sabe o que esperar, todo iniciante de carreira sabe disso, todo alpinista com experiência prática também sabe.

Uma vez atingida a cota, cada nova nomeação para um cargo de gestão é novamente uma corrida amplamente aberta. Como um dia haverá mulheres suficientes na empresa onde a cota quiser, há uma oportunidade para cada nomeação individual de fato selecionar "a melhor" (que pode ser homem ou mulher). Se for um homem na construção e uma mulher no marketing ao mesmo tempo, a cota está certa novamente. Ou o contrário.

Certamente, o vento soprará mais forte para os jovens, e o número de cargos de promoção será menor. Mas você pode se adaptar a isso. Cairão no esquecimento aqueles homens, para os quais não se sabe hoje em que consiste realmente a sua qualificação - alguns deles serão substituídos por aquelas mulheres, para quem não se sabe o que realmente...

Mas os verdadeiros altos executivos não se deixam abater por isso. A competição é mais dura – e daí? A "qualificação per capita" dos gerentes do sexo masculino deveria aumentar, mas alguns alpinistas medianos podem cair no esquecimento. Isso faz pouco mal à economia.

Mas isso se relaciona com a situação daqui a vinte anos. No entanto, o que é verdade "hoje", ou seja, quando a quota foi introduzida? Isso será um "golpe no escritório" para os jovens aspirantes que começaram em condições diferentes, é preciso assumir isso. Os planos de vida são destruídos, a esperança Gen desiludida, a profunda frustração justificada. E os afetados eram inocentes e não tinham chance.

Aplicações externas? No caso de empresas do mesmo tipo e tamanho que também possuem a cota, é bastante desesperador. Lutar mais pela classe média não cotista seria uma saída que nem todos querem e nem todos podem por falta de talento. E as médias empresas não têm mais empregos a oferecer do que antes, apenas porque as corporações promovem de acordo com cotas. Se serve de consolo: toda mudança de longo alcance "queima" grandes partes de uma geração inteira. Este tem sido frequentemente o caso – desde a Revolução Francesa até a queda do comunismo na antiga RDA; às vezes atingia as pessoas da nobreza, mais recentemente a elite de liderança compatível com o sistema. Pelo que não quero dizer mais do que aqui se afirma, não pretendi fazer comparações mais extensas. Mas como diz o ditado: onde há aplainamento, há aparas. Na minha opinião, o que é irrelevante neste caso, a cota vai além da Seção 3 da Lei Básica. Diz no parágrafo 2: "O Estado promove a afirmação real de mulheres e homens e trabalha para a eliminação das desvantagens existentes". Considero a cota uma medida coercitiva instintiva que vai muito além desse objetivo.

Exige-se a "promoção" e não o exercício da coação, como acontecia com a cota do conselho fiscal.

O que nos resta: ver em vinte anos o que saiu disso. E sempre lutando pelo melhor princípio. Independentemente do sexo, descendência, raça etc. etc.

2.3.5.5   Assumir a empresa do pai diretamente?

Atualmente estou estudando engenharia mecânica na universidade em ..., mas vou
precisa de cerca de mais dois semestres para o bacharelado devido a problemas iniciais com matemática e por causa de um compromisso especial do aluno.

Meu pai é diretor administrativo e acionista de um fornecedor automotivo de médio porte, a empresa está indo muito bem no momento. A empresa não foi afetada pela crise econômica e já tem encomendas de montadoras conhecidas e grandes fornecedores para os próximos anos.

De acordo com as idéias de meu pai, eu deveria assumir a empresa imediatamente após meus estudos para que ele pudesse se retirar e se aposentar depois de me treinar. Como ele não gosta de fechar a empresa assim quer que eu tome uma decisão relativamente rápida sobre esse assunto para que ainda haja tempo de buscar uma alternativa caso seja necessário.

Pessoalmente, estou muito indeciso se é uma boa ideia subir para a gerência logo após a formatura, sem muita experiência profissional. Por outro lado, seria uma oportunidade única para mim e para minha carreira. Sei que com certeza quero um dia estar na gestão e já aprendi muito nas férias na empresa do meu pai.

Mas logo após a formatura? E se eu falhar? Muitas vezes li de você que é difícil encontrar uma nova posição como CEO fracassado.

Responde

A tentação veio até você - e pelo menos você notou que é uma. As tentações são caracterizadas pelo fato de incluir uma oferta que parece extremamente atraente, pela qual um preço igualmente alto deve ser pago ou um risco particularmente alto deve ser aceito.

Não sei quais são os argumentos de seu pai para dar esse empurrão agora (sua idade, saúde, outros interesses), então vamos nos concentrar no seu lado da questão:

1. A gestão de uma empresa industrial de manufatura no difícil ambiente de negócios da indústria automobilística não é tarefa para um jovem profissional e alguém de vinte e poucos anos, mesmo após a indução do proprietário anterior.
A probabilidade é extremamente alta de você ficar sobrecarregado e acabar levando a empresa contra a parede.
Há três aspectos adicionais a considerar:
a. Os clientes, que representam o maior e mais importante ativo de tal empresa, buscam a certeza de que suas necessidades serão atendidas sempre e com segurança quando o cargo gerencial for ocupado. Afinal, o fornecimento de suas linhas de produção com as peças e montagens apropriadas dependeria de você pessoalmente. Eles não depositariam essa confiança em você nos próximos anos. Como regra geral: não antes que o novo chefe tenha pelo menos (!) 30 anos. Só isso levaria mais de cinco anos.
Como chefe à frente de uma empresa de médio porte

desse tipo, você é tão desafiado como técnico de produção e desenvolvimento quanto como empresário em questões contábeis e fiscais e como comprador em negociações com fornecedores. Claro que você teria funcionários em todas essas áreas, mas a decisão final sempre seria sua. E é fácil imaginar como os bancos reagiriam se você precisasse de um empréstimo. Os requisitos para suas qualificações seriam altos, o status de herdeiro por si só não é suficiente.

b. As regras foram desenvolvidas para o avanço dos jovens em empresas "estrangeiras": Eles trabalham por alguns anos no nível executivo, depois assumem cada vez mais responsabilidades e gestão de pessoal. Por volta dos 38 anos, encontram-se entre eles os primeiros chefes de departamento ou mesmo diretores gerais. O aumento da maturidade pessoal, do conhecimento e da experiência, bem como o aumento do desempenho, são aproximadamente equilibrados. Esse caminho de ascensão também deve ser a diretriz geral na empresa familiar, onde o caminho até o topo pode ser um degrau mais íngreme e mais rápido do que fora (há menos resistência se todos souberem que o futuro patrão está crescendo aqui; ele pode, no contexto de sua posição especial, arriscar um pouco mais do que gerentes estrangeiros,

2. Se você por qualquer motivodepois de um fracasso um dia querer ou ter que aparecer como candidato no mercado de trabalho (ambos são concebíveis), então se aplica o seguinte:

a. É quase como um "seguro de vida" se você trabalhou com sucesso externamente por vários anos e recebeu críticas muito boas como funcionário antes de ingressar na empresa familiar. Então você voltou para seu antigo lar profissional naquela emergência, mas sem essa base você estaria entrando em um território completamente novo.

b. Toda a sua "carreira" na empresa familiar, sua ascensão lá, as referências que você recebe - nada disso teria valor "fora". É sabido que "o sangue é mais espesso que a água", de modo que herdeiros bastante incompetentes têm "procedido" em empresas desse tipo. E: Quem decidir mais tarde sobre sua possível candidatura externa teve que resolver isso sozinho, não houve "cadeira executiva pré-aquecida" após a formatura. Você pode acusá-lo de inveja, mas isso não muda a intensidade de sua rejeição.

c.

3. Seria bom para o desenvolvimento da sua personalidade, bem como para as suas qualificações profissionais, ter trabalhado e aprendido numa empresa diferente. Sua própria empresa também se beneficiará com isso. É útil,
para obter essa experiência no setor certo, o empregador deve ser maior do que a empresa a ser gerenciada posteriormente.

4. A aquisição de uma empresa já existente e bem estabelecida pertencente à própria família é basicamente um "caminho sem volta". Se tudo correr bem, você teve uma chance única na vida e a realizou com sucesso. Se as coisas derem errado, a solução posterior não é simplesmente uma mudança para posições comparáveis como funcionário. Então é melhor sobrar um pouco de fortuna e construir algo novo na

área dos autônomos ou se retirar para a vida privada, dependendo da duração do "experimento" e do tamanho da catástrofe final. Em um caso você "jogou e ganhou", no outro
"jogou e perdeu".

5. Excepcionalmente, ou seja, em circunstâncias especiais, também é concebível na empresa familiar o período de atividade profissional com muito aprendizado e experiência antes de ser promovido à chefia. Mas: Não reconhece seus limites quando todos sabem que se trata do filho do dono e futuro patrão; você só aprende o que já é conhecido na empresa, não traz novos impulsos depois, a empresa "cozinha em seu próprio suco" a longo prazo (o que sempre se aplica se apenas seus próprios funcionários forem promovidos e novos gerentes nunca venha de fora). E se um dia as coisas derem errado, as preocupações de 2a e 2b terão pleno efeito.

6. Sem conhecer a situação da sua empresa familiar, aqui fica a recomendação geral:

a. Você começa em uma empresa automotiva maior e conhecida, fica lá por pelo menos três, melhor cinco anos, tenta trabalhar em tantas e variadas áreas de atuação quanto possível e se esforça para subir o mais alto possível e com uma avaliação muito boa (certificado como "seguro de vida") para sair. Só então você ingressará na empresa de seu pai, desde que ela ainda exista.

b. Seu pai supera esses anos ficando lá por mais tempo do que o pretendido ou contratando um gerente interino que administrará a empresa nos próximos anos, que manterá o sucessor aberto para você e que estará disponível para sua indução. Ou ele vende e deixa para você a fortuna correspondente. Com isso para trás, seu futuro emprego será muito mais divertido ou você poderá construir sua própria existência independente.

Como última advertência geral: para os jovens ambiciosos, ter o próprio pai muitas vezes parece ser um problema fundamental. Não vai ficar mais fácil se esse pai também se tornar o chefe. E: Nunca confie em um dono que diz que vai se aposentar.

Em última análise, ele não fará isso - portanto, em qualquer caso, acordos claros devem ser feitos por escrito.

Pergun 5.6   Como funcionam as promoções?

Claro, como nunca recebi uma promoção profissional como estudante, não tenho experiência de como as promoções são decididas e realizadas. Existem processos ou padrões comuns na prática profissional segundo os quais os funcionários são promovidos?

Será que o chefe do departamento um dia fica na frente do atônito funcionário e anuncia solenemente que agora ele é o líder do grupo? Ou, por exemplo, nas grandes corporações, cada promoção individual é promovida por um anúncio interno de emprego?

Responde

Estudantes não são promovidos e, via de regra, jovens profissionais também não. Primeiro o exame, depois o início da prática, depois pelo menos três, provavelmente cinco anos de trabalho - durante todo esse tempo praticamente nada acontece em relação à questão. Exceto que você se familiarizará cada vez mais com o sistema, ganhará experiência, observará todas as possíveis decisões de pessoal ao seu redor, terá discussões acaloradas com seus colegas – e expandirá constantemente seu conhecimento sobre isso. E pouco antes de ser promovido pela primeira vez - pare de fazer essa pergunta. Você então apenas espera por notícias positivas sobre sua primeira ascensão, mas não pergunta mais como algo assim funciona. Eu te garanto, conte com isso.

Por outro lado: esta explicação é satisfatória para o remetente de uma pergunta que parece ser justificada? Provavelmente não. Então algumas informações adicionais:

HáNão existe um sistema uniforme na economia alemã segundo o qual os funcionários são promovidos. Algumas empresas têm um. Lá você tem que B. primeiro ser aceito em um "grupo de patrocínio" antes mesmo de ter uma chance. Essa prole especial costuma ser sistematicamente treinada "ao lado". Muitas vezes há avaliações de pessoal significativas com discussões críticas detalhadas nas quais se aprende algo sobre as próprias chances básicas.

Às vezes, as empresas planejam a sucessão de longo prazo de um gerente e desenvolvem consistentemente um funcionário para esse fim. No curso de mudanças estruturais repentinas ou, por exemplo, quando um superior morre, por exemplo, uma solução espontânea deve ser encontrada. No entanto, três regras de ferro sempre se aplicam:

1. Nenhuma empresa promove um funcionário simplesmente porque ele merece, é qualificado ou mesmo "está em alta". Sempre deve haver uma

necessidade interna, por exemplo, B. um cargo de líder de grupo vago. Isso significa: a coincidência desempenha um papel importante. E: As empresas usam principalmente as promoções para resolver seus problemas ("preencher as lacunas") e menos os de seus funcionários ("estou ansiosa por isso").

2. Um requisito básico obrigatório é o que o supervisor considera ser um desempenho de primeira classe, comprometido e acima da média no trabalho atual (ou seja, antes da promoção). E isso por alguns anos.

3. Se você quer se tornar um líder de grupo, você tem que gastar muito tempoPense, aja e aja como tal por muito tempo. Em seu trabalho atual, ele tem que mostrar "potencial" para promoção ao próximo nível. Às vezes, existem sistemas de teste separados (centros de avaliação) para esse aspecto. Atenção: "Primeiro me promova, depois farei melhor", isso não funciona.

E então, apenas como um aparte, há também "constelações de prevenção de promoção": pode ser que um departamento tenha cinco altos funcionários altamente qualificados, cada um dos quais pode se tornar um líder de grupo, mas ninguém o fará. "Eles são tão iguais e ao mesmo tempo ciumentos – se eu promovo um, os outros quatro desistem. Não corro esse risco, então vem alguém de fora", diz o chefe do departamento.

Esse candidato "de fora" costuma ser mais importante do que seus próprios funcionários. Também conhecemos as fragilidades destes últimos, mas não dos candidatos externos. O mesmo se aplica: se você está "maduro" para uma promoção, mas nada está acontecendo internamente, você deve fazer um esforço

externo – em seu próprio interesse.
Portanto, é um campo amplo que está diante de você aqui. Mas depois de alguns anos de trabalho, você vai "internalizar" tudo o que está escrito aqui. E talvez um pouco mais.

2.3.5.7   rebaixado

Pergun

Concluí a licenciatura em FH aos 27 anos no segundo percurso escolar
fechado e desenvolvido através de alguns cargos profissionais de gerente de projeto a gerente de departamento. Nesta capacidade, tenho mais de cinco anos com meu empregador atual. Eu conhecia meu chefe na época de um emprego anterior.

Este chefe se aposentou após alguns anos de boa cooperação. O gerente, com quem eu tinha pouco a ver, mudou a organização. Ele criou o cargo de Gerente de Divisão Sênior com ampla responsabilidade por vários departamentos. Esta posição foi preenchida externamente por um candidato que era conhecido do diretor-gerente e meu por trabalharem juntos. Este gerente de departamento colocou como condição que ele recebesse a gestão técnica e de pessoal direta do meu departamento. Fui dispensado da responsabilidade gerencial e o diretor administrativo me pediu para ficar.

O novo chefe de departamento me explicou que não podia contar comigo e que esperava que eu procurasse um cargo gerencial em outra empresa. E ele não espera que nos tornemos "amigos íntimos". Isso é cerca de três anos atrás agora. eu ainda estou lá

Como explicar isso em uma entrevistaMudança plausível? Como o longo tempo que eu estive esperando? Posso (curriculum vitae anexo) mudar de empresa novamente?

Devido à nossa casa, sou local. Durante a última crise, não consegui encontrar um cargo de gerência em um raio de 100 km. Nesse ínterim, posso estar disposto a ocupar um quarto em um novo emprego.

Responde

Começa de forma muito simples:

1. Uma pessoa com um diploma que deseja trabalhar de forma exigente a longo prazo deve
esteja pronto para se mover.
2. Uma pessoa com um diploma que deseja construir uma carreira de gestão de sucesso e mantê-la permanentemente (!) deve estar disposta a se mudar, o setor imobiliário não deve atrapalhar isso.
3. No caso de possíveis conflitos entre aspectos profissionais e privados, dificilmente vale a pena deixar os assuntos profissionais de lado em favor dos privados: "O homem primitivo era um caçador-coletor." Lendo essa definição "ocupacional" dessa maneira, ela desencadeia alguma reação específica, como espanto? Não. No máximo, uma definição alternativa teoricamente concebível surpreenderia: "O homem primitivo conquistou uma caverna, que defendeu com garras e dentes e nunca desistiu.
Moveu os rebanhos de mamutesdeixou aquela área, ele aceitou a árdua tarefa de perseguir coelhos e pássaros e mal conseguia alimentar a família." Você lê algo assim como uma definição desse tipo de pessoa? Não, melhor não.
Visão surpreendente: definimos as pessoas por meio de suas atividades "profissionais" (caçadores e coletores), não por meio de suas vidas privadas. Ainda hoje classificamos: "O Sr. Müller é engenheiro florestal." Não

algo como: "O Sr. Müller é dono de um apartamento."

4. O que seu novo chefe de divisão lhe disse na época foi um claro convite para sair. Este pedido foi factualmente correto
– ninguém gosta de ter um ex-chefe de departamento degradado como funcionário. A regra básica aqui é: quem é rebaixado deve mudar externamente, o mais rápido possível.

5. Como mostra seu currículo, você suportou esse rebaixamento por quase três anos. Isso foi muito longo. Agora você tem dois dilemas para escolher:

a. Você explica que tem lidado intensivamente por três anoscandidatou-se a um cargo gerencial, mas ninguém teria aceitado você. Isso seria ruim.

b. Você diz que demorou quase três anos para perceber que não gostou do rebaixamento e só agora está se candidatando. Isso seria ruim também.

6. Também não consigo pensar em uma razão realmente convincente para aceitar essa "promoção negativa" – o tempo decorrido é simplesmente muito longo. Pode-se concluir disso que querer conduzir a "chama" e ser capaz de fazê-lo não queima o suficiente em você. Até o gerente responsável pela remoção terá pensado em não deixar você mais com essa responsabilidade (o fato de ele ter pedido para você ficar não significa nada). E mesmo seu novo chefe, que de alguma forma o conhecia antes de entrar, não o queria como subordinado e preferia gerenciar ele mesmo seus ex-funcionários. Tudo isso se condensa em uma opinião que torna menos provável o sucesso de uma candidatura a um cargo de gestão hoje feito.

7. Meu conselho: você deveria sair da empresa. O novo

emprego deve ser preferencialmente procurado ao nível do seu emprego atual (os três anos em que já trabalhou sem responsabilidades de gestão são bons para isso). E então você tem que convencer o novo empregador com seu desempenho e esperar por oportunidades internas. Na empresa de hoje, onde todos conhecem o seu destino, você não tem mais perspectivas.

2.3.5.8 Gerente, 50 anos, desempregado, procura...

Pergun

Como um F! fã (significa "Fórmula 1", como descobri com dificuldade; H. Mell) e um dos seus fãs, você é o "Niki Lauda" dos conselhos de carreira para mim. ou seja, demonstram competência, experiência e clareza na avaliação das cartas ou das questões, problemas ou situações nelas descritas, o que é muito raro de se encontrar.

De "baixo para cima" iniciei-me como engenheiro através do 2º percurso formativo.nieur (engenharia de processos, FH) na construção de instalações. Foi uma jornada árdua ser o primeiro de uma família da classe trabalhadora a ir repentinamente para a universidade. Por dez anos, trabalhei como engenheiro de projetos e gerente de projetos para diversas empresas, planejando e realizando plantas com foco em tecnologia ambiental para clientes. Até que o mercado entrou em colapso em 2000 e não era mais atraente para mim.

É por isso que mudei para o gerenciamento de instalações em uma empresa alemã de um grupo americano (2000-2005). Tive uma escola difícil pela qual passei, mas aprendi muito, pelo que sou muito grato.

Eu gostaria de ter feito meu terceiro trabalho até o final da minha vida profissional. Fui gerente de serviços técnicos na filial de um grupo internacional, responsável pelo abastecimento e escoamento de um site.

Bem, infelizmente, meu superior mudou para outra empresa porque o chefe mais alto tinha um comportamento gerencial "como o machado na floresta". Consegui "mergulhar" por quase um ano depois disso só para evitar ser pego na linha de fogo. Mas no final as coisas aconteceram como meu superior havia previsto: tive que assinar um termo de rescisão após quatro anos de trabalho.

Levei muito tempo para superar essa perda. Porque eu tinha preenchido este trabalho - e este me preencheu. Eu estava (ou nós, como família, estávamos) feliz.

Através de meus contatos pessoais consegui uma nova (quarta) posição com uma conexão perfeita:

Como especialista e líder, eu deveria construir a área de negócios de gerenciamento técnico de edifícios. O sucesso comercial, pelo qual não poderia ser responsável depois de alguns meses, foi insatisfatório. Isso e a forma como desenvolvi as minhas diversas tarefas e como o GF as percebeu levou à minha demissão em devido tempo após quase um ano de serviço.

Uma solução alternativa concebível em uma grande corporação não deu certo, de modo que agora estou procurando um emprego pela primeira vez.

Apesar da intensa atividade de aplicativos(50 peças), pesquisas, contatos e discussões, o sucesso não foi satisfatório até agora. Então, no momento, estou apenas com uma oferta específica de um emprego de seis meses pela metade do salário anterior.

Meu consultor de recolocação mostrou uma tendência a não aceitar esta posição, mas usar o tempo para encontrar uma posição adequada com todas as suas forças. Minha esposa compartilha dessa opinião.

Eu, por outro lado, gostaria de voltar a trabalhar porque me faz bem e anseio por isso. Além disso, espero que haja vagas ao longo do tempo que eu também possa aceitar neste cargo temporário. O que você me aconselha?

Responde

De acordo com a descrição em
Descreva as credenciais como "Cargo de gerenciamento em manutenção/manutenção/disponibilidade de ativos" com mais de 10 funcionários subordinados.

Este certificado diz: "... ele dominou o seu campo de trabalho com confiança", "ele fez o seu trabalho ... justiça", "... ele sempre cumpriu as tarefas que lhe foram atribuídas para nossa total satisfação". E então diz – em uma redação diferente – "Nós o demitimos". Sem pretensas razões concretas, sem qualquer arrependimento ou tentativa de dispensar este funcionário.

Como nota de rodapé e mencionado com muita relutância: A última frase diz "Desejamos-lhe para o seu futuro privado e profissional...". Segundo um boato não confirmado(!) que circula na nossa profissão, a conspícua, porque factualmente incorrecta preferência da vertente privada em detrimento da profissional tem carácter indicativo (problemas na área privada/pessoal). Mas isso não foi comprovado, a ordem de enumeração também pode ser aleatória. Apenas: Se estivesse escrito em um certificado com "renúncia a seu próprio pedido", "sempre para nossa completa satisfação" e "para nosso extraordinário pesar", alguém encolheria os ombros. Aqui, porém, busca-se uma explicação para a súbita saída involuntária da qual o empregador nem mesmo se arrepende.

Então é 2005 - e as coisas não parecem muito boas para você. A oportunidade para você: Nas aplicações naquele momento, este certificado não desempenha um papel, você consegue o próximo trabalho sem precisar ou poder apresentar este documento.

, O desenvolvimento na terceira empresa é, na verdade, uma repetição extremamente fatal do desenvolvimento no empregador anterior. Mas aqui sua memória está te enganando: o problema nem existe! Pelo menos não de acordo com os importantes "arquivos". Você receberá um certificado de comprimento confortável, confirmando que está saindo a seu próprio pedido. não se arrepende disso, mas obrigado pela cooperação sempre muito boa e produtiva. E é-te atribuída a classificação "sempre para nossa total satisfação", que corresponde à "nota da escola" sendo muito bom. E seu currículo mostra um novo emprego no dia seguinte à sua saída, para não levantar suspeitas.

Ao contrário do que você descreve, este é o destaque positivo de toda a sua carreira sem nenhum problema (!). A menos que você "invente" um.

Então você tem que vender essa fase porque os "arquivos" dizem: sucesso, ótimo, super, está tudo bem. Você saiu voluntariamente – nem mesmo ostensivamente cedo – porque seu chefe saiu e havia um risco de reestruturação com riscos incalculáveis. Mas é claro que isso foi muito antes de qualquer tipo de problema aparecer em seu caminho ou poderia ter surgido em seu caminho. "Como manda a lei." (Baseado livremente na tradução de Schiller do dístico comemorativo dos soldados caídos nas Termópilas).

Se você deixar transparecer alguma dificuldade na parte oral ou escrita do processo de candidatura em relação a esta relação de trabalho, isso é "suicídio" porque é desnecessário.

Agora é 2009 - e as coisas parecem muito melhores novamente.

Mais recentemente (nº 4), você foi responsável pelos trabalhos de manutenção e modificação, bem como pelos custos dos sistemas na área de fornecimento e descarte para um prestador de serviços de construção. Apesar do curto período de serviço, a referência correspondente é agradavelmente longa, o que tem um efeito positivo.

As principais declarações são consistentemente "boas", a classificação geral "sempre para nossa plena satisfação" está neste nível. No final está o
Demissão "nua" por motivos operacionais, pelo menos com agradecimento expresso pela "cooperação produtiva", a saída é "muito lamentada" (isso é logicamente questionável, mas reconhece-se a boa vontade de dizer algo agradável).

Aqui a avaliação geral não tão ruim é "consumida" pelo curto período de serviço com demissão do empregador, a impressão da avaliação não corresponde aos fatos extremamente negativos.

a. Você escreve para isso em seu e-mailJornal, que, segundo o registro da transmissão, foi publicado no dia 19 de maio. J., "A-town, 19 de março" e, em seguida, anexe a descrição do seu caso, que você também data de

19 de março. Depois de se esforçar muito para "desvendar" esse quebra-cabeça, simplesmente acredito que você está confundindo março com maio duas vezes. no mesmo processo. Era tudo sobre mim aqui, mas se você faz a mesma coisa no dia-a-dia ou quando se candidata a empregos, isso é muito questionável!

b. Os "fatos reais" do seu caso são: 50 anos, primeiro trabalhou na especialidade X, depois trocou para Y. Desde então teve três empregos, todos eles "demitidos" a pedido do empregador, hoje desempregado. Esta combinação é fatal para os desesperados!

c. Os "fatos vendáveis" são melhores: faltam 50 anos, assim como a mudança de assunto. Para a primeira partida involuntária desde então, você teria que

– apenas para a entrevista, não entre na inscrição por escrito – encontre uma explicação factual, que obviamente não deve ter nada a ver com você pessoalmente. Não foi você quem foi demitido ativamente, o cargo foi eliminado durante a reestruturação - e você era supérfluo sem culpa sua.

Nunca houve qualquer problema com o segundo empregador! Faça uso do que o certificado atesta: tudo muito bem, deixado a seu pedido. Você estava bem, você está no concurso para o

3. Empregadores que sugeriram a você que as coisas poderiam ser ainda melhores lá. Seu erro, você deveria ter ficado com # 2. Infelizmente, o trabalho agora está ocupado por outra pessoa.

A terceira catástrofe é oficialmente a única. Esta empresa, que tem uma estrutura completamente diferente, partiu de pressupostos que infelizmente se revelaram irrealistas. Erro seu, você deveria ter reconhecido isso (ou percebido que não dava para perceber de fora).

Em seguida, aceite o contrato por prazo determinado. Porque tudo é melhor do que nada. Desempregado não é nada. fim de discussão. E: Continuação do processo de candidatura junto com o novo trabalho temporário com todas as minhas forças.

Você deve então certificar-se de argumentar exatamente da mesma maneira na entrevista: na primeira empresa você foi a vítima inocente de uma decisão corporativa estrutural na distante América, na segunda tudo (!) foi ótimo, na terceira você não Não percebeu que as expectativas eram insatisfatórias, erro seu. E você aceitou o contrato por prazo determinado porque tinha esperanças de um emprego permanente. Agora que você está lá, você vê que é improvável que chegue a alguma coisa. Você está olhando externamente novamente. E é claro que você tem que estar pronto para se mudar para qualquer lugar na Alemanha!

d.

2.3.5.9 Não há caminho fácil de volta

 2.3.5.10

Sou chefe de compras de uma empresa há mais de quinze anos. Agora me foi oferecida a oportunidade de mudar para o gerenciamento de contas-chave internacionais internamente, a fim de cuidar das vendas para grandes clientes. Mas então não há maneira interna de voltar à compra.

Seria visto negativamente se, após um certo período de tempo, descobrisse que a gestão de contas-chave não é a área em que encontro satisfação e gostaria de voltar para compras externas?

Responde

Existem internosÁreas que parecem ter requisitos semelhantes, onde uma mudança parece lógica, mas nas quais são necessários tipos de personalidade completamente diferentes (exemplo: produção/manutenção, compras/vendas, desenvolvimento/vendas).

1. Quando você muda de uma área para outra depois de três a cinco anos, há uma certa lógica nisso. Depois de quinze anos, ela não o fez. Ou você é um comprador de segunda categoria há quinze anos, cujo verdadeiro talento está nas vendas, ou é apenas uma ideia maluca.

2. Qualquer pessoa que lhe faça uma oferta para trocarquer resolver um dos problemas dele, não o seu.

3. Hoje você tem responsabilidade gerencial, mas não como gerente de contas-chave. Você só faz algo assim se mostrar: não quero e não posso liderar de jeito nenhum.

4. Não faça isso. Se você está "com vontade de algo novo", então é melhor se candidatar externamente a um cargo de gerente de compras com maior volume de compras,

mais funcionários e salário mais alto.

5. Se você ainda quer se tornar um key accounter e depois quer voltar para compras externas, você tem uma chance (sem garantia!) se
- não mais do que cerca de um a dois anos se passaram,
- Você afirma que atendeu a um pedido urgente de sua gerência na época para ajudar a empresa em vendas em uma situação problemática (a ideia maluca não foi sua),
- Você se candidata a uma posição de compra que é exatamente a mesma que você é hoje (portanto, você não pode fazer nenhum progresso em comparação com hoje).

2.3.5.11   Riscos aos 50

Pergun

Estou preocupado com o quanto as pessoas com mais de 50 anos ainda apoiam o
A "mentalidade de contratar e demitir" é apropriada.

Como vice-presidente (como você realmente traduz isso para o alemão: chefe de departamento?) Cheguei a um nível em que há relativamente poucos passos na carreira para escolher. Eu descreveria meu trabalho como bastante seguro e meu desempenho de bom a muito bom. Meu empregador está fortemente focado no valor para o acionista. Como consequência, isso leva a uma política de "contratar e demitir". As demissões estão na ordem do dia, especialmente em tempos de desafios econômicos.

Farei 50 anos em alguns anos. Mesmo que eu não me sinta tão "velho", lembro-me de sua recomendação de que, aos 50 anos, você alcançou a posição que pode manter até se aposentar, se necessário.

Devo procurar ativamente por um novo desafio externo em um futuro próximo, para que possa assumir uma nova posição enquanto ainda tenho menos de 50 anos? Ou devo aturar meu empregador atual para que, se eu for demitido em alguns anos (espero que apenas cinco a dez), possa preencher o tempo até me aposentar com uma indenização?

Responde
Você reforça o que eu disse antes se não souber como descrever sua posição atual no mercado de trabalho local, que seria seu se o pior acontecesse. Este é

exatamente um dos problemas quando alguém vê um único empregador como "meu mundo" - e ele não conhece mais nenhum dos outros mundos.

Também não posso responder definitivamente à sua pergunta sobre a tradução do termo VP, no final você teria que cuidar disso. Escrever simplesmente "VP" numa candidatura seria muito crítico, porque assim ficas a render-te ao que pensa o respetivo candidato: Apresentar as tuas qualificações de forma a que o leitor da candidatura possa fazer algo com elas é uma "obrigação" da tua papel .

Mesmo aqueles que não estão familiarizados com as condições americanas sabem sobre o presidente dos EUA. Ele tem um único segundo homem, o vice-presidente. Nosso observador pode imaginar que o vice-presidente da sua empresa seja algo assim. Se isso não estiver correto, você deve escrever algo assim (no seu currículo):

"Gestão da área... naRegião ...com vendas de ..., (categoria interna Vice-Presidente - uma designação aplicada em todo o grupo aos gerentes do ...o e ...o nível de gerenciamento é atribuído)."

Você teria que verificar isso e, se necessário, reformulá-lo de uma forma que se adequasse à sua empresa. Cuidado: não é do seu interesse que o leitor suspeite mais do que realmente é verdade; a suspeita de superqualificação é tão prejudicial quanto o contrário.

Em relação à sua pergunta-chave: não acho que, em sua situação particular, você deva ser aconselhado a mudar:

a. Ao mudar, você só deve mudar o tipo de empresa se não se deu bem com a anterior. Este não é absolutamente o seu caso. Portanto, você deve buscar uma empresa como a sua hoje - e estaria exposto aos mesmos perigos lá, só que teria uma vida útil muito mais curta. Então eles iriam piorar.

b. Qualquer movimento pode dar errado, e isso é sempre esperado. Se você fosse afetado por isso, isso o atingiria aos 50 anos ou mais. Considere o seguinte: além de tudo, você pode simplesmente não gostar do seu novo empregador, por exemplo, B. em termos de área de responsabilidade ou competências. Isso não é uma ameaça para o empregador atual.

Conclusão: De acordo com o "princípio do mal menor", isso significaria ficar com você.

Uma regra geral também se encaixa na sua pergunta, que pode ser bem ilustrada com este exemplo:

A vida profissional é combate: com batalhas ocasionais, escaramuças frequentes e pequenas escaramuças um contra um. Primeiro você luta para se tornar algo e depois (digamos, a partir dos 50 anos) para garantir o que conquistou. Mas: sempre há "soldados" que sobrevivem a uma "guerra mundial" completa sem nunca atirar ou ouvir um tiro real. Você simplesmente não sabe de antemão se pertencerá a este ou àquele grupo.

2.3.5.12   Sozinho contra muitos

Pergun

Trabalho para uma empresa gerenciável, economicamente muito (!) bem-sucedida
médias empresas (alto retorno sobre as vendas). No entanto, há um enorme problema de corrupção: um gerente técnico vende por conta própria resíduos de produção de metais valiosos para um negociante de sucata especial.

Vários milhares de euros por mês vão para o bolso do gestor relevante. Um grupo maior de colaboradores desta área que conhece esta prática está envolvido financeiramente com valores menores. Outro grupo de funcionários sabe dessa prática, mas não aceita dinheiro. Por meio de chantagem mais ou menos clara do gerente em questão, esses funcionários desfrutam de toda a liberdade, resultando em baixa produtividade.

Além disso, essa executiva tem produtos especiais feitos na empresa que ela vende de forma privada. A gerência não tem noção, embora alguém possa suspeitar das circunstâncias desse executivo - hobbies, férias, carros. Fiquei sabendo dessa prática sem o conhecimento do perpetrador. Então agora a pergunta: o que fazer?

Não quero ficar parado sem fazer nada, isso vai contra minha ética de trabalho e meu senso de justiça. Eu poderia delatar o gerente anonimamente ou abertamente - ambos têm suas próprias armadilhas. Eu não quero sair, eu gosto daqui. Também acho ilógico sair quando outra pessoa está me traindo.

Para resumir: o homem tem que ir (embora eu esteja

ciente de que toda a sua existência está em jogo como resultado).
Como resolveria este problema?

Responde

Uma observação prévia: A existência de um criminoso não existe por causa da
cobrir seu ato em jogo, mas por causa dede fato! Não é o policial que o "pega" que tem que se preocupar que o pobre seja severamente punido, mas o próprio perpetrador deveria ter tido tais pensamentos de antemão. Mas isso é apenas marginalmente.

Agora estamos fazendo algo inesperado, estamos olhando a história do ponto de vista da administração, que - por qualquer meio - acabou de descobrir oficialmente os golpes. Existem dois pré-requisitos para isso: uma verificação inicial comprovou as alegações - e a empresa ainda está indo bem, "muito" bem.

Cinco minutos atrás, os diretores administrativos ainda eram gerentes empreendedores extremamente bem-sucedidos e com altos salários (altos retornos = altos bônus de GF). Agora, de repente, eles são apenas "pobres porcos" que têm uma grande pilha de - por exemplo, T. dificilmente solucionável - veem problemas à sua frente:

A história recai sobre eles: como isso aconteceu, por que ninguém da GF notou, por que não existem sistemas e controles para evitar isso? Uma simples "contabilidade de recicláveis" teria bastado: o peso do material adquirido por unidade de tempo em comparação com o peso das peças produzidas e a quantidade de resíduos oficialmente vendidos.

Portanto: os diretores administrativos recebem sua parte no escândalo, problema ou o que você quiser chamar. Pense na atenção que o caso atrairá do público (isso é quase um crime de gangue). E a revolta dos donos da empresa com o

diretores administrativos "incompetentes" - que também podem prejudicar suas carreiras por causa desse assunto.

1. Então, do ponto de vista da namorada, alguma coisa tem que acontecer - mas o quê? Possibilidades para isso:

- O executivo em questão deve ser demitido imediatamente, sem aviso prévio, devendo também ser feita uma denúncia ao Ministério Público.

- Esse grupo maior de companheiros aproveitadores (que embolsaram o dinheiro) também deve ser demitido imediatamente e provavelmente também denunciado, caso contrário, você perde a credibilidade.

- O outro grupo, que sabia de tudo, se beneficiou (sem aceitar dinheiro) e que não denunciou, também deveria ser solto (talvez a tempo), ou pelo menos aqui cabem advertências.

Isso deixa a questão não de todo sem importância: E quem faz o dia-a-dia da casa quando demitimos ou desmoralizamos todos que mereciam?

Quem garantirá nosso retorno de vendas particularmente atraente para os próximos meses?

Eu garanto a você: os diretores administrativos não ficarão muito felizes quando a extensão total da catástrofe for revelada a eles. E com toda a raiva dos golpistas, eles dificilmente encontrarão tempo ou desejo de ser particularmente gratos à pessoa que descobriu o escândalo.

2. Como a participação nos vários grupos mencionados afeta praticamente metade da força de trabalho (mesmo que seja porque eles sabem disso), a administração também sabe que quem o descobriu (ou seja, você) é quase todo mundo

"o verdadeiro culpado"será visualizado. Ninguém mais vai querer trabalhar com esse homem, eles teriam que contar com o fato de serem expulsos da empresa. Oficialmente, o GF deveria realmente elogiá-lo, mas isso apenas alimentaria a raiva e o desprezo geral dos muitos perpetradores e seus amigos. Em cumprimento ao dever de cuidado para com você, a GF teria que se preocupar até com sua integridade física. Mais um problema.

E se uma denúncia anônima tivesse sido recebida, haveria apenas um tópico para todos na casa: Quem era? Uma pequena indicação é suficiente e a raiva das pessoas e provavelmente a falta de vontade da gestão ferveu.

Agora vamos à visão clássica do problema, ou seja, às suas opções (você conhece a si mesmo e às pessoas envolvidas, não conheço nenhuma dessas partes; você tem que encontrar seu próprio caminho):

a. Existe um barril de pólvora em seu ambiente profissional que pode explodir a qualquer momento e causar muitos estragos. Você não pode mais ignorar o que é teoricamente concebível.

b. Eles estão até o pescoço na lama. Você vai ter que pagar um preço alto para sair de lá. Não vai funcionar sem ele. Você entrou lá sem culpa sua? A resposta da vida a tais objeções é: e daí?

c. Agora são cúmplices, o que também é moralmente condenável. Você também tem um dever de lealdade para com seu empregador. Se você está pensando em não fazer nada: se a história um dia explodir

– e vai – então todo mundo vai culpar todo mundo. E a gestão (talvez também os órgãos do judiciário) investigará meticulosamente a questão de quem sabia disso? Se apenas uma pessoa souber que você "já sabia", você não deveria conseguir dormir em paz apenas por esse motivo.

d. Se você está na lama até o pescoço e deseja ser resgatado, não é sensato rejeitar propostas de resgate individuais por princípio. Apesar de sua aparente relutância, vou trazer a opção "sair da empresa o mais rápido possível". Esse pode ser o menor preço que você teria que pagar. Além disso, se todos os envolvidos saírem ou forem demitidos, você não terá um ambiente muito edificante.

e. Você poderia falar com o executivo em questão, dizer-lhes que a história é mais conhecida do que eles imaginam e pedir-lhes que deixem a empresa imediatamente ou, pelo menos, a "interrompam" imediatamente. Então talvez você pudesse pelo menos chegar a um fim. Mas você ainda está encobrindo a fraude do passado – se o perpetrador for descoberto mais tarde, ele o envolverá.

Portanto, essa também não é uma solução viável.

E: em todos os melhores thrillers, o grupo de perpetradores envolvidos tentaria eliminá-lo para sempre, não importa o quê.

3.

f. Você poderia falar com um dos gerentes em particular

(talvez você possa visitá-lo em sua casa sem hora marcada) e contar o que você sabe (só desde ontem, é claro). Garanta a ele que você sabe que o assunto é grande e pode colocar em risco toda a empresa (caso todos os envolvidos sejam demitidos). Você só queria cumprir seu dever e avisá-lo. Eles deixaram inteiramente para ele o que ele faria, se fosse o caso. Ninguém da casa sabia dessa conversa, ia ficar: assim em qualquer circunstância. Você seria capaz de entender todas as reações concebíveis do GF (ou seja, uma de acordo com o seguinte ponto I). Outlook: Existem duas outras variantes que gostaria de compartilhar com você:

I. Pode ser a melhor solução para um GF muito pragmático - não fazer nada (mas que requer informações suas após f). O buraco é tapado por uma medida de otimização do processo que parece ter sido introduzida acidentalmente ("contabilidade de material reciclável" ou similar). Além disso, há alertas gerais contra fraudes para toda a força de trabalho. O dinheiro ganho sempre foi bom e continuará sendo bom. Os bens roubados são irremediavelmente perdidos. Se os perpetradores forem todos presos ou mesmo demitidos, os retornos futuros estarão em risco. Simplesmente descartar recorrências futuras e permitir que as operações continuem pode ser o mal menor. A médio prazo, é claro, você tem que demitir o principal culpado, seja lá qual for o motivo ("Deus perdoa, Django nunca"). "Heróis". Mas da forma que melhor se adequa às necessidades da empresa.

II. Eu experimentei isso relativamente de perto: em uma grande empresa, descobriu-se que um gerente de produção tinha carrinhos de transporte simples construídos "à parte" com custos operacionais e os vendia privadamente com grande sucesso. Após cuidadosa reflexão sobre a melhor forma de conseguir o dinheiro desviado, foi tomada uma decisão: o gerente de produção abriria seu próprio negócio com a produção de carrinhos, a empresa financiaria e receberia uma parte do valor da venda. A outra solução teria sido moralmente mais brilhante, mas financeiramente uma perda.

Eu já disse que a vida profissional é melhordeve ser considerado um grande jogo (Monopólio)? E também há um cartão "Vá para a prisão".

E não se pode esperar o cumprimento de elevados padrões morais de um sistema voltado exclusivamente para fins comerciais.

2.3.5.13 empregador detémPromessa de promoção não

Sou um engenheiro graduado, com quase 40 anos, mais recentemente AV Manager com o devido

escopo. Alguns anos atrás, meu empregador na época me ofereceu um acordo de rescisão por causa de problemas econômicos. O diretor administrativo já havia sido demitido, muitos funcionários de alto desempenho haviam saído da empresa, eu também estava procurando um novo emprego e já havia feito contatos de sucesso.

Aceitei o acordo de rescisão oferecido e assinei um novo contrato de trabalho com meu atual empregador (subsidiária). Consegui fazer a transição perfeita.

A vaga para o meu novo cargo era para um cargo gerencial. Isso também ficou claro na primeira minuta do contrato de trabalho, que me foi entregue na segunda entrevista.

Na terceira entrevista, fui então informado que a função gerencial só poderia ser assumida após a saída do gerente da área. Em seguida, o atual titular da "minha" posição assumiria a gestão do departamento e eu subiria de acordo. Um ano foi dado como prazo. No novo contrato havia apenas uma observação de que após um ano haveria uma "revisão" no que diz respeito à minha função de gerente.

Vários anos já se passaram. O chefe da divisão saiu mais de dois anos depois que entrei. Trabalhei muito de perto com ele e meu gerente de linha. Ambos me garantiram que apreciam meu desempenho e meu comprometimento e apoiariam minha assunção do cargo de gerência.

Apesar de repetidoPelos esforços dos meus superiores, nada aconteceu até agora. Como chefe de divisão, meu chefe ainda é o chefe de sua "antiga" unidade, que originalmente eu deveria chefiar. Como parte disso, ele agora me deu a responsabilidade técnica desse grupo. A justificativa para minha falta de responsabilidade de gestão disciplinar ainda está pendente. O gerente de divisão havia indicado que o ex-diretor administrativo teria evitado se candidatar a um cargo de gerência na unidade de grupo superior e queria deixar isso para seu sucessor. O novo diretor administrativo está conosco há alguns meses e nada aconteceu no meu caso.

Minhas opções:

1. Eu permaneço. Em princípio, sinto-me muito confortável, o ambiente é muito bom, está tudo bem, dou-me muito bem com o meu chefe. Nesse ínterim, assumi praticamente todas as tarefas técnicas da área originalmente destinada a mim.

   Por outro lado, tenho mais de dez anos de experiência em gestão. Muitas vezes acho difícil poder apenas fazer sugestões e não ter o poder de tomar decisões. Isso me deixa cada vez mais insatisfeito. O aspecto financeiro também influencia: na entrevista, foi prometido um salário significativamente maior para o cargo de gerência originalmente planejado. Candidaturas posteriores também são difíceis (quebra no CV).

2. Estou mudando de empregador. Atualmente, tenho pedidos específicos. Também vejo como um risco o fato de ter sido empregado apenas pelos dois últimos empregadores por três a quatro anos. Devido à minha

idade, uma decisão errada dificilmente deveria ser corrigida. Como posso expor meus motivos nas candidaturas sem que o candidato assuma que há falta de potencial de liderança?

Estou muito satisfeito com sua avaliação de risco e recomendações de ação.

Responde

Com uma pessoa com a minha experiência há sempre a unidade que ele ouve "as pulgas estão tossindo" - às vezes mesmo quando não há bichinhos desse tipo. Mas aqui, na minha opinião, eles tossem com mais clareza. E assim acredito que todos os problemas que vêm depois remontam à situação inicial descrita acima, que soa tão "inofensiva". O que, é claro, nunca foi realmente inofensivo, mas se enquadra no aviso que muitas vezes foi citado aqui, que diz: "É precisamente a maldição das más ações que, propagando-se, devem sempre dar à luz o mal" (Schiller, Wallenstein). Significa simplesmente: nada de bom pode vir de uma ação errada.

O que aconteceu? O antigo empregador teve problemas, teve que cortar custos e demitir funcionários. Ele também ofereceu a você um contrato que anularia seu contrato de trabalho anterior (não sabemos se foi uma oferta geral que se aplicava a todos na época ou se foi feita sob medida para você). De qualquer forma, a empresa ficaria feliz em se livrar de você e precisava urgentemente de sua assinatura nesta oferta de rescisão. Ninguém dá essa assinatura voluntariamente, então você tem que seduzi-los, "convencê-los" – tanto faz. O instrumento para isso é o dinheiro, as verbas rescisórias. Dificilmente qualquer outro funcionário consegue obter tais quantias tão rapidamente – e, como ele pensa, com tanta facilidade. Bem, se uma tentação também não parecesse atraente, não seria.

Então a isca para conseguir sua assinatura foi o pacote de indenização. E ao mesmo tempo alguma pressão foi exercida, o meio de pressão é chamado de tempo. As ofertas de compensação geralmente são limitadas até ..... A ameaça é Assinada por ..., caso contrário, teremos que avisá-lo".

Simplificando, o pobre funcionário em questão está sob pressão para encontrar externamente a "posição dos sonhos de sua vida" em pouco tempo no mercado de trabalho, para o qual tal mudança realmente vale a pena. No entanto, a pressão do tempo de qualquer tipo é "mortal" para esta busca, isso é conhecido.

E então você geralmente tem sua indenização, mas a coisa com a posição dos sonhos dá errado.

É estranho que quem não tem perspectiva de emprego posterior ao assinar o termo de rescisão corre o risco de desemprego, mas pelo menos sabe exatamente o que está fazendo. No entanto, quem tem a perspectiva de uma posição de segunda ou terceira categoria olha para ela através dos óculos cor-de-rosa do pagamento da indenização, descobre que "a noiva é mais bonita do que temia" – e ataca. Aí está ele. A terceira entrevista com seu empregador atual foi o momento em que você deveria ter se despedido educadamente desta empresa. Mas provavelmente haveria dificuldades com o pagamento da indenização que acenou quando o acordo de rescisão foi assinado.

Você era gerente no antigo empregador e já esteve no anterior. Agora a única opção era uma nova posição como gerente. Mesmo a possível "garantia" de que isso só aconteceria depois de um ano seria inaceitável. A passagem do contrato com a "revisão" (absolutamente sem garantia) foi um desastre. A combinação de

"Anunciamos um cargo de gestão e declaramos no contrato que não é, mas que queremos verificar depois de um ano sem obrigação se algum dia poderá vir a ser" não é senão um pedido de "

retirar a candidatura - porque quem faz essa contratação com base na sua carreira anterior desqualifica-se.

Não quero ser mal interpretado: estou longe de criticá-lo por suas ações - o que eu ganharia com isso. De acordo com o objetivo da série, quero dissuadir potenciais imitadores.

Quaisquer que sejam os "bons" motivos que você possa ter tido para aceitar esta oferta, que se deteriorou significativamente no decorrer das negociações: lá estava você, a indenização do seu antigo empregador no bolso, mas entregue à nova empresa com um valor altamente futuro incerto (o contrato também era limitado!).

Devo confrontar você com algumas evidências circunstanciais sérias (mas não provas, como o termo sugere):

a. Seus dois empregadores anteriores eram empresas sólidas de médio porte, sua empresa atual é uma – embora muito pequena – subsidiária de um grupo. Em princípio, é concebível que você tenha sido qualificado para ser gerente pelos padrões de uma empresa de médio porte, mas não pelos do grupo. Há!

b. O pessoal da empresa percebeu isso durante o processo de inscrição, durante o qual você foi rebaixado de acordo entre a segunda e a terceira entrevista. Como um gerente "pintado na lã", você nunca deveria ter aceitado isso, apenas incidentalmente – porque você podia ver claramente como as pessoas o avaliavam a esse respeito.

c. Então eles conheceram você no decorrer do seu trabalho - além da apresentação de novas desculpas "plum-soft", nada aconteceu. Tudo cheira a céu! A transferência de responsabilidade técnica para

"Seu" grupo, que o supervisor continua a liderar disciplinarmente, ressalta a avaliação de você: tecnicamente competente + eficiente, mas provavelmente fraco demais para uma liderança disciplinar. Essa avaliação em grupo parece definitiva e deixa pouco espaço para dúvidas.

d. À medida que você se aproxima de um importante limite de idade, presumo que, se ficar, continuará sendo o que é. Como consequência de seus próprios erros. Porque você não passa de uma empresa de médio porte para um grupo em idade avançada - e depois também ignora os sinais de alerta "bang" nas negociações contratuais.

Com um pouco de vontade de colocar um pouco de esforço pessoal nisso, você pode até aceitar tudo e ficar razoavelmente feliz.

e. Uma mudança só voltaria para a classe média. Lá você pode reclamar vigorosamente sobre a "operação de grupo impossível": primeiro você foi "atraído" com um anúncio para uma boa posição gerencial, depois foi informado de que a tarefa real só poderia ser assumida como parte de um sucessor que estava por vir. em um ano. Por causa do "grande nome" desta empresa, você aceitou as promessas verbais. Então a sucessão foi adiada por meses, depois por anos. De novo e de novo novas promessas, garantias ("Você é tão bom, você é o nosso homem"). Então você foi admitido que o antigo gerente não queria perder o efeito de economia que estava na dupla função do seu chefe, então você estava esperando pelo novo gerente. Ele está aqui agora, mas precisa se acostumar antes de fazer algo tão importante.

decidido. Isso pode levar tempo. E agora você já teve o suficiente! Embora você recebesse constantemente reconhecimento, elogios e coisas do gênero, também poderia ser responsável por tudo profissionalmente – mas mudanças disciplinares de responsabilidade só eram possíveis com a aprovação do gerente. E o - veja acima.

Credibilidade de tal história: cerca de 50% (metade de alguma forma acredita nisso). As corporações fazem isso – mas há pessoas suficientes que são fracas demais para liderar. Então, em parte, em parte. A propósito, você não deve dizer nada sobre o texto deteriorado do contrato após a segunda reunião, caso contrário, a pessoa com quem você está falando de repente "está tudo claro".

E também é importante a aparência de suas duas últimas referências. Esperançosamente, eles não contêm nenhum indício de "assertividade insuficiente", "muito fraco como gerente" (em palavras completamente diferentes, é claro).

Teria gostado que tivesse feito o seu pedido um ano depois de ter assumido as suas funções. Então teria sido mais fácil para mim decidir. Portanto, estou inclinado a aconselhá-lo a recuar e ficar - isto é, continuar com a política que você pratica há vários anos. A alternativa exigiria um lutador - você é um?

Já que também tenho minha própria maldade: de acordo com seu currículo, você mora em uma cidade de onde pode entrar em contato com seus empregadores atuais, anteriores e anteriores diariamente. Isso diz ao especialista: Todas essas foram mudanças de empregador sem mudança. Quando você era jovem, você investiu seis anos valiosos em um segundo grau de elite, o que não é absolutamente necessário para sua carreira posterior. Qualquer um que disse "A" tão claramente deveria dizer "B" com a mesma clareza mais tarde, caso contrário, nada disso vale a pena.

2.3.5.14   Notas da prática

Respostas que foram importantes para mim, mesmo que não houvesse uma pergunta adequada no momento

Não falharás

Se eles existissem, os dez mandamentos da economia de mercado, então uma coisa seria: Não falharás.

Porque? Porque os mercados são palco de vencedores, de vencedores. Seguidores sem anormalidades notáveis às vezes são tolerados, às vezes até indispensáveis. Os vencedores só se destacam quando estão ao lado dos não vencedores. Dessa forma, cada grupo cumpre seu propósito individual. Só poderíamos prescindir daqueles que fracassam.

E seus membros certamente não dão importância a estar aqui.

Então, por que eles falham? Antes disso, uma palavra rápida sobre a terminologia: quando é que alguém, independentemente do seu nível ou atividade, tem de dizer ou ser informado de que agora pertence? Se - o mercado é um mercado, seja de produtos ou de obras - os compradores de um serviço deixam de comprar por insatisfação. Nos mercados de produtos, eles primeiro param de comprar e depois param de fazer pagamentos; no mercado de trabalho, eles simplesmente rescindem o contrato existente e, assim, encerram o relacionamento para sempre. No caso dos colaboradores, "por insatisfação" significa, em última análise, "por motivos pessoais". O contrário – permitido dentro de limites – seriam causas operacionais, desde que apresentadas de forma convincente ou, melhor ainda, comprovadas. Há outra pequena maldade no fracasso: é um termo ativo.

Os afetados são forçados a formular: "Estou falhando". Em contraste, "Fui demitido" é tão bem passivo. Aconteceu, fui atingido por isso sem culpa minha, pode-se pensar - e de alguma forma mais perto de uma desculpa confortável. "Eu falhei" torna isso muito mais difícil.

Então, por que os funcionários falham, de funcionários a membros do conselho ou diretores administrativos?

1. Porque eles negam o princípio. Afinal, embora possam falhar, eles não podem aceitar essa noção. O problema com isso: claro, aos olhos das pessoas ao seu redor, você ainda falha – mas não aprende nada com isso porque se recusa a aceitar a derrota. Um exemplo:

"Nós, meu chefe e eu, simplesmente tínhamos ideias diferentes sobre como proceder no futuro. Não escondi minha opinião, mantive minha opinião e não me permiti ser dobrado. Quase vejo isso como um elogio para mim - não foi por isso que falhei. Seria eu se tivesse cometido erros. Mas mostrei coragem. Tudo bem, fui demitido, mas posso realmente explicar isso a todos agora. Bem, no topo está escrito "mercado é mercado". Imagine o gerente de desenvolvimento e design se justificando para seu chefe: "Nós, os clientes e eu, simplesmente tínhamos ideias diferentes sobre o design do produto. Eu não fazia segredos..., defendi minha opinião,... não me deixei dobrar,... mostrei espinha dorsal. A empresa não quer um chefe de desenvolvimento com costas duras, ela quer vendas. Não vem assim porque tem não há produtos vendáveis. Conclusão: "Ótimo,

2. Porque eles negam não o princípio, mas o fato de que já começou. Vamos chamar de falta de sensibilidade. Pode-se também citar Ovídio

ren: "Evite o começo" - na verdade pretendia ser uma "cura contra o amor",mas equipado com usos múltiplos.

Ninguém consegue - na verdade é sobretudo um processo activo (!) - o descontentamento dos seus chefes na esfera pessoal de tal forma que a caracterização

"de repente" seria permitido. Além de cenários excepcionais que estão prontos para um longa-metragem, é um processo. Começa lentamente, aumenta, dura, aumenta ainda mais, atinge seu pico e leva facilmente à rescisão pelo empregador. Nesse processo, que costuma durar vários meses, o funcionário é chamado a reconhecer sinais – e pensar intensamente nas reações. Quem "de repente" falhar e "jurar" que não houve sinais de alerta de antemão pelos motivos aqui discutidos quase merece o seu destino "por uma comprovada incapacidade de reconhecer os sintomas em tempo útil".

Os chefes dão sinais ativos antes de ficarem sérios. Eles sempre o fazem - qualquer um que não os tenha visto foi superficial ou imprudente.

Aqueles que dominam a disciplina "Posso sentir o que está acontecendo" estão no lugar certo. Por outro lado, aqueles que tateiam "com a mente de um cão de açougueiro" vivem muito perigosamente.

Esses sinais, que sempre (!) existem, são um problema. Porque os superiores realmente têm o poder de pelo menos se expressar claramente - mas não o usam. Todos seriam ajudados se houvesse um anúncio claro deste tipo:

3. -"Senhor. Müller, posso lhe dizer francamente que, na minha opinião, você simplesmente trabalha muito devagar. A qualidade do seu trabalho é boa, mas preciso de mais resultados por unidade de tempo de você. Você tem que progredir aqui, senão terei que pensar em ação. Pense em como você pode controlar isso, seus colegas também podem fazer isso. Será um prazer ajudar se você tiver alguma dúvida ou precisar de suporte. Mas não pode ficar assim, eu não poderia aceitar".

Esta é uma base sólida com a qual Müller pode fazer algo. De qualquer forma, ele foi avisado e, se já estiver dirigindo em sua própria velocidade máxima, pode pensar em medidas (ir para outra área de responsabilidade possivelmente menos bem paga, tentar obter uma transferência interna para outra área ou escrever aplicativos externos. Ou ajustar seu estilo de trabalho ao de meus colegas, se isso ainda for possível). Mas então eu não teria que escrever este post. Infelizmente, os chefes geralmente não funcionam dessa maneira. Eles formulam alusões, mostram pontas de icebergs e não falam sobre a avassaladora ameaça potencial que permanece invisível debaixo d'água. Eles dão sinais, mas apenas sutis. Algo assim no caso acima: "Sr. Müller, sempre quis lhe dizer que a qualidade do seu trabalho é muito boa." Feixes Müller. Ele memoriza esta frase e a cita à noite para sua esposa - isso é quase tudo o que fica com ele. Embora o chefe agora continue: "Claro que sei que essa qualidade não cai no colo, ela tem que ser trabalhada e não pode ser tirada da cartola. E que leva tempo para concluir tudo conscientemente. Bem, eu sei disso também, você é consciencioso, eu realmente tenho que dizer isso." Müller sorri ainda mais intensamente. Nada do que ainda está por vir pode abalá-lo ou atingi-lo. Embora haja um pouco mais por vir: "Sabe, talvez você possa acelerar um pouco as coisas no processamento; Você sabe a pressão sob a qual estamos todos. Experimente - e venha até mim se precisar de ajuda.

Eles não se entendem! Müller se vê elogiado diversas vezes e reprime o que veio no final da fala do patrão. E o chefe? Ele está profundamente convencido de que deixou bem claro para Müller que ele teria que arcar com as consequências se ele finalmente não "pegasse no ritmo".

E o que acontece depois? A princípio nada, porque ambas as partes se sentam e ficam extremamente satisfeitas. Até que um dia um chefe desapontado decide demitir o desavisado Sr. Müller. Ao que aquele de todas as nuvens...

4. Simpatia e rejeição são quase sempre mútuas. No extremo: se você desrespeita ou despreza seu chefe, não pode esperar ser amado por ele em troca. Ou, como escrevi certa vez: seu chefe pensa em você como você pensa nele.

Isso não significa que você deve se forçar a vê-lo de forma mais positiva a todo custo - isso geralmente é extremamente difícil. Mas se você não consegue relacionar sentimentos positivos a ele, esteja avisado, você estará andando sobre gelo extremamente fino em tudo o que fizer. Sua rejeição a ele deve ser um aviso para você dos problemas que virão. E como candidato com escolha, você não deve assinar um contrato se o gerente em potencial não parecer o tipo de pessoa que você gostaria de colocar seu destino em suas mãos (sentimentos positivos são indicadores úteis, mas excluem, por exemplo, o risco de mudança de gerente).

5. Mesmo um trabalho profissional muito bom não protege de forma confiável contra o descontentamento do chefe. "Se eu fizer meu trabalho bem e de forma confiável, nada vai acontecer comigo" é absolutamente criminalmente descuidado. "Bom trabalho" é um pré-requisito evidente para "bom dinheiro", nada mais. Mesmo elogios repetidos pelos bons resultados do trabalho não significam automaticamente que o chefe está completamente satisfeito "do contrário também".

Conhecimento é poder. Costumo perguntar em sessões de aconselhamento de carreira: "Se seu chefe fosse um velho amigo meu de escola, eu ligasse para ele esta noite e ele perguntasse sobre você, o que ele diria então?" E muitas vezes, depois de pensar um pouco, vem o seguinte: "Não sei, realmente não posso dizer isso, não tenho ideia de como ele me julga".

Isso é inaceitável, com base nisso não se deve surpreender se em algum momento a grande catástrofe for iminente. Só não me diga que seu chefe em particular é tão extremamente reservado, porque você não reconhece nada do tipo solicitado. Eu não acredito nisso - e posso apoiar fortemente minhas dúvidas:

Qual seria um requisito mínimo para você ter uma respostapara aquela pergunta existencial sobre a avaliação do seu superior sobre seus pontos fortes e fracos (!)? Que você está profundamente interessado nisso. Mas qual seria a resposta de alguém que está constantemente e intensamente interessado (mesmo que não tenha encontrado uma resposta)? Ele dizia: "Eu me pergunto isso o tempo todo, mas não consigo encontrar uma resposta clara para isso." Mas foi exatamente isso que quem precisava não disse. E eles se entregam: eles nunca se interessaram por isso.

6. De longe, a maneira mais segura de alienar seu chefe é ignorá-lo. Uma variante ativa é melhor, na qual você age de forma agressiva e depois demonstra isso na frente de uma platéia (seu chefe é um espectador muito bom, na frente de quem você demonstra o quão pouco pensa em seu chefe). O que mais se enquadra nessa categoria? Falta de respeito, ridicularizando-o, mostrando seu desprezo. Então, se você quer um inimigo mortal, aqui está a receita.

7.

8. Até agora tudo bem. Portanto, o fracasso não é de forma alguma completamente inevitável. Só para garantir: eu disse que você deveria constantemente bajular seu chefe, prestar atenção a todos os seus estados emocionais, antecipar todos os seus desejos e se tornar um agente vicário indefeso sem qualquer "espinha dorsal" própria? Absolutamente não, você não vai ler isso de mim também. Além de todos os outros contra-argumentos: talvez o chefe não queira de jeito nenhum. Até o diretor da escola no "Feuerzangenbowle" bate na boca de um de seus professores com raiva quando ele demonstra obediência em antecipação à pergunta do diretor sobre as medidas a serem tomadas: "Concordo com a opinião do diretor". O patrão o repreende com raiva e com razão: "Não expressei opinião alguma." E isso de alguma forma acontece nos tempos de Kaiser.

9. Não, para mim basta que você saiba como e o que seu chefe pensa de você. Isso por si só não o impedirá de falhar. Mas você pode desenvolver uma estratégia de defesa individual com base nisso. Apenas a teoria da "falha totalmente sem culpa sua" não pode ser baseada em uma afirmação como "eu juro, nunca percebi nada até que o chefe veio com o acordo de rescisão".

10. Não posso encerrar este tópico sem afirmar mais uma verdade incômoda. Por precaução, abordo o núcleo com cautela:

Milhões de pessoas trabalham juntas em nossas empresas todos os dias. Em parte como chefes, em uma extensão muito maior como empregados subordinados aos chefes. Ambos os grupos são "dinâmicos" em sua composição, ou seja, estão constantemente se misturando. Em algumas corporações internacionais, os chefes são rotineiramente substituídos a cada dois ou três anos, enquanto outras empresas geralmente têm que lidar com grandes flutuações. Novos funcionários estão constantemente se juntando aos chefes existentes, ou grupos existentes recebem novos superiores. E todos os envolvidos "acima" e "abaixo" são individualistas, orgulhosos de serem uma personalidade independente.

Pode funcionar, se todos se mostrarem como são em toda essa interação? Na verdade! Ainda funciona na prática? Na verdade sim!

A razão estáem um pouco de tolerância, que os patrões trazem e muita vontade de se adaptar, que os funcionários investem em seu emprego que garante seu sustento. Não há outro caminho. Portanto, aqueles que falham no sentido deste artigo muitas vezes não estavam dispostos a fazer o grau de ajuste que teria sido necessário. O empregado é empregado. A dependência requer uma vontade de se adaptar. Se estiver faltando, tritura uma vez.

reconhecer sinais e interprete corretamente

Quando se trata de preencher cargos vagos (de gestão), uma proporção significativa das decisões de contratação tomadas posteriormente revela-se menos afortunada do que o esperado. O que é surpreendente é que, se você analisar todo o processo posteriormente, quase sempre encontrará sinais críticos na pessoa, nos documentos ou no comportamento do solicitante. Estes sinais – "sinais" – estiveram presentes desde o início, foram bem visíveis, foram também reconhecidos, mas não levaram à exclusão do candidato da avaliação global.

Deve-se aprender com os erros, para que os tomadores de decisão saibam pelo menos o que não devem tolerar quando forem recrutados novamente. Infelizmente não é tão fácil. Claro, se você olhar depois, sempre encontrará sinais que existiam antes. Mas há pelo menos tantos exemplos de exatamente esses sinais sendo vistos em outros casos – e não significando nada.

As conexões são provavelmente muito mais complexas do que sabemos atualmente. Portanto, "muitas mudanças de empregador nos últimos dez anos" é menos um sinal que leva à exclusão, talvez seja apenas se o potencial novo chefe tiver um fator de □ 1,8 em termos de "temperamento irascível, comportamento de gestão injusto".

Por que estou te contando isso? Certamente não para torná-los melhores consultores de RH. Mas, para lembrá-lo: mesmo que às vezes seja difícil interpretar os sinais corretamente, eles quase sempre existiam antes de um desastre posterior na área de pessoal. E você também tem o "direito de interpretar mal" os sinais de alerta, mas não de ignorá-los ou negligenciá-los.

Como exemplo da ponderação muito diferente de tal sinal pelo doador e pelo destinatário: Seu chefe pergunta a você, que está atualmente gerenciando um projeto, se você tem alguma dificuldade com os funcionários da equipe do projeto.

O sinal é: Ele acha que você tem essas dificuldades - caso contrário, ele não teria "pedido". Ele só não disse o que pensava por excesso de educação, consideração ou covardia (!): "Você está tendo problemas com o pessoal da equipe do projeto, meu caro."

E em resposta à "pergunta" você – claro – nega os problemas, acalma aqui, rejeita ali, responsabiliza os outros, espalha otimismo, assegura alguma coisa. Esta é a maneira errada de lidar com um "sinal vermelho": fingir que não é vermelho ou que você deve avaliá-lo de maneira completamente diferente.

E você realmente acha que um chefe que tem uma opinião ("este homem tem problemas com...") deixaria seu subordinado dissuadi-lo? Os chefes relutam em ouvir os funcionários quando se trata de questões factuais, e certamente não quando são acusados. Se ele não responde (mais) aos seus contra-argumentos, é só porque acha que não adianta, porque afinal não acredita em você - ou porque, veja acima, ele é educado, atencioso ou até covarde. Mas o que ele ainda pensa deve te interessar, afinal sua existência depende disso.

E então aquele patrão vai para casa e diz para a esposa: "Bom, hoje eu deixei bem claro para o moleiro ('Você está tendo problemas...?') que eu conheço a fraqueza dele, não vou mais tolerar isso e que ele espera enormes consequências se não conseguir controlar os problemas o mais rápido possível." E ele está orgulhoso de si mesmo por sua abordagem sem frescuras.

Agora você vai para casa e relata ao seu parceiro: "Hoje o patrão, que deve ter ouvido alguns boatos idiotas, perguntou se eu tinha algum problema com meu projeto. Pude provar a ele com clareza que tudo isso é um absurdo, que as coisas estão se comportando de maneira muito diferente, que pessoas completamente diferentes são responsáveis \u200b\u200bpor isso e que, ao contrário, eu sou o maior responsável pelos serviços anteriores. Ele ficou satisfeito com isso, não disse mais nada e foi embora."

E você está – também – orgulhoso de si mesmo. Alguns meses depois, você está sentado na minha frente com seu acordo de rescisão e folga, jurando que não tem a menor ideia do porquê.

Tanto para processamento de sinal.

olha temCEOs, eles ligam para um funcionário e dizem: "Oh Sr. Müller, se você tiver tempo, eu ficaria grato se você pudesse vir me ver." O que significa: "Para mim, imediatamente." Cada sinal que você recebe significa algo. Nem sempre é imediatamente claro o que é. Mas, com certeza, você não deve ignorar esses sinais. E o que é mais importante para mim: Ser demitido sem saber o motivo é inaceitável para uma pessoa comprometida profissionalmente. Então você seria extremamente insensível, o que por si só seria um motivo para questionar sua sobrevivência no trabalho.

Socorro, sou generalista

Vamos colocar desta forma: Então você tem um problema.

Imagine que você tem o que é preciso para ser chanceler federal (BK). Mas você devereconheça: Você não tem o que é preciso para seguir com sucesso os caminhos usuais para chegar lá. Então presidente distrital de partido, deputado estadual, deputado estadual, secretário-geral, ministro especialista no estado ou no governo federal – nada disso combina com você. Mas BK, você sente isso, isso estaria de acordo com seus talentos.

E agora? Deveria haver uma carreira separada no BK: BK-Assi, deputado. Candidato a BK auxiliar, BK auxiliar, por exemplo, A. etc. até o estágio final desejado. Para que você, transferido para condições industriais, possa iniciar sua carreira gerencial imediatamente, sem a cansativa especialização como engenheiro de desenvolvimento, gerente de projeto de grupo e gerente técnico etc. departamento com a compulsão de primeiro se qualificar como um especialista puro e depois como um especialista líder em uma área de especialização restrita. Em vez disso, você evoluiu de um GF auxiliar através de vários estágios intermediários de uma carreira generalista até o único GF certo (ou presidente de um conselho de administração).

Bem, você já sabe: não existem carreiras assim, nem para o BK, nem para o GF. Ou, para colocá-lo de forma mais geral: geralmente não há carreira generalista na prática industrial. Portanto, não há chance de chegar ao topo em algum lugar sem provação em uma carreira de especialista convincente (que não é oficialmente chamada assim) e o suposto talento generalista logo após alcançar um avanço em seus estudos. Sempre há abordagens nessa direção, mas ainda não houve uma solução totalmente inovadora.

Então, o que resta? Assim como o mestre sempre teve que ser um aprendiz, o mesmo se aplica a você: não adianta, você tem que passar por isso. Sem uma carreira de sucesso (!) em uma área especializada, basicamente não há ascensão ao Olimpo geral.

E isso é bom (não, não estou citando, a frase simples é conhecimento linguístico comum). Porque uma das nossas "regras de ouro" é: Quem lidera deve ter exercido previamente uma função como a de liderado. Isso não pode se aplicar a todos os subordinados, mas pode se aplicar a alguns deles. E assim o atual MD, que é responsável por algumas áreas, costumava ser o chefe de um antes. Para isso, ele já foi chefe de departamento nessa área e muito antes disso foi balconista lá.

Portanto, não tente se ver como um generalista quando jovem e se recuse a seguir carreiras tradicionais. Isso só te traz frustração. Lute pelo sucesso em carreiras especializadas padrão até estar perto de desenvolver seus talentos "verdadeiros" (generalista). Nosso sistema não tem espaço para chefes de departamento fracassados que preferem brilhar como gerentes. Ou você acha que poderia realmente haver um chanceler convincente em muitos políticos de nível inferior bastante pálidos e discretos ou até infelizes? E se você apenas deixá-lo?

Alterar Alerta

Observe isto: mudanças de todos os tipos na vida ao nosso redor são mais propensas a piorar do que o contrário. Não é preciso ser pessimista para ver isso. Seja o clima, os impostos, os novos limites de velocidade na autobahn ou as ameaças do seu cônjuge, algo está prestes a mudar aqui – provavelmente não será tão bom depois, para dizer o mínimo. Essa é a página. A outra é que as mudanças devem ser inevitáveis onde quer que haja vida. Eu também me curvei a essa percepção em algum momento, não tive escolha.

E por isso há mudanças constantes no ambiente profissional; Você também pode dizer "infelizmente", mas só para garantir, você deve esperar que as coisas piorem ou piorem do que antes em áreas-chave. Em termos concretos: Se algo mudar ao seu redor, você não deve simplesmente continuar como antes. Se você ignorar este simples conselho, são possíveis deficiências que podem até ameaçar sua existência.

Para refinar um pouco essa recomendação: se algo em seu ambiente se tornar "diferente", você deve estar disposto a mudar seu comportamento. E essa é uma das exigências mais difíceis que você pode fazer a uma pessoa; quase ninguém sabe disso melhor do que eu.

O que foi certo, bem-sucedido e elogiado por dez ou vinte anos pode de repente estar errado, perigosamente errado. E enquanto você costuma dizer a um funcionário o que ele deve fazer de diferente recentemente, um gerente precisa descobrir isso por conta própria.

Tais mudanças podem estar no ambiente econômico - de repente a empresa está lutando por sua existência,

enquanto ontem o crescimento contínuo estava na ordem do dia. Mudanças estruturais também devem ser mencionadas ao listar os gatilhos, mas no topo há todos os tipos de mudanças de pessoal. Um novo chefe no comando da empresa pode rebaixar qualquer estratégia comprovada para o desperdício, um novo chefe direto pode "outros" padrões, você não teria pensado nisso antes. mudança no comportamento de você. Conclusão: Se você não mudar, seu status mudará, gradual ou abruptamente. Com alta probabilidade
- então - para pior.

Cada chave cabe apenas em uma fechadura especialmente projetada (meu exemplo padrão para aplicações e posições a serem preenchidas). Se apenas um detalhe mudar nesta fechadura, a chave sólida de ontem é apenas uma amostra sem valor. Ou tem que ser ajustado às novas condições por arquivamento. Não importa se ele gosta de suportar.

Portanto, atenção alerta, análise cuidadosa de todas as novas circunstâncias, pensando em todos os cenários possíveis e disposição para se adaptar com flexibilidade a eles – ou, alternativamente, a uma mudança inevitável de empregador – são necessários.

Portanto, fique mais do que vigilante se você for um signatário autorizado e o proprietário da empresa repentinamente trouxer o sobrinho para o negócio. Depois disso, nunca mais será o mesmo, por mais que o sobrinho seja "tricotado". A patroa resolve um de seus problemas com essa medida. E também pode ser uma mudança para melhor para o sobrinho. Mas se isso também se aplica a você é uma questão em aberto. Um muito aberto. Por isso tem cuidado.

Aconselhamento de carreira como uma "obra de arte total"

De vez em quando eu encontropara pessoas amigáveis que não apenas afirmam ser leitores dedicados de meus conselhos de carreira. Não, eles me citam de maneira tão eloquente e tematizada que reconheço com uma leve pontada de pânico: Você sabe mais sobre minhas regras do que eu poderia reunir tão espontaneamente de memória.

Na verdade, isso corresponde ao caso ideal que tenho em mente. E o que mais um autor deve esperar do que ser sobrecarregado com citações de suas próprias obras? Mas, como é o caso das formulações que começam com "realmente": há um problema! Até bem grande: são justamente esses leitores, tão hábeis em citar, que ao analisarem seus currículos, costumam perceber rapidamente que conhecimento teórico e aplicação prática são duas coisas diferentes: os erros imediatamente reconhecíveis e as violações de regras silenciam todos entusiasmo.

Por mais inquieto que eu possa estar, também estava procurando uma solução para esse problema - e pelo menos encontrei o que procurava ao analisar as causas: esses leitores entendem minhas regras e percepções como uma coleção de diversos blocos de construção dos quais um seleciona aqueles que se adequam ao seu gosto. Você encolhe os ombros e ignora os outros. Desta forma, embora haja um tema técnico central, mudou-se de empregador com muita frequência. Ou você pode ter definido uma meta de carreira razoável, mas começou a implementar as etapas individuais que agora são necessárias tarde demais.

Não, caro leitor, as regras e informações aqui apresentadas não são elementos individuais destinados à seleção aleatória - são elos de uma cadeia. Seu número é predeterminado, mas você determina sua força. Embora você possa desconsiderar qualquer elo, projetá-lo muito fraco para começar ou permitir que "enferruje" com o passar dos anos, ele faz parte do todo e obedece à "lei eterna da corrente": a corrente é tão forte quanto seu elo mais fraco. Se rasgar, a catástrofe está aí. E mesmo que não quebre, o seguinte ainda se aplica: a corrente carrega apenas a carga que seu elo mais fraco pode suportar.

Ou, em outras palavras: o benefício real não é obtido com o conhecimento de tantas regras e recomendações quanto possível, mas com sua implementação abrangente e consistente.

É como jogar futebol, se você quiser. Não basta saber evitar ser colocado em posição de impedimento, por exemplo, nunca se deve colocar a bola na baliza adversária com as mãos. Se o erro aconteceu, de pouco adianta você citar com segurança a regra que acabou de desrespeitar.

Seu potencial de carreira: Thetest

Onde sua carreira pode levá-lo, seus objetivos são realistas, você tem o que é necessário "lá em cima"? Seu passado e presente profissionalmente relevantes são a base; Outros blocos de construção essenciais questionados sobre: sua atitude pessoal (filosofia profissional), seu conhecimento de legalidades importantes ("regras do jogo") e sua disposição de pagar o preço indispensável pelo que você deseja. O teste é dividido em três segmentos que correspondem aos três pilares sobre os quais uma carreira é construída.

restriçõesClaro, tal teste só pode fornecer indicações para um maior desenvolvimento profissional. Algumas das afirmações apontam para um futuro que abrange 20 ou mesmo 40 anos. Todos nós sabemos que mudanças de todos os tipos são possíveis nesses períodos, o que torna extremamente incertas as previsões sobre o desenvolvimento individual da carreira. Afinal, como sempre, sorte e azar desempenham um papel. Mas existem padrões básicos que se impõem ao observador crítico. Trabalhamos com eles.

Uma versão anterior foi publicada sob o título "JOSH DOUGLAS's Career Test" por vários anoswww.ingenieurkarriere.deoferecido pelo noticiário VDI. Esse padrão foi extensivamente revisado e complementado.

Instruções de como preencher Ninguém está olhando para você preencher, só você vê suas respostas e a avaliação posterior. Portanto, seja honesto consigo mesmo ou falsificará os resultados.

Se você não se encontrar exatamente nas respostas a uma pergunta, escolha a variante que mais se aproxima de suas circunstâncias.

Nós deliberadamente "embaralhamos" algumas das respostas, ou seja, não as classificamos em ordem crescente ou decrescente.

O FIM